1
일상

누구나 배울 수 있는

국제수어를 배우고 세계로 GO

International Sign Language

조희경 · 노선영 지음

언제
어디서나 쉽게

저절로 기억되는
반복 학습

240개
문장 수록

QR 코드
활용 학습

문화상식
TIP 수록

자주 쓰는 표현
실생활 활용

KYOWOO

머리말

국제수어는 1951년 세계농아인연맹(WFD) 회의를 계기로 일상, 여행, 축제 각 분야에서 활발하게 사용하고 있다. 그러나 현재 국제수어 학습자료가 충분하지 않고, 영상 자료를 찾아봐도 의미가 무엇인지 몰라 학습에 어려움을 겪는 수강생들을 많이 만나기도 했다.

이에 쓰게 된 〈국제수어를 배우고 세계로 GO〉는 누구나 부담없이 더 쉽게 더 편하게 배울 수 있는 책이다. 짧은 시간에 가장 효과적이고 효율적으로 공부할 수 있도록 하였고 실생활부터 시작해 일상, 여행, 축제 각 분야에서 자주 쓰이는 단어 위주로 엄선하였다.

무엇보다 저자는 흥미를 잃지 않고 끝까지 배울 수 있는 책을 집필하고자 꿈꿔왔다. 수년간 강단에서 고민을 누구보다도 가까이서 접하며 그 고민을 꼭 해결해주고 싶었다. 그러한 이유로 한장 한장 넘길 때마다 고스란히 단어와 예문이 머릿속에 남을 수 있게 만들었다. 또한, 농세계엿보기 코너를 넣어 다양한 배경 지식을 배우면서 농문화에 대해 깊이 이해할 수 있도록 했다.

이 책을 쓰면서 적당히 만들거라면 처음부터 집필하지도 않을거라는 각오로 만들었다. 단시간에 작업 된 게 아니라, 초창기부터 출간되기까지 긴 시간 동안에 걸쳐 분석하며 만들었다. 15년 동안 아낌없이 모든 것을 갈아넣은 〈국제수어를 배우고 세계로 GO〉는 이 책 하나로 국제수어 학습을 모두 끝낼수 있다고 자신한다.

더 나아가 독자들이 국제수어의 고수의 위치로 성큼 올라가고,더 커다란 목표에 도달하는 과정에서 함께 하기를 바란다. 세계로 나아갈 수 있는 기회의 발판을 제공할 수 있다면 저자로서 매우 기쁜일이 될 것이다. 이 책이 여러분들이 해외 농인들과 교류하고 나아가 국제사회에 대비해 발돋움 하기 위한 목표를 이룰 수 있게 할 것이다. 국제수어의 고수의 위치로 성큼 올라가게 하고, 더 커다란 목표에 도달하는 과정에서 함께 하기를 바란다. 마지막으로 이 책이 나오기까지 응원해 주고 많은 수고를 해 주신 여러분에게 감사한 마음을 전한다.

저자 조희경 · 노선영

수어모델 소개

이 책 작업에 참여한 수어 모델 7인은 모두 수어를 제1 언어로 사용하는 농인입니다. 덕분에 더욱 풍성하고 의미 있는 《국제수어를 배우고 세계로 Go》 책을 완성할 수 있었습니다. 감사합니다.

이 책의 특징

기억고리를 만들어 주는 국제수어 학습법

저자들이 개발한 기억 연결고리 매번 배워도 까먹는 악순환을 막아주며, '기억 연결고리'로 학습한 단어와 문장은 오랜 시간이 지나도 반드시 머릿속에 남아 있게 된다. 기억 연결고리를 만드는 가장 확실한 방법은 교재 처음부터 끝까지 학습하는 것이다. 배우면 배울수록 쌓이는 학습 시스템 뿐만 아니라, 말풍선, 배경 지식까지 익혀 절대 잊지 않도록 도 와준다. 해외 농사회를 알 수 있는 알짜배기 정보와 지식을 포괄적으로 넣어 배경 지식을 배울 수 있게 했다.

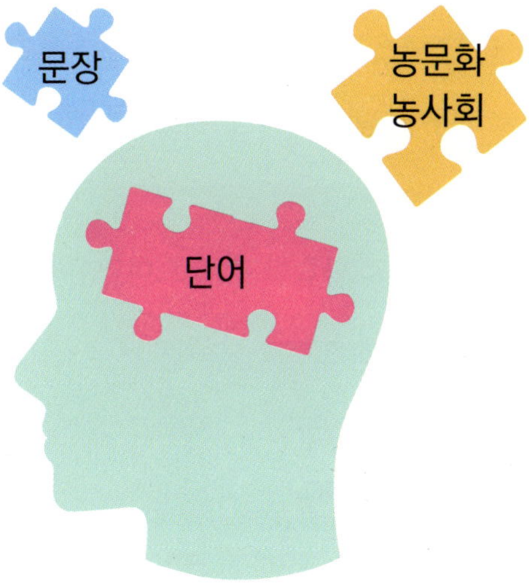

현장에서 학생들과의 소통으로 얻은 값진 데이터베이스

수 년 동안 국제수어를 가르쳐 오며 국제무대에 활동해 왔다. 일상, 여행, 축제에 쓰이는 핵심 단어는 각각 280개이며 국제수어 1, 2, 3, 모두 총 840개로 선별하였다. 주목할 점은 교육, 법률, 사회, 정치 등 전문용어와 문장 그리고 최신 단어를 수록했다.

이 책의 특징

1. 주제별 구성
   - 이 책은 시리즈 별로 '일상', '여행', '축제' 로 나눠있으며 각 주제는 14과로 구성되어있다.
   - 각 과마다 꼭 알아야 할 단어 280개와 문장을 제공한다.

2. 단어 및 문장 학습
   - 국제수어의 최신 단어를 포함하여 함께 배울 수 있다.
   - 단어들을 단순히 나열하지 않고 예문과 함께 자세하게 설명하여 외우기 쉽다.

3. 궁금한 것이 있어요 코너
   - 선생님과 학생이 대화하는 형식으로 구성되어 있으며, 이를 통해 농문화와 상식을 재미있게 배울 수 있다.

4. 문화상식
   - 국제수어를 배울 때 꼭 필요한 배경지식을 제공하여, 꼭 알아야 할 내용을 제공한다.

5. QR 코드 및 다국어 지원
   - QR 코드를 통해 수어영상을 보고 학습할 수 있으며, 영어와 중국어로도 기재되어 있다.

이 책의 특징

하루에 1~20개를 각각 배우면, 20일 만에 모든 단어를 완성할 수 있다.

Step 3 문장 예문을 보면서 회화연습할 수 있다.
단어 확장과 연관어도 살펴볼 수 있다.

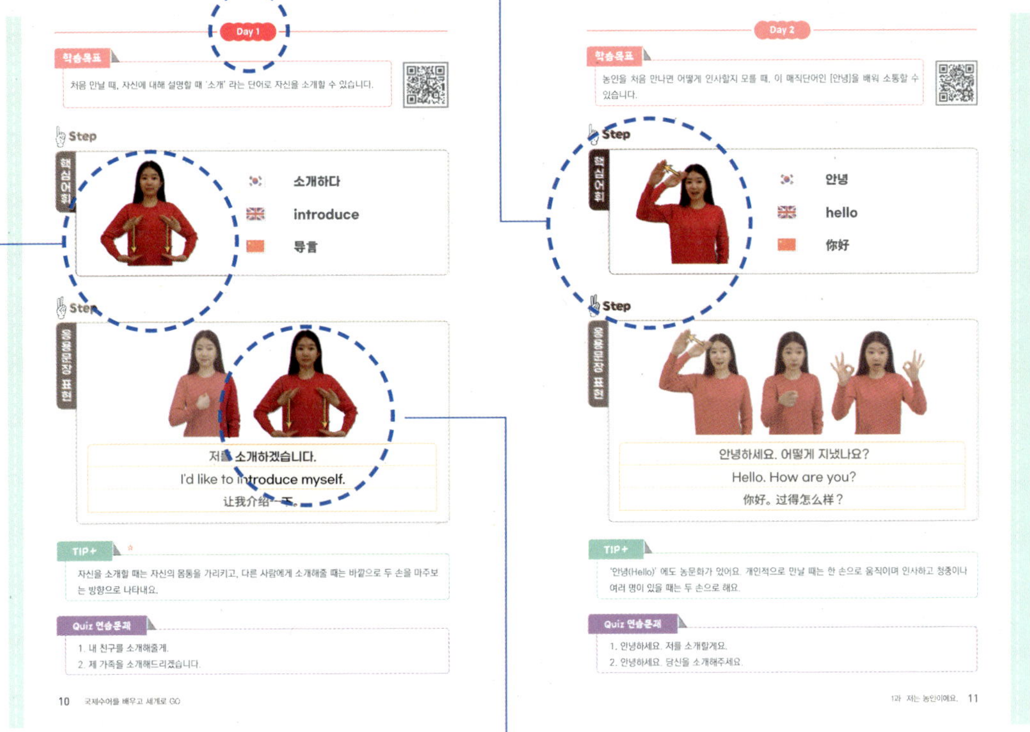

Step 1 저자가 엄선한 필수 단어는 꼭 학습하자!
화살표를 넣어 수형의 방향을 알 수 있게 했다.

Step 2 문장으로 넘어가기 전에 중요한 단어의 의미를 이해할 수 있다.
다음 단계를 꼭 잊지 말자.

이 책의 특징

학습목표에서 단어를 배우기 전에 배경 지식을 배우면서 조금 더 이해하기 쉽게 했다.

QR 코드에는 단어와 문장을 표현한 영상이 들어있다. 정확한 표현이 어떤지 필수적으로 꼭 체크하자!

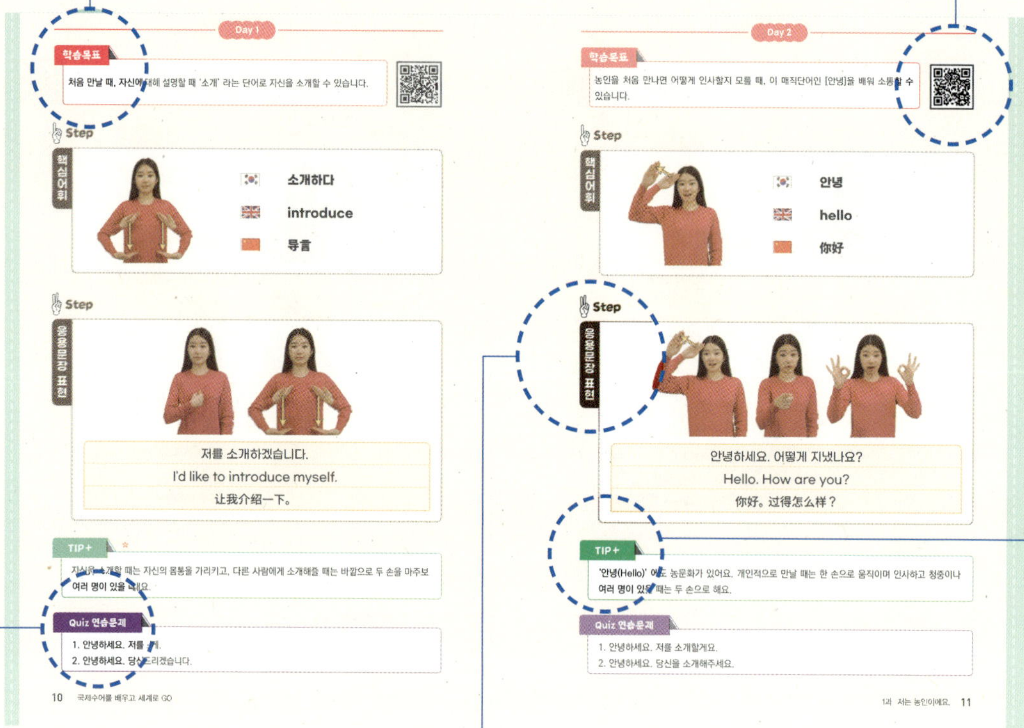

Quiz 연습문제는 국제수어에서 많이 쓰이는 예문으로 실전감각을 익힐 수 있다.

중국어, 영어를 수록하여 함께 배울 수 있다.

Tip+ 배경지식과 실전에서 어떻게 쓰이는지 상세한 해설을 통해 이해할 수 있다. 지금까지 어디서도 볼 수 없던 설명은 이 책의 핵심이다.

이 책의 특징

이전에 배운 단어를 넣어 반복적으로 학습하도록 설계해 반드시 그 단어가 머릿속에 남을 수 있도록 개발했다.

단어	단어	문장
가다	아름답다, 예쁘다	실례합니다.
오다	멋지다	도와줄 수 있나요?
있다	대단하다	전화로 부탁해줄 수 있나요?
없다	사랑하다, 좋아하다	누구에게 질문을 해야하나요?
좋다	느끼다	경찰관에게 말하면 되요.
나쁘다	무섭다	조금 있으면 대답해 줄거예요.
싶다, 원하다	놀라다	무슨일이 있었는지 설명해주세요.
원하지 않다	존경하다	친구와 대화하다가 도난을 당했어요.
좋아하다, 마으에 들다	감동적이다	지하철 밖에 도망갔어요.
싫다	웃다	언제 춤쳐갔나요?
같다	울다	제가 뚖아갔는데 도망갔어요.
다르다	슬프다	어떤 물건을 잃어버리셨나요?
빠르다	미안하다	나주엥 찾아서 연락줄게요.
느리다	만족하다	기분이 괜찮아지길 빌어요.
알다	다행이다, 안심이다	도둑을 꼭 잡아야해요.
모르다	인내, 참다	도둑을 잡으면 감옥에 보내주세요.
쉽다, 편하다	지루하다	아마 시간이 걸릴거예요.
어렵다	힘들다	처리가 잘 되었어요.
열다	피곤하다	여행할 기분이 아니예요.
닫다	예민하다	위험한 장소는 가지 마세요.

유의어와 반의어를 묶어서 함께 배울 수 있게 했다.

저절로 기억하는 반복 응용학습 시스템과 주제에 맞춘 스토리텔링으로 쉽게 배울 수 있게 했다.

이 책의 특징

수어와 함께 농문화 상식까지 배우면 2배 더 효과적으로 이해할 수 있다. 이 책의 알짜배기 정보다. 그냥 넘기지 말고 꼭 확인하자.

농 세계 엿보기

수어는 만국공통어인가요?

Is sign language a universal language?

ⓒdreamstime.com

정답은 아니다. 한국어와 영어가 다른 것처럼 수어도 나라 별로 다르다. 초기 국제수어는 유럽에서 시작했으며 유럽 지리특성상 나라가 붙어있어 서로 교류하기 쉬웠다. 그러나 아프리카나 아시아 남미 등 농인들은 각 나라의 수어가 다르고 지역 특성상 소통하기가 어려웠다. 1951년 세계농아인연맹 (WFD) 설립과 함께 제1회 세계농아인대회(WCD)이 개최되었는데 각국 대표단이 모여 '전 세계 농인이 소통하기 위한 목표'로 국제수어에 대해 논의하게 되었다. 이때, 국제수어의 표준화에 대해 연구하였는데 국제수어 단어의 선정 기준은 누구나 쉽게 배워야 하며, 여러 수어 중 가장 이해하기 쉽고, 원활하게 소통할 수 있어야 하는 것이었다.

이 후 1959년 최초로 세계농아인연맹(WFD) 산하 수어연합위원회(CUS)에서 323개의 국**제수어 단어를 수록한** 제스츄노(GESTUNO) 책을 출판했다. 이어 영국농아인협회(BDA)에**서 이를 보완해 1470개**의 단어를 수록한 책을 출판했다. 국제수어로 인해 점차 전 세계 농인들의 교류가 늘어남에 따라 각국에서도 국제수어 책을 번역하거나 직접 출판하게 되었다.

현재 국제수어는 일상은 물론 여행, 축제, 컨퍼런스, 세계농아인연맹 총회, 각종회의나 세미나에서 계속 사용되고 있다. 국제수어는 세계농아인연맹(WFD)에서 공용언어로 채택해 전 세계 농인의 인권과 정보접근성에 기여하고 있다. 현재 국제수어는 점차 진화하고 발전하고 있으며 농인이든 청인이든 누구든지 함께 배우며 소통하고 있다.

지식 플러스 +

국제수어란?

세계에는 7,000여 개의 언어가 있다. 그 중 영어는 비즈니스, 스포츠, 학문 등 다양한 분야에서 세계 공용어로 사용되고 있고, 국제어라고도 한다.

국제수어를 통해 지식과 정보의 교류를 높일 수 있을 뿐만 아니라 문화 생활도 즐길 수 있다. 이처럼, 세계 농인들도 국제수어로 소통하고 있는 것이다.

현재까지 여러 나라의 수어에 영향을 받아 발전하고 있으며, 문법 체계가 있는 언어라고 할 수 있다.

30 국제수어를 배우고 세계로 GO

1과 저는 농인이에요. 31

최신 국제 농사회의 정보를 확인할 수 있다.

QR 코드로 출처를 확인할 수 있다.

Talking with Deaf teacher

궁금한 것이 있어요!

"저는 농인이에여"

Teacher

안녕하세요. 국제수어를 가르치는 농인 선생님이예요. 어떤 주제든지 자유롭게 물어보세요! 선생님과 함께 하면 흥미롭게 함께 배워볼 수 있어요. 그럼, 수아와 수호를 소개할까요?

수애

수어의 매력에 푹 빠진 수아라고 해요.

1년 전에 유럽을 여행하다가 우연히 국제수어로 대화하는 농인들을 만나게 되었어요. 수어를 보는 순간, 음성이 아닌 다른 언어로 소통하는 것에 매력을 느껴졌어요.

영문학을 전공하고 있어서 자연스레 국제수어를 배우기 시작했는데 제 장래희망은 국제무대에 활약하며 국제수어 통역사가 되는 거예요.

함께 재미있게 배우면 좋겠어요.

수호

수어를 지키고 싶은 수호예요.

국제수어를 배우고 싶은 이유는 몇 년 전에 공항에서 통역일을 하다가 미국 농인이 도움을 요청했어요. 사실 수어를 잘 몰라서 통역을 못해준 경험이 개인적으로 너무 아쉬운 기억으로 남아 있어요.

앞으로 승무원이 되는 것이 꿈인데, 해외 농인들에게도 국제수어로 비행을 안내하는 꿈을 가지고 있어요.

그날까지 파이팅!

교재 QR 코드 이용가이드

① 스마트폰을 꺼내주세요.
② 기본 카메라앱이나 스마트폰으로 책위의 QR 코드를 촬영해 보세요.
③ QR 코드에 초점을 맞추면 링크가 뜨면 접속해 영상을 볼 수 있어요.
④ 연결된 링크를 따라 학습을 진행해 주세요.

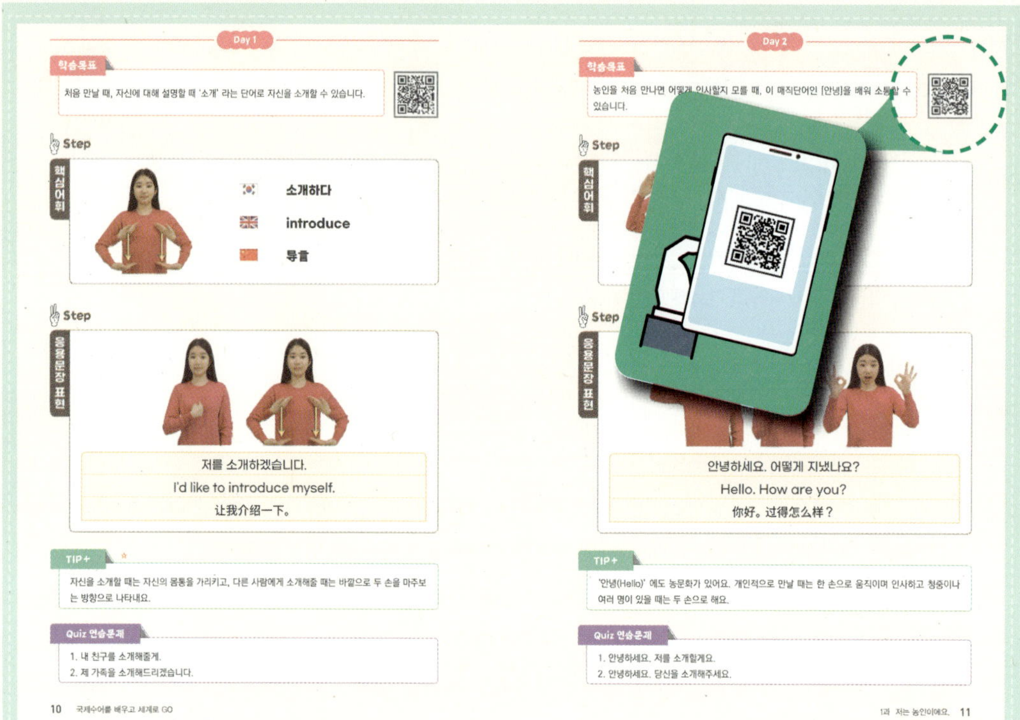

알파벳 지화

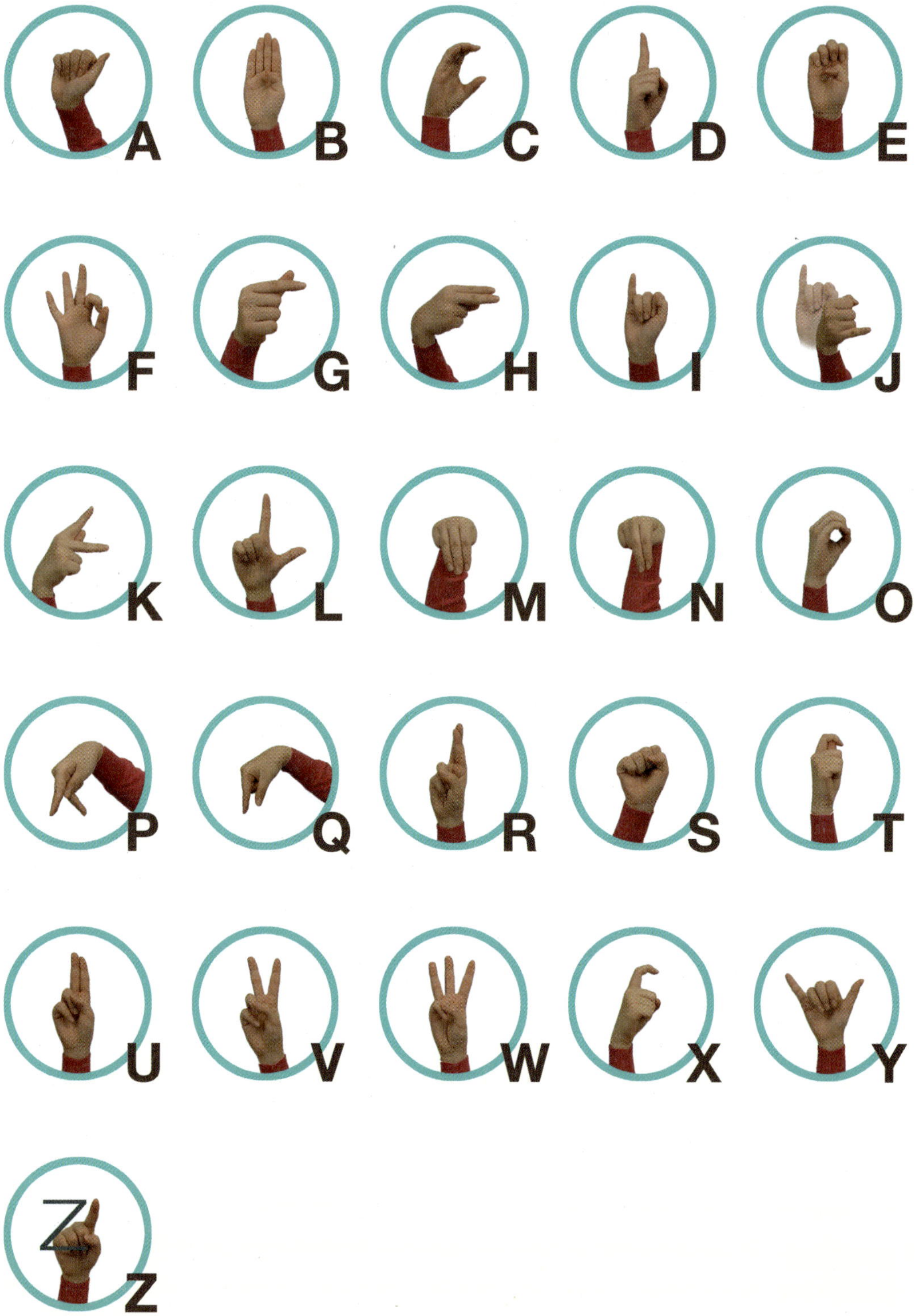

숫자 지화

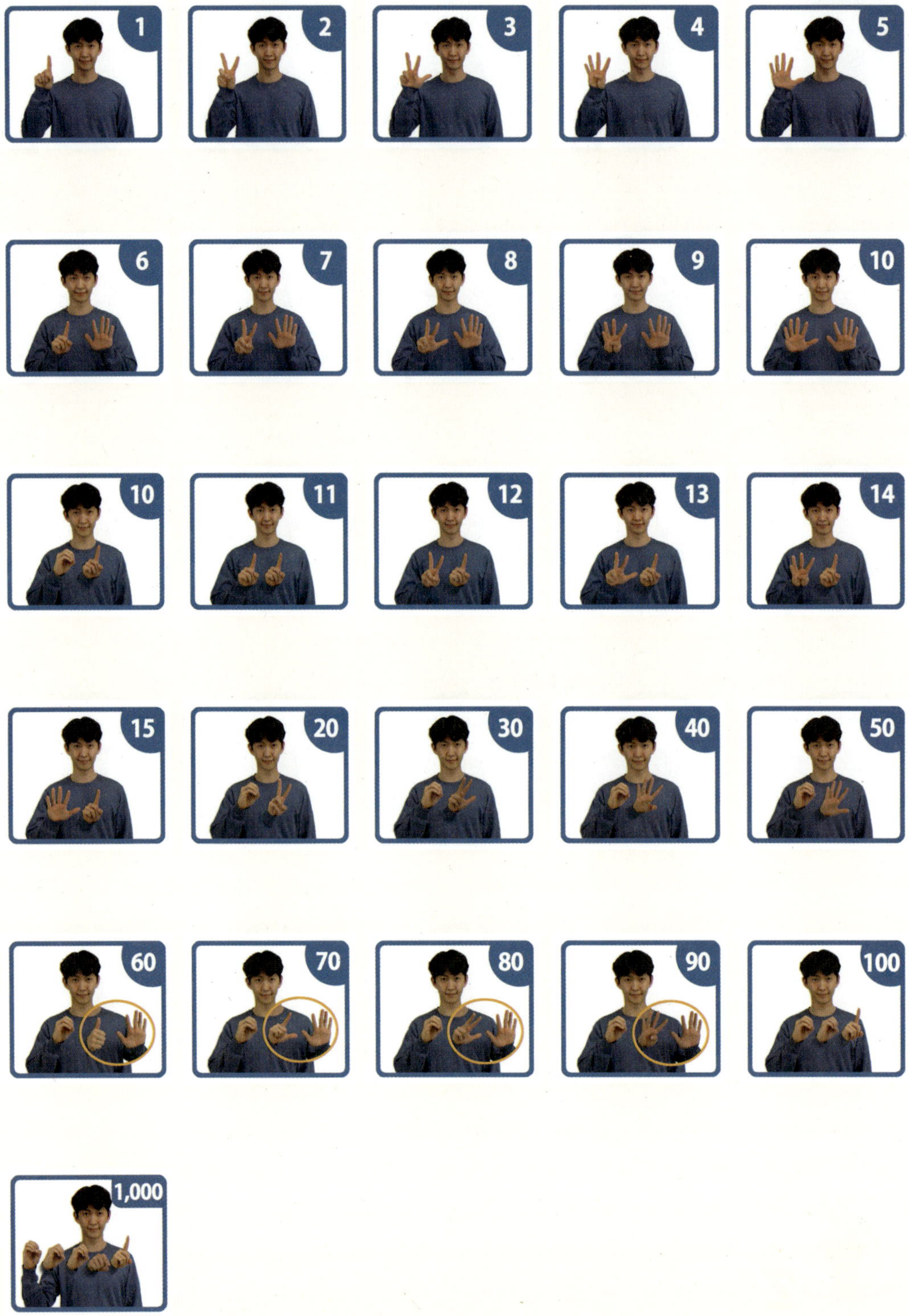

목차

03 혹시 영화에 자막이 있을까요? Is there English subtitles in the movie? 或许电影里有字幕吗?

04 농인의 일상은 어때요? How's Deaf people's life? 聋人的日常生活怎么样?

05 농인도 일할 수 있어요.
Deaf people can also work.
聋人也可以工作

06 농인의 표정이 정말 풍부해요
Deaf people's facial expression are good.
聋人的表情真的很丰富。

07 헤어지는 시간이 너무 길어요.
Long-time for Deaf people
分手的时间太长

08 내 목표는 1년 후 국제수어 정복하기! My goal is to master international sign language in one year! 我的目标是1年后征服国际手语

09 농인도 다양한 직업을 가질 수 있어요.
Deaf people can have a variety of jobs.
聋人也可以有多种职业

10 내일 수어통역 예약이 확정되었어요.
The reservation for the sign language interpretation has been confirmed tomorrow.
明天确定预约手语翻译了

11 계획이 꽉 차있어요.
The plan is full.
计划满满的

12 요리를 좋아하나요? Do you like cooking? 喜欢料理吗？

13 승무원도 수어 할 수 있어요.
The flight attendant can also use sign language.
乘务员也会手语

14 지구의 색깔이 변하고 있어요.
The color of the earth is changing
地球的颜色在变

01 저는 농인이에요.
I am Deaf.
我是聋人

Day 1. 저를 소개하겠습니다. / I'd like to introduce you. / 让我介绍一下。

Day 2. 안녕하세요. 어떻게 지냈나요? / Hello. How are you? / 你好。过得怎么样？

Day 3. 당신의 이름은 무엇입니까? / What is your name? / 您的名字是什么？

Day 4. 전에 우리 만난 적이 있을까요? / Have we met before? / 我们以前见过面吗？

Day 5. 처음 오셨나요? / Is this your first time here? / 第一次来吗？

Day 6. 만나서 반가워요. / Nice to meet you. / 很高兴见到你。

Day 7. 저는 농인이에요. / I am Deaf. / 我是聋人。

Day 8. 당신은 청인인가요? / Are you hearing? / 你是听人？

Day 9. 제 친구는 농인이에요. / My friend is Deaf. / 我的朋友是聋人。

Day 10. 제 수어이름은 OO입니다. / My sign name is OO. / 我的名字是OO。

Day 11. 제 나이는 25살이에요. / I am 25 years old. / 我的年龄是25岁。

Day 12. 저는 청인이에요. / I am hearing / 我是听人。

Day 13. 당신은 농인이에요? / Are you Deaf? / 你是聋人吗？

Day 14. 저는 한국에서 왔어요. / I am from South Korea. / 我是从韩国来的。

Day 15. 집이 어디예요? / Where is your home? / 家在哪里？

Day 16. 저는 한국에 살고 있어요. / I live in South Korea. / 我在韩国生活。

Day 17. 제가 살고 있는 집은 서울이에요. / My home is in Seoul. / 我住的家在首尔。

Day 18. 당신은 어디서 왔나요? / Where are you from? / 你从哪里来？

Day 19. 다음에 또 만나요. / See you again next time. / 下次再见面。

Day 20. 당신의 수어이름은 왜 이렇게 만들었나요? / What is the meaning behind yourname sign? / 你的手语名字怎么做？

Talking with Deaf teacher

궁금한 것이 있어요!

"저는 농인이에여"

수호: 선생님, 궁금한게 있어요.
혹시 '농인(Deaf)'이 뭐예요?

Teacher: '수어'라는 시각적 언어로 소통하는
사람이야.

수호: 아하! 그렇군요. '농인'과 '청각장애인' 중
어느 단어로 불려지길 원하나요?

Teacher: 농문화 안에 수어를 사용하니까 농인
이라고 해.

수호: 아하! 저와 같은 비장애인은
어떤 단어를 쓰나요?

Teacher: 청인이라고 하지. 오늘부터 농인,
청인에 대해 알아보는게 어때?

Day 1

학습목표

처음 만날 때, 자신에 대해 설명할 때 '소개' 라는 단어로 자신을 소개할 수 있습니다.

Step

핵심어휘

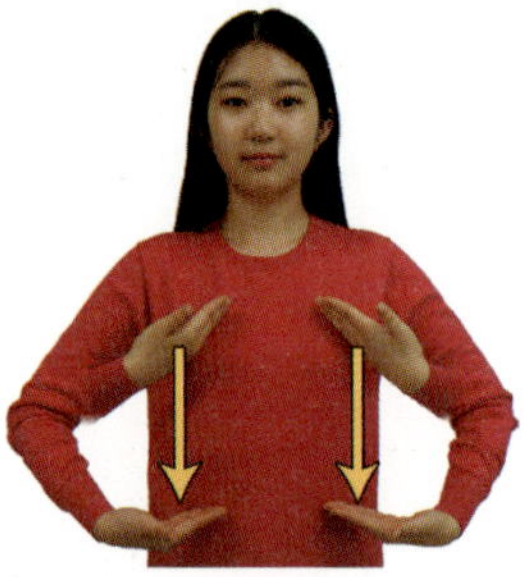

소개하다

introduce

导言

Step

응용문장 표현

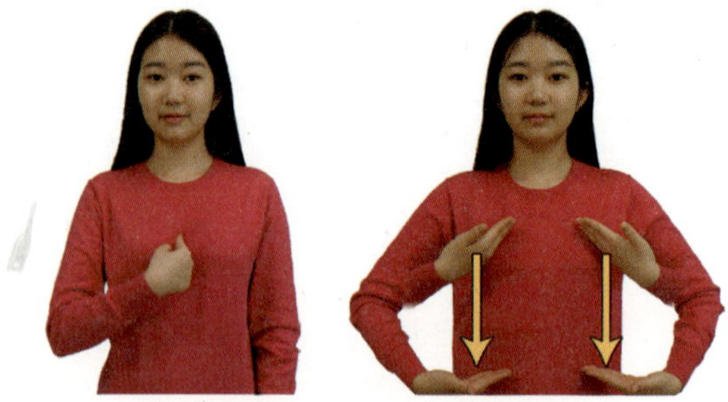

저를 소개하겠습니다.
I'd like to introduce myself.
让我介绍一下。

TIP+

자신을 소개할 때는 자신의 몸통을 가리키고, 다른 사람에게 소개해줄 때는 바깥으로 두 손을 마주보는 방향으로 나타내요.

Quiz 연습문제

1. 내 친구를 소개해줄게.
2. 제 가족을 소개해드리겠습니다.

Day 2

학습목표

농인을 처음 만나면 어떻게 인사할지 모를 때, 이 매직단어인 [안녕]을 배워 소통할 수 있습니다.

Step

핵심어휘

안녕

hello

你好

Step

응용문장 표현

안녕하세요. 어떻게 지냈나요?
Hello. How are you?
你好。过得怎么样？

TIP+

'안녕(Hello)'에도 농문화가 있어요. 개인적으로 만날 때는 한 손으로 움직이며 인사하고 청중이나 여러 명이 있을 때는 두 손으로 해요.

Quiz 연습문제

1. 안녕하세요. 저를 소개할게요.
2. 안녕하세요. 당신을 소개해주세요.

Day 3

학습목표

농문화 중 수어[이름]은 음성 대신 사용하는데, 아직 수어이름이 없으면 이번 기회에 만들 수 있습니다.

Step

핵심어휘

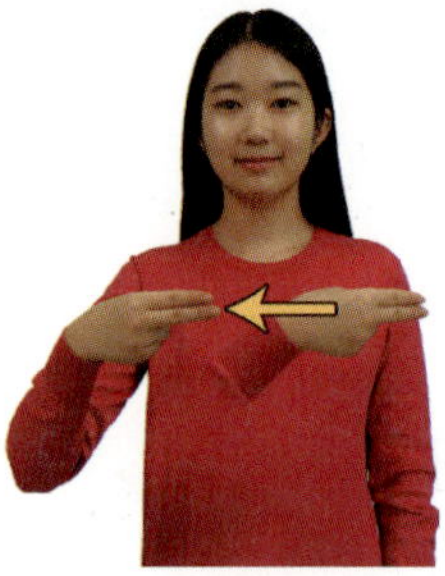

🇰🇷	**이름**
🇬🇧	**name**
🇨🇳	**名字**

Step

응용문장 표현

당신의 이름은 무엇입니까?
What is your name?
您的名字是什么？

TIP+

수어를 할 때는 '당신의'에서 '의'를 빼고 '당신'이라고 해요.
의문사 수어에는 문장 뒤 마지막 어순으로 쓰고 있어요.

Quiz 연습문제

1. 제 이름은 Tom입니다.
2. 당신의 이름이 멋지네요.

* 부록 알파벳을 보고 이름 지화 참고해보세요!

학습목표

[만나다] 수어로 사람과 사람이 서로 마주 보는 표현을 배울 수 있습니다.

Step 1 핵심어휘

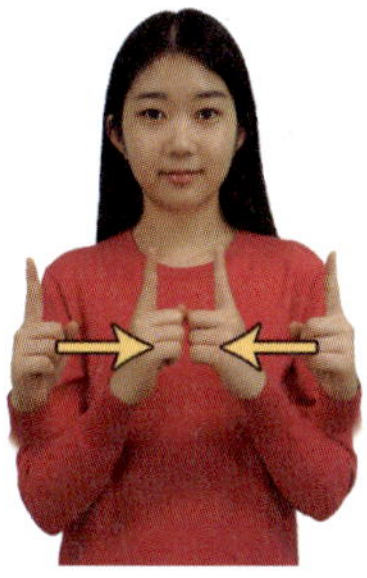

🇰🇷	만나다
🇬🇧	meet
🇨🇳	见面

Step 2 응용문장 표현

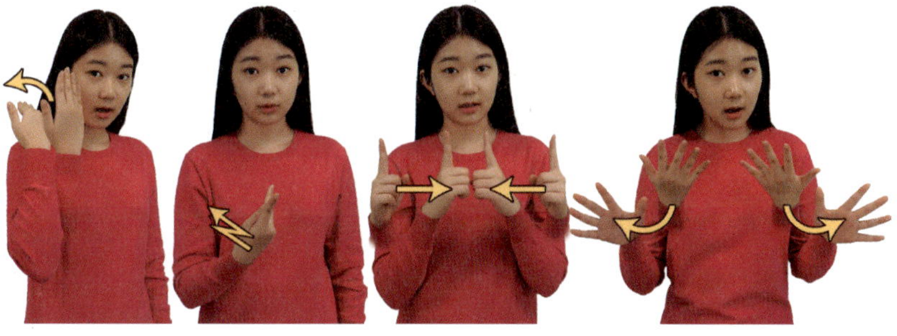

전에 우리 만난 적이 있을까요?
Have we met before?
我们以前见过面吗？

TIP+

[만나다] 국제수어는 한국수어와 같아요.

Quiz 연습문제

1. 내일 만날래요?
2. 만나서 즐거웠어요.

학습목표

[처음] 수어를 배워 "국제수어를 처음 배워요."라고 표현할 수 있습니다.

Step 1

핵심어휘

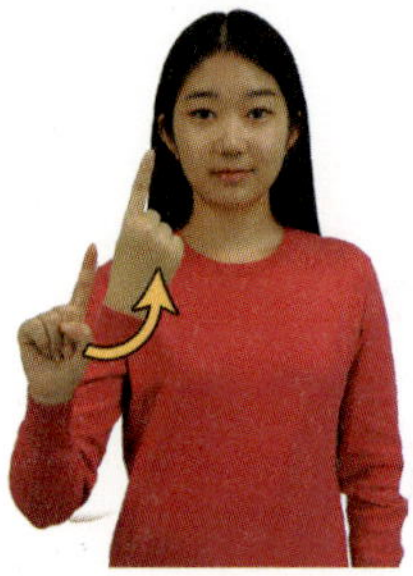

🇰🇷	**처음**
🇬🇧	**first**
🇨🇳	**第一次**

Step 2

응용문장 표현

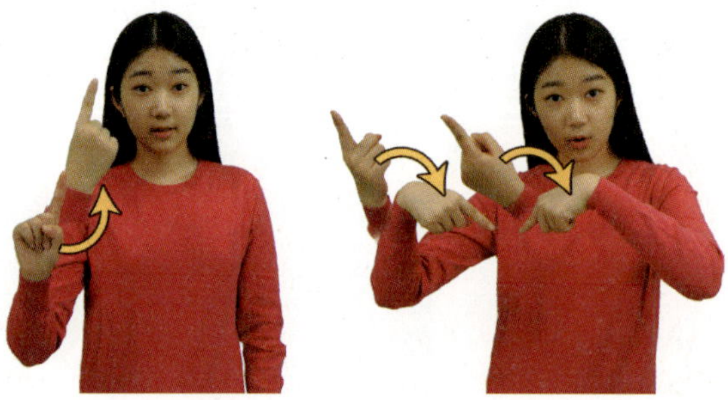

처음 오셨나요?

Is this your first time here?

第一次来吗？

TIP+

Frist Time 표현할 때는 첫번째, 1등, 1부, 1차, 1회 등이 있어요. Time을 제외하고 사용할 수있어요!

Quiz 연습문제

1. 어서와, 여기 처음이지?
2. 처음으로 당신을 만나서 반가워요.

학습목표

국제수어로 다양한 감정을 표현할 수 있는 방법을 배울 수 있습니다.

Step

핵심어휘

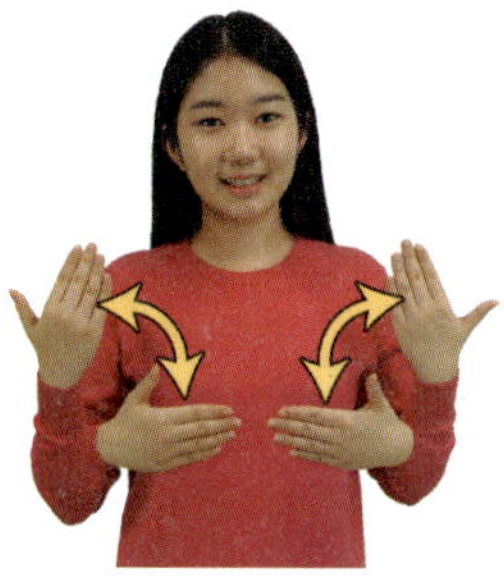

반갑다, 기쁘다, 행복하다

nice

高兴 / 开心 / 幸福

Step

응용문장 표현

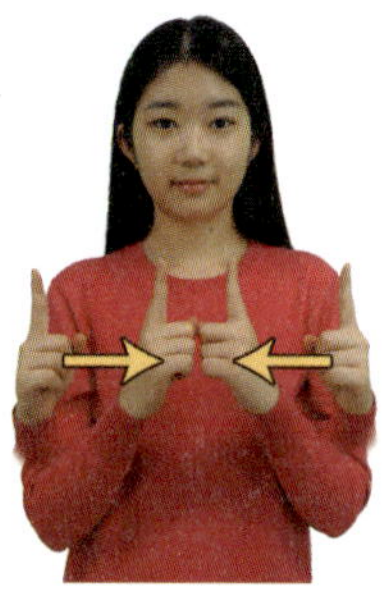

만나서 반가워요.
Nice to meet you.
很高兴见到你。

TIP +

국제수어의 [Happy]에 여러 의미가 있으며 반갑다, 기쁘다, 행복하다 등이 있어요.

Quiz 연습문제

1. 처음 만나서 반가워요.
2. 어제 친구를 만나서 행복했어요.

Day 7

학습목표

스스로를 [농인]이라고 소개하고자 할 때 어떻게 표현할 수 있는지 배울 수 있습니다.

Step 1

핵심어휘

- 농인
- Deaf
- 聋人

Step 2

응용문장 표현

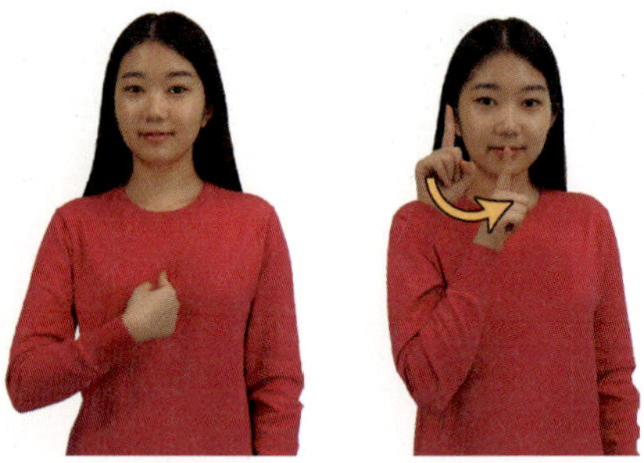

저는 농인이에요.
I am Deaf.
我是聋人。

TIP +

Deaf의 앞문자 'D'는 농인의 자부심을 표현하기 위해 대문자로 표기하고, 검지로 귀에 닿은 다음 입술 위에 접촉하여 표현해요.

Quiz 연습문제

1. 제 친구는 농인이에요.
2. 저는 농인으로 태어났어요.

Day 8

학습목표

자신을 [청인]이라고 소개하고자 할 때 표현하는 방법을 배울 수 있습니다.

Step

핵심어휘

청인

hearing

听人

Step

응용문장 표현

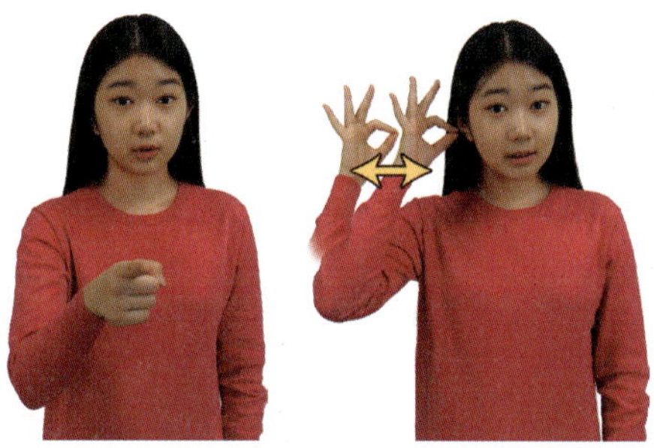

당신은 청인인가요?
Are you hearing?
你是听人？

TIP+

[청인]을 표현할 때 귀 방향과 입 방향이 있는데 귀 방향으로 하나만 쓸 수 있어요.

Quiz 연습문제

1. 저는 청인이에요.
2. 청인도 수어를 할 수 있어요.

Day 9

학습목표

국제수어를 배우면 해외 농인 [친구]와 다양한 주제로 대화할 수 있습니다.

Step 1 핵심어휘

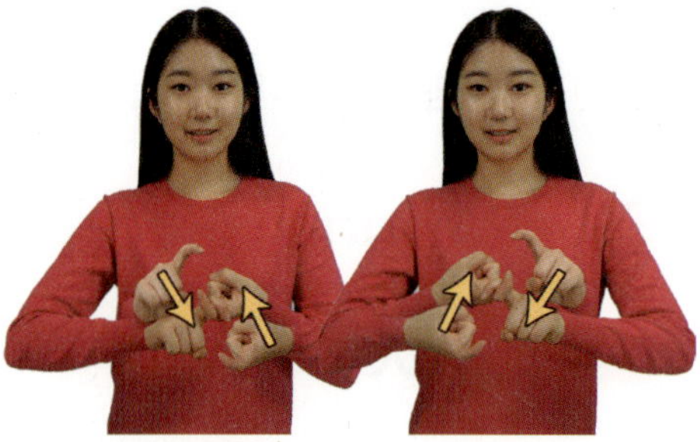

친구

friend

朋友

Step 2 응용문장 표현

제 친구는 농인이에요.
My friend is Deaf.
我的朋友是聋人。

TIP+

친구의 다른 표현으로 양손으로 서로 맞잡는 표현으로 [친구]라고 표현할 수 있어요.

Quiz 연습문제

1. 내일 친구 만나러 가요.
2. 친한 친구가 누구예요?

Day 10

학습목표

자신의 이름을 소개할 때, [수어이름]으로 어떻게 표현하는지 배울 수 있습니다.

Step

핵심어휘

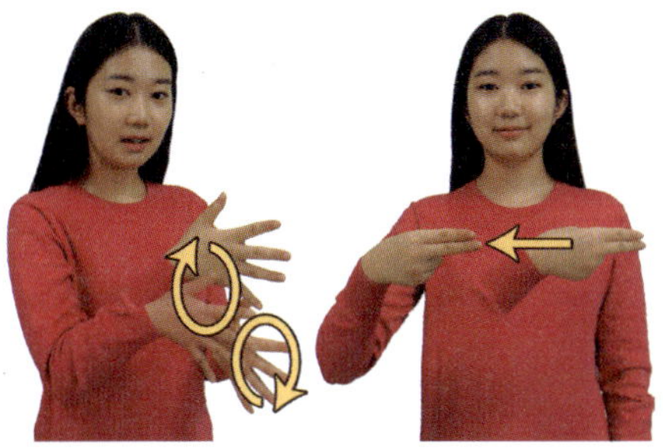

🇰🇷	수어이름
🇬🇧	sign name
🇨🇳	手语名字

Step

응용문장 표현

제 수어이름은 OO입니다.
My sign name is OO.
我的名字是OO。

TIP+

청인에게 음성으로 이름을 부르는 편이지만, 수어를 쓰는 사람에게 이름이 2개가 있어요. 한 개는 본래의 이름, 나머지는 수어 이름으로 쓰고 있어요.

Quiz 연습문제

1. 수어이름이 뭐예요?
2. 당신의 수어이름에 무슨 뜻이 있나요?

Day 11

학습목표

서로의 나이가 궁금하면, 국제수어로 [나이]를 물어볼 수 있습니다.

Step

핵심어휘

나이

old age

岁数

Step

응용문장 표현

제 나이는 25살이에요.
I am 25 years old.
我的年龄是25岁。

TIP+

나이를 단계처럼 위쪽 방향으로 표현하며 나이의 숫자를 말할 때는 손가락으로 표현해요. 예의상 나이를 물어보기 전에 'Exuse me' 한 다음에 다음에 나이를 물어보는 것이 좋아요.

Quiz 연습문제

1. 나이가 몇 살이에요?
2. 나이에 비해 젊어보이네요.

Day 12

학습목표

이번에 배우는 [나], [저]는 수어로 배우기 쉬우니 한번 따라해봅시다.

Step

핵심어휘

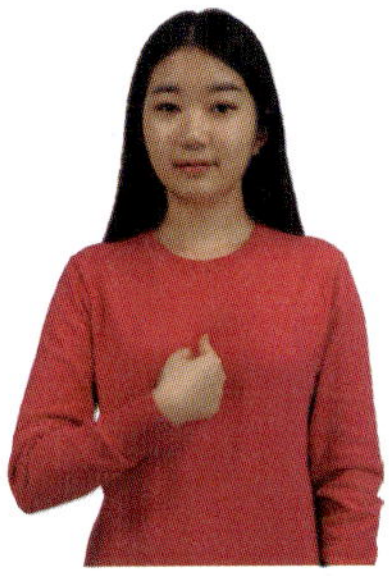

나, 저

I

我

Step

응용문장 표현

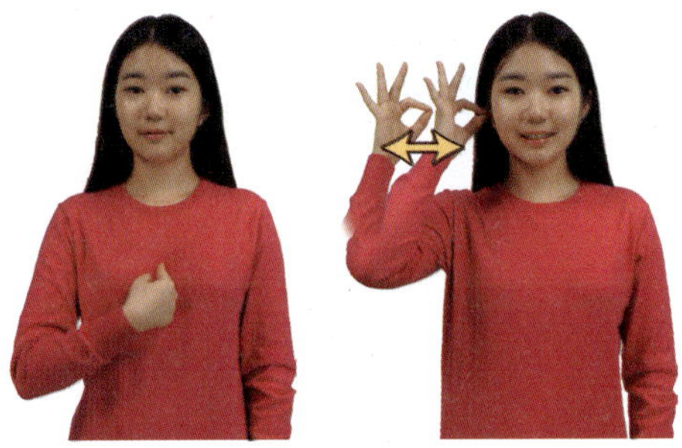

저는 청인이에요.

I am hearing.

我是听人。

TIP+

본인이 소개할때 [나]와 [저]를 검지손가락을 가르켜 가슴에 대고 표현해요.

Quiz 연습문제

1. 저는 농인이에요.
2. 저는 국제수어를 배우고 있어요.

Day 13

학습목표

[너], [당신]이라는 수어 표현을 배워 활용할 수 있습니다.

Step

핵심어휘

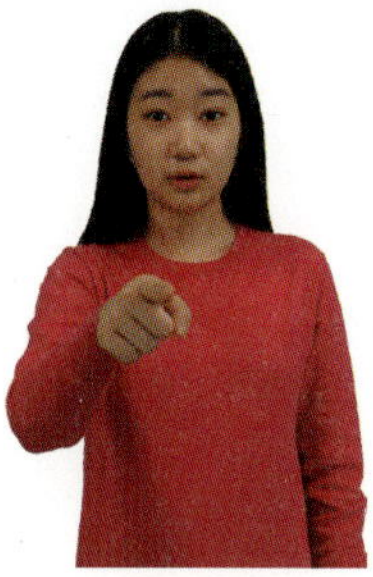

🇰🇷	**너, 당신**
🇬🇧	**you**
🇨🇳	**你 / 您**

Step

응용문장 표현

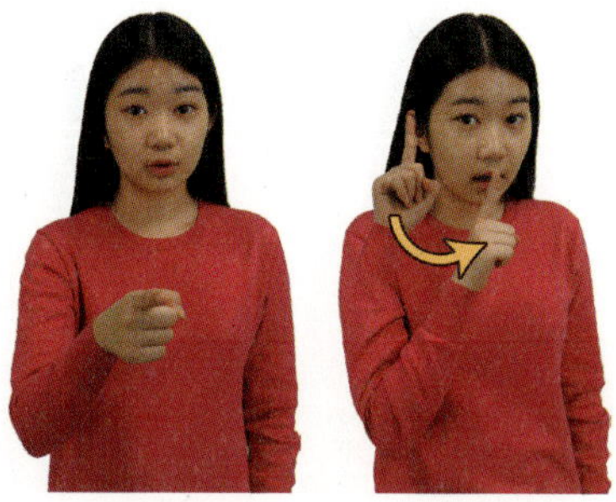

당신은 농인이에요?
Are you Deaf?
你是聋人吗？

TIP+ 중요해요! ☆☆☆☆☆

질문할 때는 의문문으로 눈썹을 치켜올리는 표정으로 표현해요.

Quiz 연습문제

1. 당신은 청인이에요?
2. 당신은 어디서 왔어요?

학습목표

처음 만난 사람에게 어디서 왔는지 물어볼 때, 이번에 배우는 단어로 질문할 수 있습니다.

Step

핵심어휘

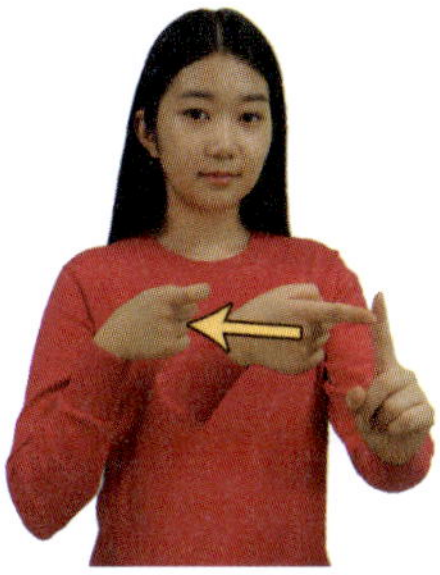

어디서 왔어요?, 출신

from

从哪里来了? / 出身

Step

응용문장 표현

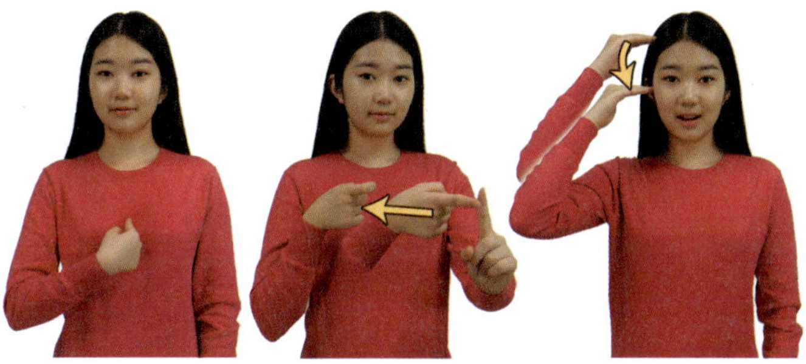

저는 한국에서 왔어요.

I am from South Korea.

我是从韩国来的。

TIP+

보통 from은 출신, 장소, 나라 외에 어떤 재료를 썼는지 표현할 수 있어요.

Quiz 연습문제

1. 당신은 어디서 왔어요?
2. 저는 농학교 출신이에요.

학습목표

장소나 물건이 어디있는지 물어볼 때 이번에 배우는 수어를 통해 의문 표정을 배울 수 있습니다.

Step

핵심어휘

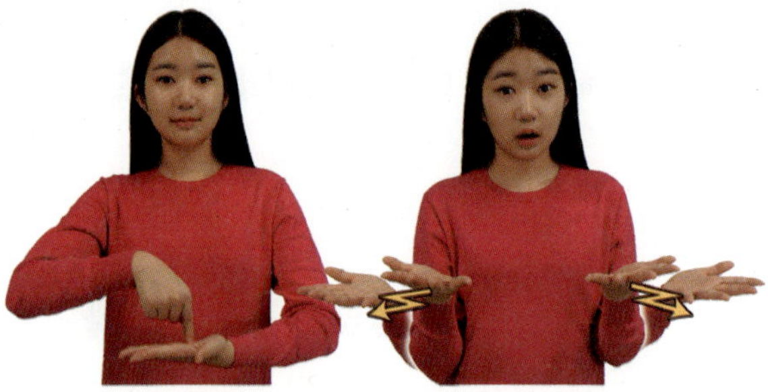

🇰🇷	**어디**
🇬🇧	**where**
🇨🇳	**哪里**

Step

응용문장 표현

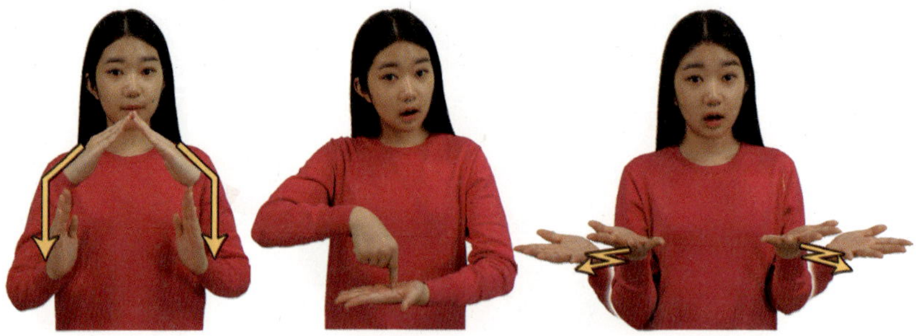

집이 어디예요?
Where is your home?
家在哪里?

TIP+

Where에 수어 3가지가 있어요.
1. [무엇] 수어 모양과 같아요 2. 검지를 세워 흔드는 것도 가능해요. 3. 손바닥 가운데에 검지손가락을 찍어 표현할 수 있어요.

Quiz 연습문제

1. 농학교가 어디예요?
2. 어디에 가고 있어요?

Day 16

학습목표

처음 만난 사람에게 어디에 살고 있는지 질문할 때, 이 단어를 배워 표현해 봅시다.

Step

핵심어휘

🇰🇷	**살다, 생활**
🇬🇧	**live**
🇨🇳	**生活**

Step

응용문장 표현

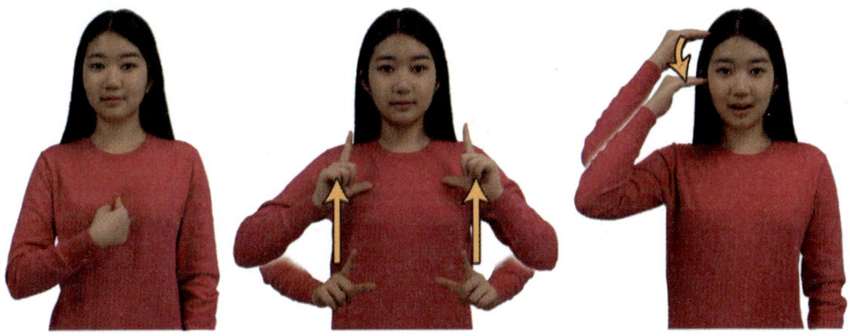

저는 한국에 살고 있어요.
I live in South Korea.
我在韩国生活。

TIP+

[살다]를 영어로 'Live' 인데 [ㄴ]자형을 두 손으로 해서 가슴 위에 올려요.

Quiz 연습문제

1. 저는 제 생활이 만족스러워요.
2. 저는 부모님과 함께 살고 있어요.

학습목표

지금 살고 있는 [집]이 어디인지 표현하는 방법을 배울 수 있습니다.

Step

핵심어휘

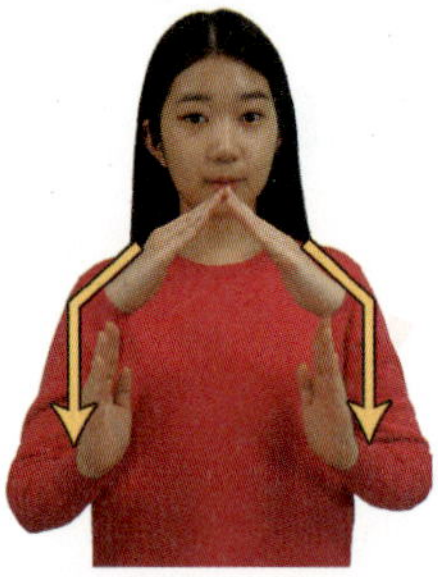

집

home

家

Step

응용문장 표현

제가 살고 있는 집은 서울이에요.

My home is in Seoul.

我住的家在首尔。

TIP+

[집]은 집의 지붕 모양처럼 표현해요.

Quiz 연습문제

1. 집이 어디예요?
2. 당신의 집이 좋아보이네요.

학습목표

[무엇] 수어에 의미가 3개 있는데, 어떻게 표현하는지 배울 수 있습니다.

Step 1

핵심어휘

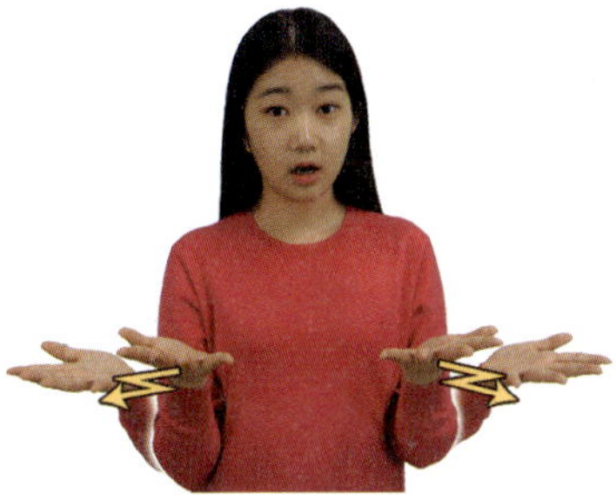

무엇

what

什么

Step 2

응용문장 표현

당신은 어디서 왔나요?
Where are you from?
你从哪里来?

TIP+

의문사 수어에서는 문장 뒤 마지막 어순으로 쓰이고 물어볼 때 눈썹을 치켜올리는 표정으로 표현해요. 참고로 [무엇]에 1. 무엇(What), 2. 어디서(Wher), 3. 왜(Why)라는 의미가 있어요.

Quiz 연습문제

1. 이것이 무엇이에요?
2. 당신의 이름이 무엇이에요?

학습목표

상대의 수어를 이해하기 어려울 때, "방금한 수어를 다시 보여주세요."라고 요청하는 방법을 배울 수 있습니다.

Step 1

핵심어휘

또, 다시

again

再

Step 2

응용문장 표현

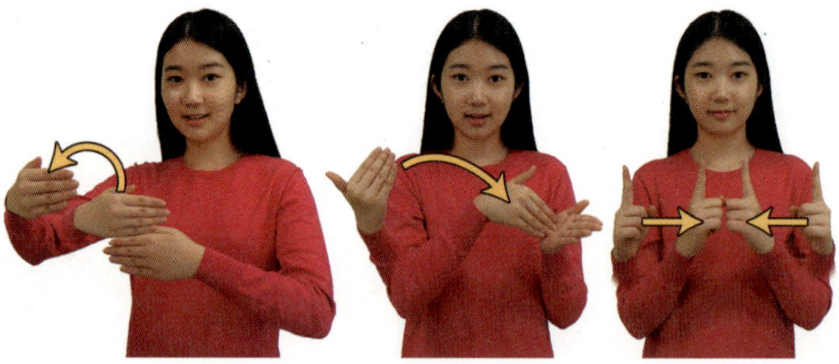

다음에 또 만나요.
See you again next time.
下次再见面。

TIP+

한번 쓸 때는 [또], [다시]이지만, 2~3번 쓸 때는 '반복'이라는 뜻이에요.

Quiz 연습문제

1. 내일 또 만나요.
2. 또 만나서 즐거웠어요

학습목표

무엇이 궁금하거나 질문이 있을 때 [왜]를 배워 표현하는 방법을 배울 수 있습니다.

Step

핵심어휘

🇰🇷	**왜**
🇬🇧	**why**
🇨🇳	**为什么**

Step

응용문장 표현

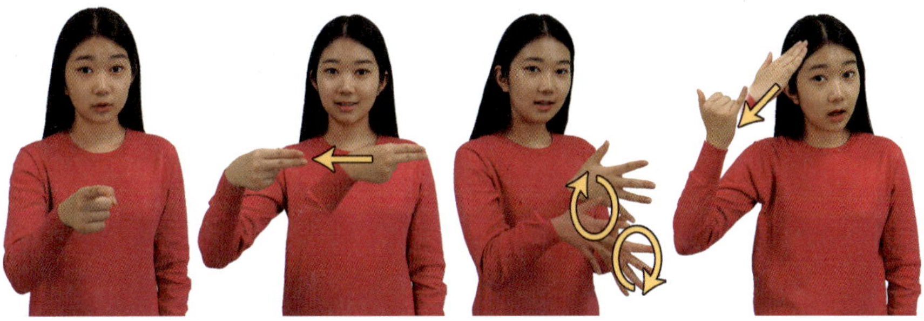

당신의 수어이름은 왜 이렇게 만들었나요?
What is the meaning behind your name sign?
你的手语名字怎么做？

TIP+

의문문을 쓸 때, 문장 뒤 마지막 어순으로 쓰이고 눈썹을 치켜올리는 표정으로 표현해요.

Quiz 연습문제

1. 무슨일이에요?
2. 수어를 왜 배우나요?

수어는 만국공통어인가요?

Is sign language a universal language?

ⓒdreamstime.com

정답은 아니다. 한국어와 영어가 다른 것처럼 수어도 나라 별로 다르다. 초기 국제수어는 유럽에서 시작했으며 유럽 지리특성상 나라가 붙어있어 서로 교류하기 쉬웠다. 그러나 아프리카나 아시아 남미 등 농인들은 각 나라의 수어가 다르고 지역 특성상 소통하기가 어려웠다. 1951년 세계농아인연맹 (WFD) 설립과 함께 제1회 세계농아인대회(WCD)이 개최되었는데 각국 대표단이 모여 '전 세계 농인이 소통하기 위한 목표'로 국제수어에 대해 논의하게 되었다. 이때, 국제수어의 표준화에 대해 연구하였는데 국제수어 단어의 선정 기준은 누구나 쉽게 배워야 하며, 여러 수어 중 가장 이해하기 쉽고, 원활하게 소통할 수 있어야 하는 것이었다.

이 후 1959년 최초로 세계농아인연맹(WFD) 산하 수어연합위원회(CUS)에서 323개의 국제수어 단어를 수록한 제스츄노(GESTUNO) 책을 출판했다. 이어 영국농아인협회(BDA)에서 이를 보완해 1470개의 단어를 수록한 책을 출판했다. 국제수어로 인해 점차 전 세계 농인들의 교류가 늘어남에 따라 각국에서도 국제수어 책을 번역하거나 직접 출판하게 되었다.

현재 국제수어는 일상은 물론 여행, 축제, 컨퍼런스, 세계농아인연맹 총회, 각종회의나 세미나에서 계속 사용되고 있다. 국제수어는 세계농아인연맹(WFD)에서 공용언어로 채택해 전 세계 농인의 인권과 정보접근성에 기여하고 있다. 현재 국제수어는 점차 진화하고 발전하고 있으며 농인이든 청인이든 누구든지 함께 배우며 소통하고 있다.

지식 플러스 +

국제수어란?

세계에는 7,000여 개의 언어가 있다. 그 중 영어는 비즈니스, 스포츠, 학문 등 다양한 분야에서 세계 공용어로 사용되고 있고, 국제어라고도 한다.

국제수어를 통해 지식과 정보의 교류를 높일 수 있을 뿐만 아니라 문화 생활도 즐길 수 있다. 이처럼, 세계 농인들도 국제수어로 소통하고 있는 것이다.

현재까지 여러 나라의 수어에 영향을 받아 벌전하고 있으며, 문법 체계가 있는 언어라고 할 수 있다.

02 제 가족들은 다 농인이에요.
My family are all Deaf people.
我的家人都是聋人.

Day 1. 제 가족들은 다 농인이에요. / I'd like to introduce you. / 让我介绍一下。

Day 2. 아버지의 이름은 무엇입니까? / What is your father's name? / 父亲的名字是什么？

Day 3. 제 할아버지는 서울에서 왔어요. / My grandfather came from Seoul. / 爷爷从首尔来的。

Day 4. 어머니는 부산에 살아요. / My mother lives in Busan. / 妈妈住在釜山。

Day 5. 할머니는 어디서 왔어요? / Where is your grandmother from? / 奶奶是从哪里来的？

Day 6. 제 아들은 20살이에요. / My son is 20 years old. / 我儿子20岁。

Day 7. 딸이 한국에 살아요. / My daughter lives in Korea. / 女儿在韩国生活。

Day 8. 제 아기는 농인이에요. / My baby is Deaf. / 我养的孩子是聋人。

Day 9. 제 친구는 결혼했어요. / My friend is married. / 我朋友结婚了。

Day 10. 제 남편은 청인이에요. / My husband is hearing / 我的丈夫是听人。

Day 11. 제 아내는 농인이에요. / My wife is Deaf. / 我的妻子是聋人。

Day 12. 저는 이혼했어요. / I am divorced. / 我离婚了。

Day 13. 제 아기는 남자예요. / My baby is a boy. / 我的孩子是男的。

Day 14. 저 여자는 어디서 왔나요? / Where did that girl come from? / 那个女人是从哪里来的？

Day 15. 어른이 되면 결혼할 수 있어요. / When you grow up, you can get married. / 长大后可以结婚。

Day 16. 당신의 자녀들이 행복해보여요. / Your children look happy. / 子女们看上去很幸福。

Day 17. 그는 제 동생이에요. / He is my younger brother. / 他是我的弟弟。

Day 18. 저는 형과 함께 살아요. / I live with my older brother. / 我和哥哥一起生活。

Day 19. 연인을 처음 만난 곳이 대구예요. / My lover and I first met in Daegu. / 第一次见到恋人的地方是大邱。

Day 20. 저는 한국에서 태어났어요. / I was born in Korea. / 我在韩国出生。

Talking with Deaf teacher

궁금한 것이 있어요!

“제 가족들은 다 농인이에요”

수호: 선생님, 농가족(Deaf family)이 뭐예요?

Teacher: 농 부모와 농 자녀 또는 코다(CODA)로 이루어진 가족이라는 뜻이야.

수호: 아하! 코다는 처음 들어보는 단어인데, 무슨 뜻이에요?

Teacher: 코다는 농 부모로부터 수어라는 제 1언어로 습득한 농 문화를 가진 자녀라고 하지.

수호: 농 가족이 수어로 대화하는 모습이 궁금하네요.

Teacher: 궁금하면 영화 넷플릭스를 통해 〈미라클 벨리에〉나 〈코다〉를 보는 게 어때?

* 미라클 벨리에(The Belier Family 프랑스, 2015) 벨로니크 풀랭의 〈수화, 소리, 사랑해〉를 바탕으로 시나리오를 쓴 영화로 영화 ‘코다’가 리메이크한 작품이다.
* 코다(CODA, 미국, 프랑스, 2021) 농부모를 둔 청인자녀가 음악이라는 여정을 찾아가는 이야기로 실제 농인 배우가 출연해 연기의 실감을 더한 작품이다.

학습목표

[가족] 단어를 배우면 "당신의 가족이 어떻게 되나요?"라고 표현할 수 있습니다.

Step

핵심어휘

🇰🇷	**가족**
🇬🇧	**family**
🇨🇳	**家人**

Step

응용문장 표현

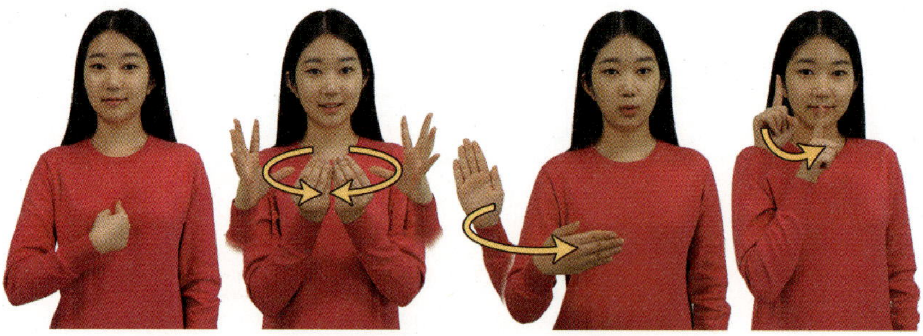

제 가족들은 다 농인이에요.

Everyone in my family is Deaf.

我的家人都是聋人。

TIP+

[F]자형을 양손으로 둥글게 모아서 표현해요.

Quiz 연습문제

1. 전 가족과 같이 살고 있어요.
2. 당신의 가족은 어디에 살고 있나요?

Day 2

학습목표

이번에 배우는 [아버지] 수어는 배우기 쉬우니 함께 배워봅시다.

Step

핵심어휘

아버지

grandfather

爷爷

Step

응용문장 표현

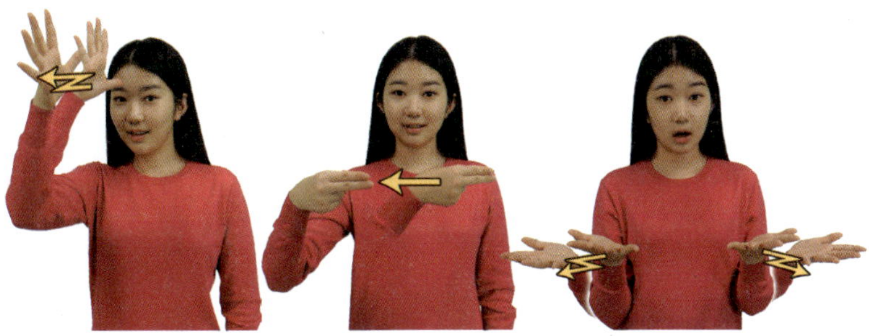

아버지의 이름은 무엇입니까?

What is your father's name?

父亲的名字是什么？

TIP+

[아버지]는 모자를 쓴 남자의 모습으로 손 위치를 이마 위에 톡톡! 치며 표현해요.

Quiz 연습문제

1. 제 아버지는 교사예요.
2. 당신의 아버지는 무슨 일하세요?

학습목표

[할아버지]와 [아버지]의 동작 차이를 비교해서 배워봅시다.

Step

핵심어휘

할아버지

grandfather

父亲

Step

응용문장 표현

제 할아버지는 서울에서 왔어요.
My grandfather came from Seoul.
爷爷从首尔来的。

TIP+

[아버지]를 두 번 반복하면 [할아버지]라고 해요.

Quiz 연습문제

1. 할아버지는 운동해요.
2. 저는 할아버지와 같이 살고 있어요.

Day 4

학습목표

[어머니]도 [아버지]처럼 배우기 쉬우니 함께 배워봅시다. 함께 배워요!

Step

핵심어휘

🇰🇷	**어머니**
🇬🇧	**mother**
🇨🇳	**母亲**

Step

응용문장 표현

어머니는 부산에 살아요.
My mother lives in Busan.
妈妈住在釜山。

TIP+

[어머니]는 옛날 서양 여성들이 끈이 달려있는 모자를 턱에 묶는 모습으로 인해, 손 위치가 턱에 위치해요.

Quiz 연습문제

1. 저는 제 어머니를 사랑해요.
2. 제 어머니는 수어를 가르치고 있어요.

Day 5

학습목표

[할머니]는 [할아버지] 수어동작 위치와 차이가 있는데, 어떤지 비교해서 배울 수 있습니다.

Step

핵심어휘

할머니

grandmother

奶奶

Step

응용문장 표현

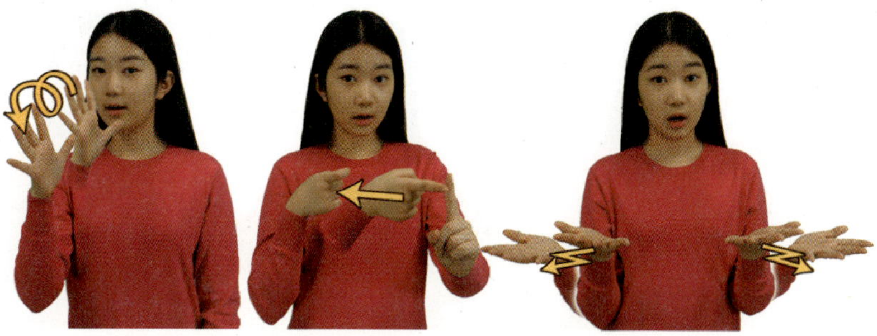

할머니는 어디서 왔어요?
Where is your grandmother from?
奶奶是从哪里来的？

TIP +

[어머니]를 2번 반복해서 [할머니]라고 해요.

Quiz 연습문제

1. 제 할머니의 건강은 좋아요.
2. 할머니는 자주 산책을 가요.

Day 6

학습목표

[아들]과 [딸]을 어떻게 표현하는지 배울 수 있습니다.

Step

핵심어휘

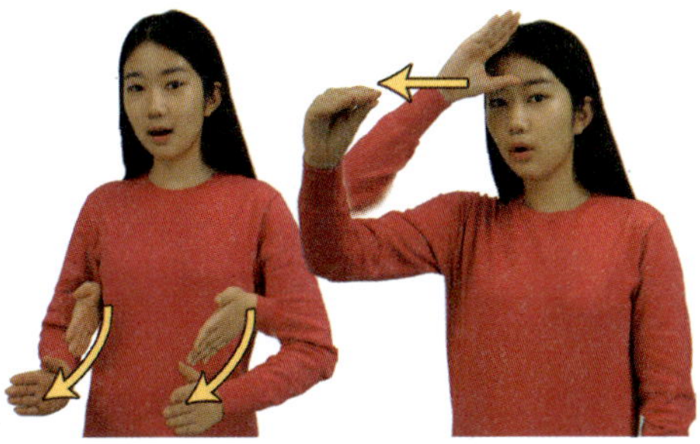

🇰🇷	**아들**
🇬🇧	**son**
🇨🇳	**儿子**

Step

응용문장 표현

제 아들은 20살이에요.
My son is 20 years old.
我儿子20岁。

TIP+

[낳다] [남자] = 아들라는 명사로 표현하고 [남자] [낳다] = 남자를 낳다 평서문으로 표현해요.

Quiz 연습문제

1. 저는 아들이 있어요.
2. 당신은 아들이 있나요?

Day 7

학습목표

앞서 배운 [딸]과 [아들]의 수어 표현이 어떻게 다른지 비교해봅시다.

Step 1

핵심어휘

딸

daughter

女儿

Step 2

응용문장 표현

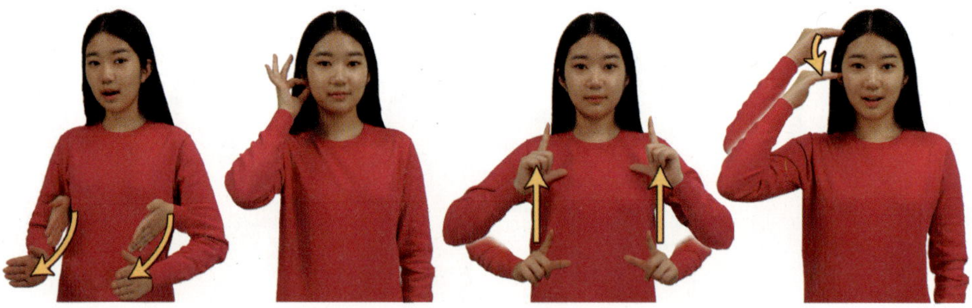

딸이 한국에 살아요.
My daughter lives in Korea.
女儿在韩国生活。

TIP+

[낳다] [여자] = 딸이라는 명사로 표현하고 [여자] [낳다] = 여자를 낳다 평서문으로 표현해요.

Quiz 연습문제

1. 제 딸은 귀여워요.
2. 제 딸이 대학교를 다녀요.

학습목표

[아기] 수어는 배우기 쉬우니 한번 따라해봅시다.

Step 1

핵심어휘

🇰🇷	아기
🇬🇧	baby
🇨🇳	婴孩

Step 2

응용문장 표현

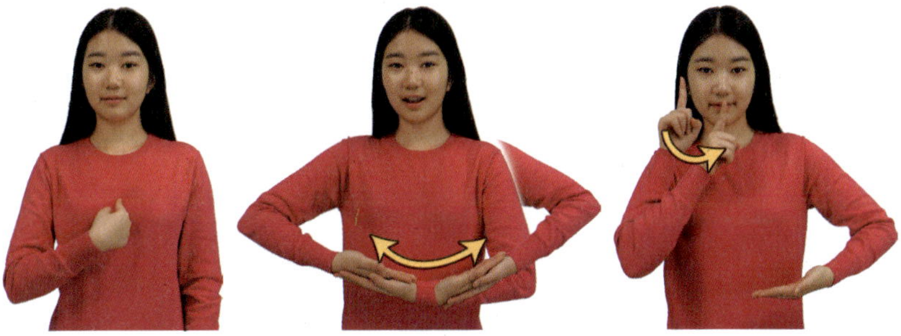

제 아기는 농인이에요.
My baby is Deaf.
我养的孩子是聋人。

TIP+

[아기]는 아기를 흔들며 재우는 동작을 떠올려보세요!

Quiz 연습문제

1. 제 아기는 3살이에요.
2. 저 아기는 정말 귀여워요.

Day 9

학습목표

서로를 위해 함께 성장하고 발전하는 관계인 [결혼]을 어떻게 표현하는지 배워봅시다.

Step

핵심어휘

🇰🇷	**결혼**
🇬🇧	**married**
🇨🇳	**结婚**

Step

응용문장 표현

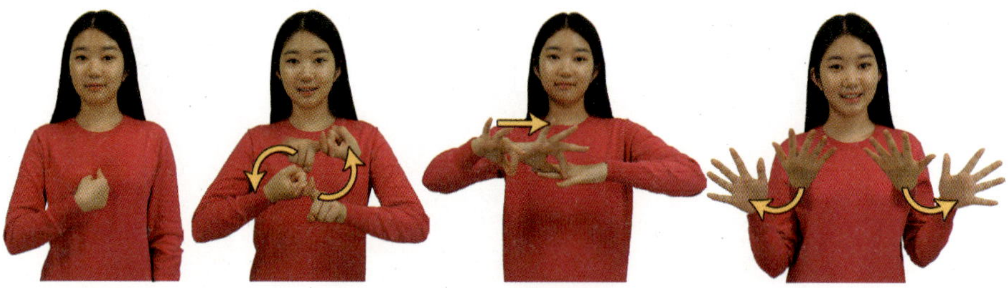

제 친구는 결혼했어요.

My friend is married.

我朋友结婚了。

TIP+

왼손 네 번째 손가락에 반지를 끼는 동작으로 표현해요.

Quiz 연습문제

1. 저는 늦게 결혼했어요.
2. 결혼은 언제 하셨어요?

Day 10

학습목표

남편을 소개하고 싶을 때, 이번에 [남편]을 배워 소개할 수 있습니다.

Step

핵심어휘

남편

husband

老公

Step

응용문장 표현

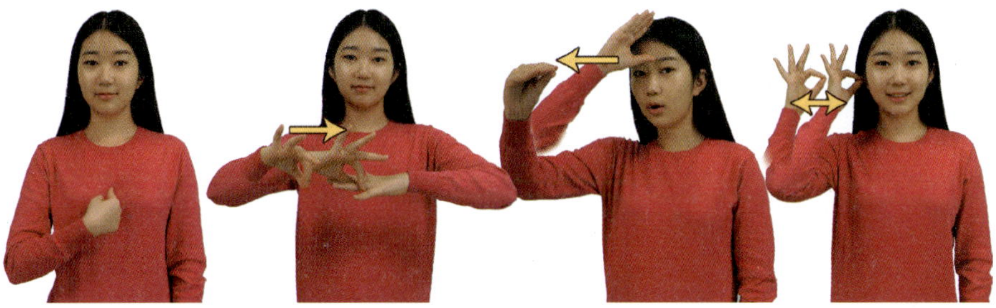

제 남편은 청인이에요.

My husband is hearing

我的丈夫是听人。

TIP+

[결혼] [남자] 차례로 남편을 표현하고, [남자] [결혼] 은 이 여자랑 결혼한다 라고 설명해요.

Quiz 연습문제

1. 남편을 만난지 3년 되었어요.
2. 당신의 남편은 무슨 일 하세요?

Day 11

학습목표

[아내]를 소개하고자 할 때, 어떻게 표현하는지 배울 수 있습니다.

Step

핵심어휘

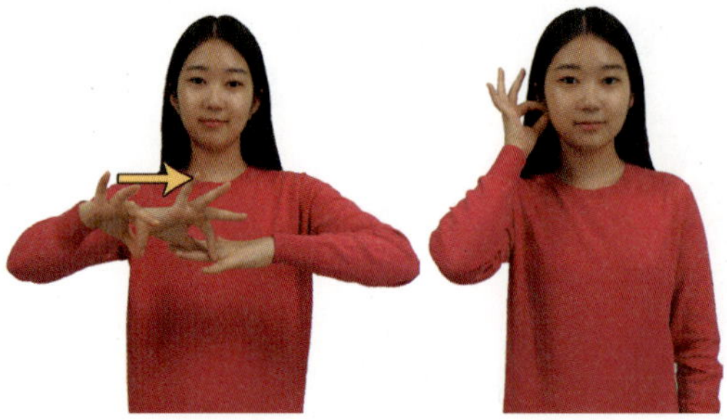

🇰🇷	아내
🇬🇧	wife
🇨🇳	妻子

Step

응용문장 표현

제 아내는 농인이에요.
My wife is Deaf.
我的妻子是聋人。

TIP+

[결혼] [여자] 차례로 아내를 표현하고, [여자] [결혼]은 이 남자랑 결혼한다라고 설명해요.

Quiz 연습문제

1. 저는 제 아내를 사랑해요.
2. 아내는 저를 행복하게 해요.

학습목표

[결혼]과 반대인 [이혼]을 어떻게 표현하는지 배울 수 있습니다.

Step

핵심어휘

🇰🇷	이혼
🇬🇧	divorced
🇨🇳	离婚

Step

응용문장 표현

저는 이혼했어요.
I am divorced.
我离婚了。

TIP+

이혼은 왼손 네번째 손가락에 반지를 뺀 모습을 떠올려 표현해보세요.

Quiz 연습문제

1. 저는 작년에 이혼했어요.
2. 제 부모님은 이혼한지 오래 됐어요.

Day 13

학습목표

[남자]의 위치는 이마에 있는데, 왜 이마에 위치하는지 생각하며 함께 배워봅시다.

Step

핵심어휘

🇰🇷	**남자**
🇬🇧	**boy / man**
🇨🇳	**男人**

Step

응용문장 표현

제 아기는 남자예요.

My baby is a boy.

我的孩子是男的。

TIP+

[남자]는 모자를 쓰는 이미지처럼 떠올려보세요!

Quiz 연습문제

1. 남자 화장실이 어디예요?
2. 당신은 남자친구 있나요?

학습목표

[여자] 수어와 [남자] 수어가 어떻게 다른지 배울 수 있습니다.

Step

핵심어휘

🇰🇷	**여자**
🇬🇧	**woman**
🇨🇳	**女人**

Step

응용문장 표현

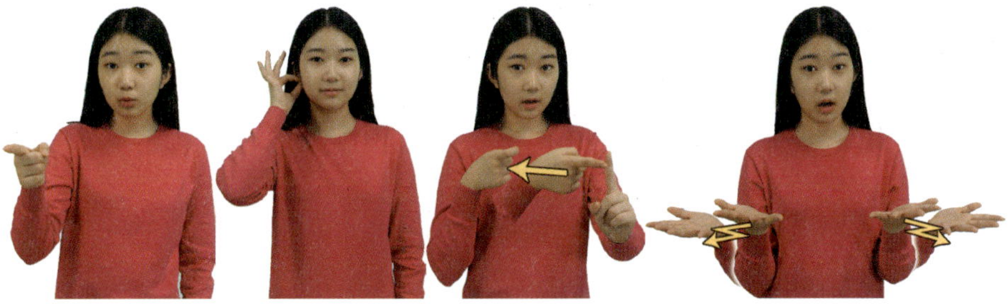

저 여자는 어디서 왔나요?
Where did that girl come from?
那个女人是从哪里来的？

TIP+

[여자]는 귀걸이를 쓴 모습을 떠올려 보세요. 또다른 표현으로는 여성을 상징하는 가슴이라는 뜻으로 표현해요.

Quiz 연습문제

1. 여자 화장실이 어디예요?
2. 당신은 여자친구가 있나요?

Day 15

학습목표

어른은 아동보다 키가 크니. 국제수어로 [어른]을 어떻게 표현하는지 알아봅시다.

Step 1

핵심어휘

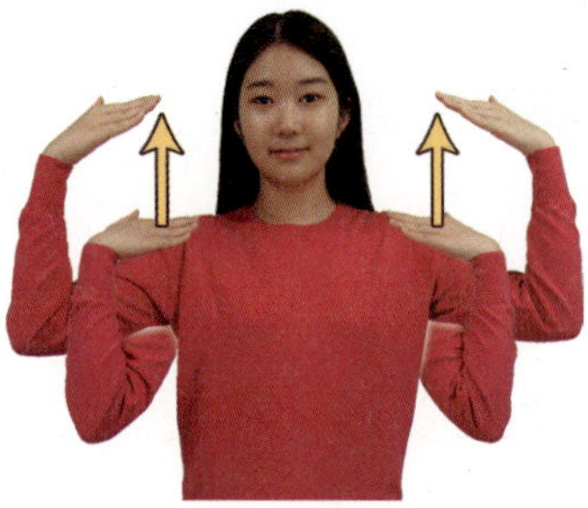

어른

adult

大人

Step 2

응용문장 표현

어른이 되면 결혼할 수 있어요.
When you grow up, you can get married.
长大后可以结婚。

TIP+

아동보다 성인의 키가 크니까 키가 큰 모습으로 표현해요.

Quiz 연습문제

1. 저는 어른이 되고 싶어요.
2. 어른만 참가할 수 있어요.

학습목표

[아이]는 대체적으로 성인보다 키가 작으니 [아동], [아이], [자녀]를 쉽게 표현할 수 있습니다.

Step

핵심어휘

아동, 아이, 자녀

child / children

儿童 / 孩子 / 子女

Step

응용문장 표현

당신의 자녀들이 행복해보여요.
Your children look happy.
子女们看上去很幸福。

TIP+

자녀 한 사람은 한 손으로 여러 명의 자녀는 양 손으로 표현해요.

Quiz 연습문제

1. 저는 자녀가 2명 있어요.
2. 저는 작년에 아이를 낳았어요.

학습목표

형제, 자매가 태어난 순서처럼 위, 아래로 표현할 수 있습니다.

Step

핵심어휘

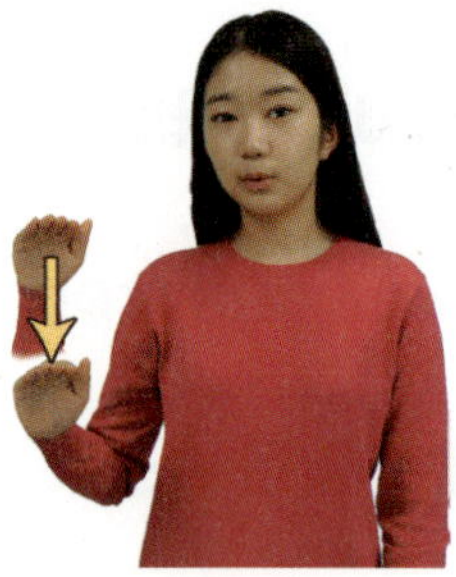

🇰🇷	**동생**
🇬🇧	**younger brother / sister**
🇨🇳	**弟弟**

Step

응용문장 표현

그는 제 동생이에요.

He is my younger brother.

他是我的弟弟。

TIP+

보통 동생은 형이나 누나보다 키가 작으니까 키가 작다고 표현하고, 친동생을 표현할때는 [핏줄] [같다] [남자 or 여자] [키작다]로 표현할 수 있어요.

Quiz 연습문제

1. 제 동생은 군대갔어요.
2. 저는 동생과 함께 살고 있어요.

학습목표

동생보다 먼저 태어난 [형], [오빠], [누나], [언니]를 어떻게 표현하는지 배워봅시다.

Step 1

핵심어휘

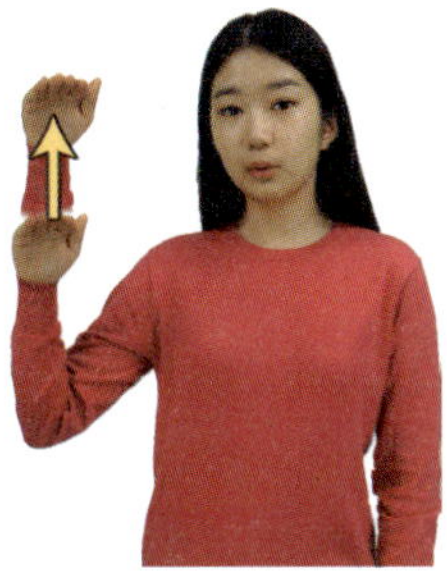

형, 오빠, 누나, 언니

older brother / sister

哥哥 / 姐姐

Step 2

응용문장 표현

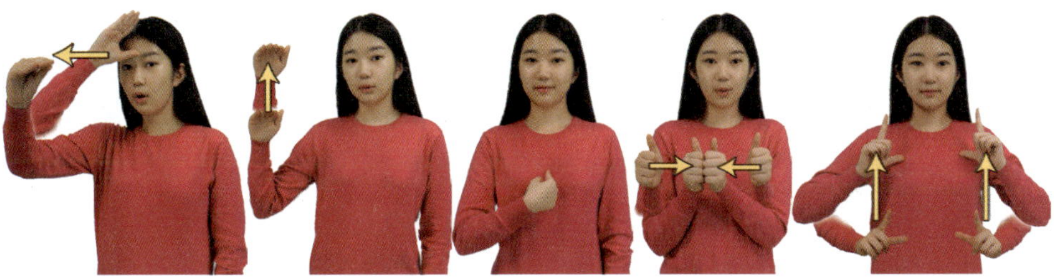

저는 형과 함께 살아요.

I live with my older brother.

我和哥哥一起生活。

TIP+

[형] [오빠] [누나] [언니]는 키를 높여서 표현해요

참고로, 형제나 자매로 표현할때는 [핏줄] [같다] [남자 or 여자] [키크다]로 표현할 수 있어요.

Quiz 연습문제

1. 저는 언니와 함께 살고 있어요.
2. 우리 형은 대학을 다니고 있어요.

Day 19

학습목표

[연인], [애인]을 수어로 어떻게 표현하는지 배울 수 있습니다.

Step

핵심어휘

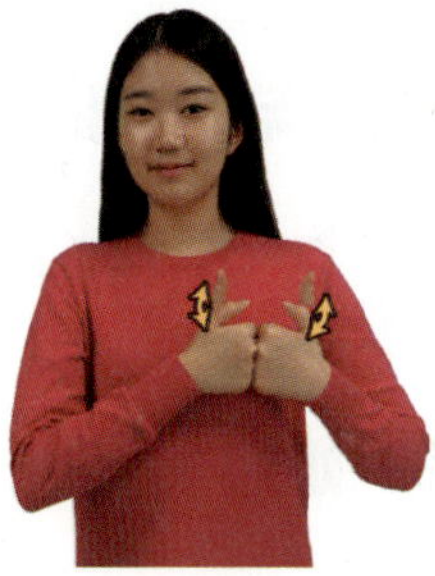

🇰🇷	**연인, 애인**
🇬🇧	**lover**
🇨🇳	**情人**

Step

응용문장 표현

연인을 처음 만난 곳이 대구예요.
My lover and I first met in Daegu.
第一次见到恋人的地方是大邱。

TIP+

연인을 만나거나 데이트할 때 두근두근거리는 느낌으로 왼쪽 심장에 대고 표현해요. 여러분도 국제수어로 연인을 만들 수 있어요.

Quiz 연습문제

1. 당신은 애인이 있나요?
2. 저는 애인과 함께 영화보러가요.

학습목표

아기를 낳는 모습을 [태어나다]로 표현할 수 있습니다.

Step 1

핵심어휘

🇰🇷	**태어나다, 출생, 낳다**
🇬🇧	**born**
🇨🇳	**出生 / 生**

Step 2

응용문장 표현

저는 한국에서 태어났어요.
I was born in Korea.
我在韩国出生。

TIP+

어머니의 뱃속에서 나왔기에 뱃속에서 나온 모습으로 표현해요.

Quiz 연습문제

1. 언제 태어났나요?
2. 저는 농인으로 태어났어요.

코다를 알고 있나요?
Do you know CODA?

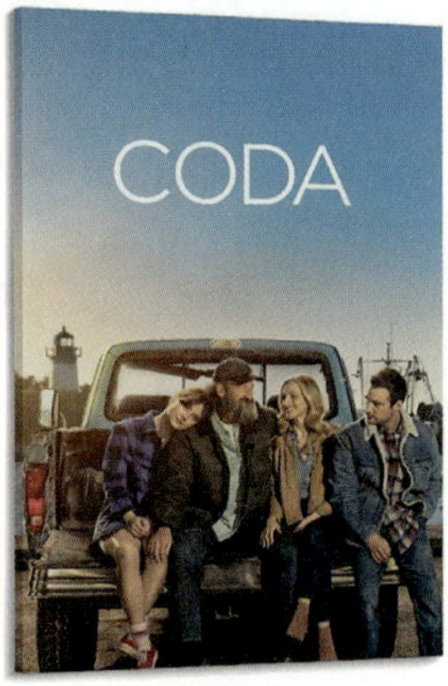

ⒸAmazon. CODA Poster Movie Poster

가족 구성원 중 농인이 대다수인 '농 가족(Deaf Family)'는 수어로 소통하면서 깊은 유대감과 소속감을 느낀다. 서로의 언어가 같아 소통의 부재를 느낄 것도 없으며 가족 안에서 소외되는 일이 없기 때문이다. 한편, 농 부모 사이에서 청인 자녀가 태어났을 경우 그 자녀를 코다(CODA, Child Of Deaf Adult)라고 한다. 코다는 음성언어보다 수어를 먼저 배워 부모와 의사소통을 한다. 이 용어는 미국 갈로뎃대학교 출신인 마일리 브라더(Millie Brother)가 1983년 '코다 인터내셔널(CODA International)'라는 단체를 설립하면서 쓰기 시작했다.

코다 아동은 농 부모를 통해 자연스레 수어를 배우게 되지만 농인 문화와 청인 문화 양쪽 모두에 속해 있어 정체성 혼란을 겪게 된다. 그래서 이 단체에서 매년마다 미국에서 컨퍼런스를 개최하고 있다. 이 날, 전 세계의 코다들이 모여서 농 부모에 대해 이해하는 시간을 가지고 서로 교류한다.

매년 4월 마지막 주 일요일은 '농 부모의 날(Mother Father Deaf Day)' 이다. 이 날, 세계 각국의 코다들이 이 날을 기념해 부모에게 영상편지를 쓰며 축하한다. 가족 사진을 공유하거나 코다와 관련한 서적 및 영화 소감을 알리기도 한다. 코다가 나에게 주는 의미와 즐겁고 재미있었던 추억이나 코다임을 자랑스럽게 여기는 이유에 대해 연설한다.

한편, 2021년 8월 코다를 주제로 한 영화 〈코다(CODA)〉가 개봉되었다. 당시 〈코다〉 연출과 각본을 맡은 감독 션 헤이더(Sian Heder)는 "농인을 주연으로 내세우면서 청인이 중심이 되는 이야기를 하고 싶지 않았다"며 캐스팅 과정을 설명했다. 청인배우가 수어를 배워 출연하는 것과 달리, 농인 배우들을 캐스팅하여 드라마의 진정성을 더해 로튼 토마토(Rotten Tomatoes) 신선도 지수 95%를 기록했다. 〈코다〉는 전 세계적으로 큰 반향을 일으켰고 OTT(온라인동영상서비스) 최초로 오스카 최고 영예인 작품상, 각색상, 남우조연상을 휩쓸며 3관왕에 수상해 새 역사를 썼다. 애플TV+은 이 영화의 가치를 알아보고 2천 5백만달러(280억)에 판권을 사서 화제가 되기도 했다.

지식 플러스 +

오스카 3관왕 코다 영화 속 농인 배우 트로이 코처(Troy Kotsur)

트로이 코처는 미국의 농 배우이며 2021년 영화 〈코다〉에서 미국수어(ASL)로 직접 열연을 펼쳤다. 제94회 아카데미상 남우조연상, 영국 아카데미 남우조연상, 미국배우조합상 남우조연상, 크리틱스 초이스 영화상 남우조연상을 수상했다.

ⓒimdb

"트로이 코처의 수상소감"

먼저 훌륭한 농인 연극계에 감사를 전하고 싶다. 내가 배우로서 연기력을 갈고닦을 수 있는 기회를 주었다. 션 헤이더(Sian Heder) 감독님, 당신은 최고의 커뮤니케이터다. 당신이 농인 세계와 청인 세계를 한데 모았고 우리의 다리가 되어주었다. 오늘의 수상은 농인과 코다 커뮤니티를 위한 것이다. 지금은 우리를 위한 순간이다. 나를 보라! 나는 해냈다!

03 혹시 영화에 자막이 있을까요? Is there English subtitles in the movie? 或许电影里有字幕吗？

Day 1. 당신의 취미가 무엇인가요? / What is your hobby? / 你的爱好是什么？

Day 2. 저는 음악이 취미예요. / My hobby is music. / 我的爱好是音乐。

Day 3. 남편이 영화를 좋아해요. / My husband likes movies. / 丈夫喜欢电影。

Day 4. 제 어머니는 연극을 해요. / My mother is in Theater. / 我妈妈在演戏。

Day 5. 춤을 좋아하세요? / Do you like to dance? / 喜欢跳舞吗？

Day 6. 제 친구가 사진을 잘찍어요. / My friend takes good pictures. / 我的朋友照片照的很好。

Day 7. 할아버지는 TV를 시청해요. / My grandfather is watching TV. / 爷爷在看电视。

Day 8. 농인은 영상으로 수어하는 것을 좋아해요. / Deaf people like to sign videos to each other. / 聋人喜欢用视频手语。

Day 9. 게임을 좋아하세요? / Do you like games? / 喜欢游戏吗？

Day 10. 제 친구는 그림을 잘 그려요. / My friend draws well. / 我的朋友很会画画。

Day 11. 저는 수어에 관심 있어요. / I am interested in sign language. / 我对手语感兴趣。

Day 12. 무슨 동물을 좋아하세요? / Which animals do you like? / 喜欢什么动物？

Day 13. 당신의 꿈이 무엇이에요? / What is your dream? / 你的梦想是什么？

Day 14. 다음에 또 만났으면 좋겠어요. / I hope to see you again next time. / 下次又见面就好。

Day 15. 저의 목표는 농인을 만나는 것입니다. / My goal is to meet a deaf person. / 我的目标是和聋人见面。

Day 16. 저의 꿈은 자유예요. / My dream is freedom. / 我的梦想是自由。

Day 17. 저는 모험을 좋아해요. / I love adventure. / 我喜欢冒险。

Day 18. 저는 춤과 연극활동하고 있어요. / I am doing dance and theater activities. / 我有跳舞和演戏活动。

Day 19. 저는 농인과 어울리는 것을 좋아해요. / I like to date deaf people. / 我喜欢跟聋人交流。

Day 20. 저는 예술가예요. / I am an artist. / 我是艺术家。

Talking with Deaf teacher

궁금한 것이 있어요!

"혹시 영화에 자막이 있을까요?"

수호: 오늘 개봉된 한국 영화를 보고 왔는데 정말 인상깊었어요!

Teacher: 좋았겠다. 그런데 선생님과 같은 농인은 영화를 보고싶어도 자막이 없어서 보지 못하지.

수호: 아, 슬퍼요~ 자막이 나올때까지 기다려야 하는건가요?

Teacher: 그래도 요즘은 OTT 서비스가 있어서 언제 어디서나 자막과 함께 시청할 수 있지!

수호: 세상이 정말 좋아졌네요!

Teacher: 그럼! 세상이 정말 좋아졌지!

* OTT(Over The Top) : 인터넷을 통해 시청하는 다양한 플랫폼으로 사용자가 원하는 시간에 방송을 볼 수 있도록 제공한다. OTT의 종류는 대표적으로 넷플릭스, 쿠팡플레이, 디즈니+, 티빙 등이 있다.

학습목표

혹시 [취미]가 어떻게 되나요? 라고 물어 볼 때 표현하는 방법을 배울 수 있습니다.

Step

핵심어휘

🇰🇷	**취미, 즐기다**
🇬🇧	**hobby / enjoy**
🇨🇳	**兴趣 / 享受**

Step

응용문장 표현

당신의 취미가 무엇인가요?

What is your hobby?

你的爱好是什么？

TIP+

[취미]와 [즐기다]의 수어는 같아요.

Quiz 연습문제

1. 당신의 취미가 무엇인가요?
2. 제 취미는 춤을 추는 것이에요.

Day 2

학습목표

음악을 보면 지휘자가 생각나죠? 지휘자의 제스처를 유심히 보면 이해 될 거예요. 그럼 한번 배워봅시다.

Step

핵심어휘

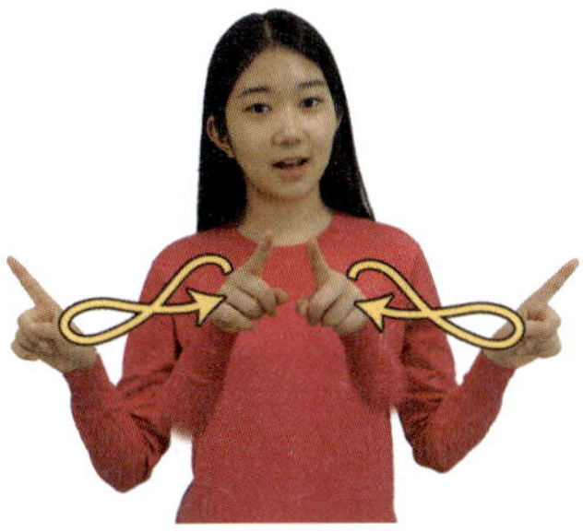

노래,음악

song / music

歌曲 / 音乐

Step

응용문장 표현

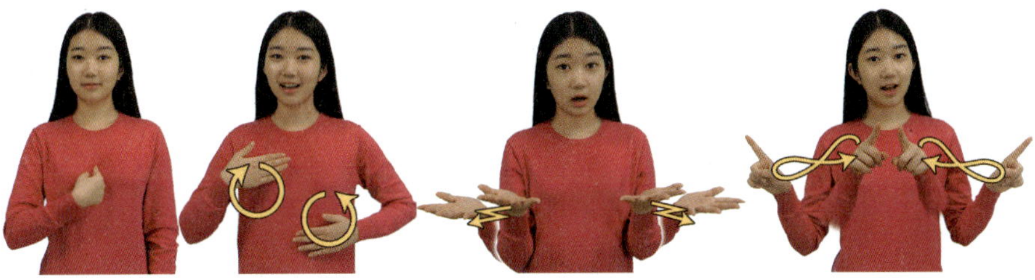

저는 음악이 취미예요.

My hobby is music.

我的爱好是音乐。

TIP+

지휘봉으로 오케스트라를 지휘하는 지휘자의 모습을 떠올리면 배우기 쉬워요.

Quiz 연습문제

1. 당신은 음악을 좋아해요?
2. 제 동생은 노래를 잘해요.

Day 3

학습목표

농인과 수어에 대한 소재로 만든 영화는 정말 흥미로워요. 이번에도 영화를 국제수어로 어떻게 표현하는지 배울 수 있습니다.

Step 1

핵심어휘

🇰🇷	영화
🇬🇧	movie
🇨🇳	电影

Step 2

응용문장 표현

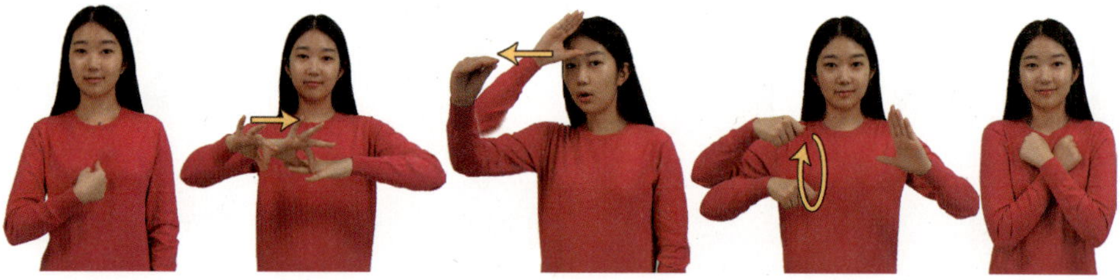

남편이 영화를 좋아해요.
My husband likes movies.
丈夫喜欢电影。

TIP+

옛날 영사기를 돌리는 모습을 떠올리면 배우기 쉬울거예요.

Quiz 연습문제

1. 저 영화는 너무 재미있어요.
2. 당신은 무슨 영화를 좋아해요?

Day 4

학습목표

유럽에 가면 농인과 수어와 관련한 연극을 많이 볼 수 있는데, 이번에는 [연극] 수어를 어떻게 표현하는지 배울 수 있습니다.

Step

핵심어휘

연극

theater

话剧

Step

응용문장 표현

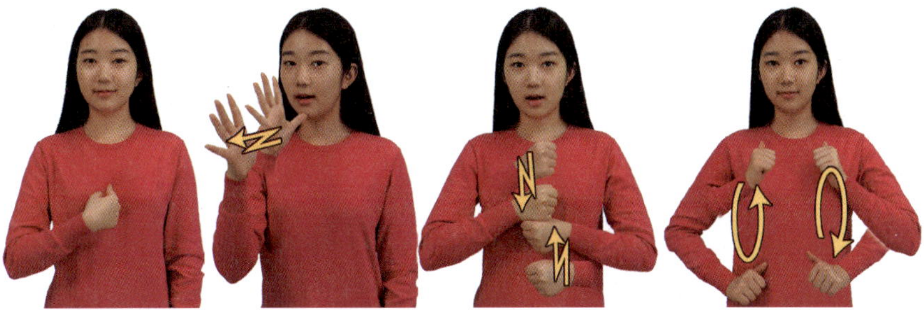

제 어머니는 연극을 해요.

My mother is in Theater.

我妈妈在演戏。

TIP+

커튼콜처럼 표현하거나 또 다른 표현으로는 가운데 양 손가락으로 가슴 위에 톡톡! 라고 치며 표현해요.

Quiz 연습문제

1. 저는 연극을 자주 보러가요.
2. 저희 오빠는 연극을 좋아해요.

학습목표

춤추면서 수어도 할 수 있는데 [춤]은 어떻게 표현할까요? 춤추는 모습을 떠올리면 [춤]이라는 주제수어를 쉽게 배울 수 있습니다.

Step

핵심어휘

- 춤
- dance
- 舞蹈

Step

응용문장 표현

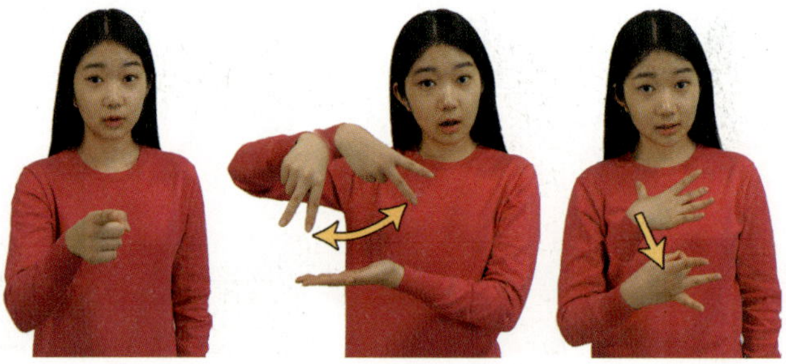

춤을 좋아하세요?
Do you like dance?
喜欢跳舞吗？

TIP+

검지와 중지 손가락을 사람의 다리라고 생각하고 손바닥 위에 흔들려 표현해요.

Quiz 연습문제

1. 저는 춤을 잘 춰요.
2. 당신은 춤을 잘 추는 편인가요?

Day 6

학습목표

“사진을 잘 찍네요.”라고 칭찬하고 싶을 때 어떻게 표현하는지 함께 배울 수 있습니다.

Step

핵심어휘

🇰🇷	**사진**
🇬🇧	**photo**
🇨🇳	**照片**

Step

응용문장 표현

제 친구가 사진을 잘찍어요.
My friend takes good pictures.
我的朋友照片照的很好。

TIP+

사진은 카메라를 찍는 모습을 떠올려 보는 것도 좋아요.

Quiz 연습문제

1. 전 사진을 잘 못 찍어요.
2. 우리 아버지는 사진을 잘 찍어요.

학습목표

TV를 보면 수어통역 화면이 가끔 보이죠? 이번에는 [TV]를 배워봅시다.

Step

핵심어휘

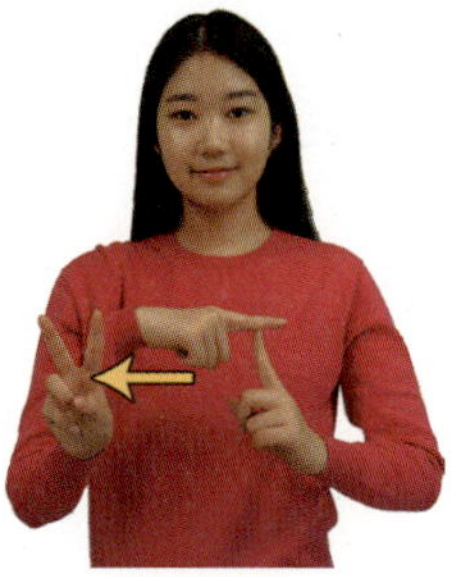

🇰🇷	**티비**
🇬🇧	**TV**
🇨🇳	**电视**

Step

응용문장 표현

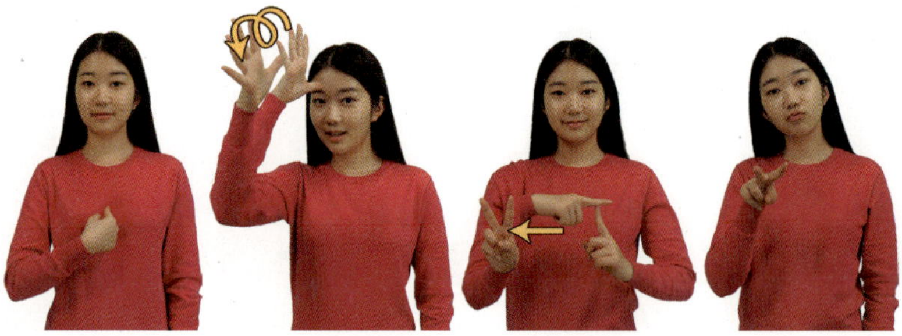

할아버지는 TV를 시청해요.

My grandfather is watching TV.

爷爷在看电视。

TIP+

TV이라는 알파벳지화로 [T], [V]라고 표현해요.
참고로 TV라는 지화는 전 세계에서 대부분 쓰고 있는 표현이에요.

부록 참고 알파벳

Quiz 연습문제

1. 저는 TV 시청이 취미예요.
2. 가족과 함께 TV를 시청하고 있어요.

Day 8

학습목표

국제수어를 배우고 해외 농인들과 [영상]으로 영상통화 해봅시다.

Step

핵심어휘

🇰🇷	**비디오, 영상**
🇬🇧	**video**
🇨🇳	**视频**

Step

응용문장 표현

농인은 영상으로 수어하는 것을 좋아해요.

Deaf people like to sign videos to each other.

聋人喜欢用视频手语。

TIP+

비디오나 영상은 영어로 'Video' 니 앞문자에 있는 [V] 자형을 양손을 돌리며 표현해요.

Quiz 연습문제

1. 저는 영상을 자주 봐요.
2. 제 동생은 영상을 가끔 봐요.

Day 9

학습목표

게임을 좋아하는지 물어보고 싶을 때 [게임]을 어떻게 표현하는지 배울 수 있습니다.

Step 1

핵심어휘

🇰🇷	**게임**
🇬🇧	**game**
🇨🇳	**游戏**

Step 2

응용문장 표현

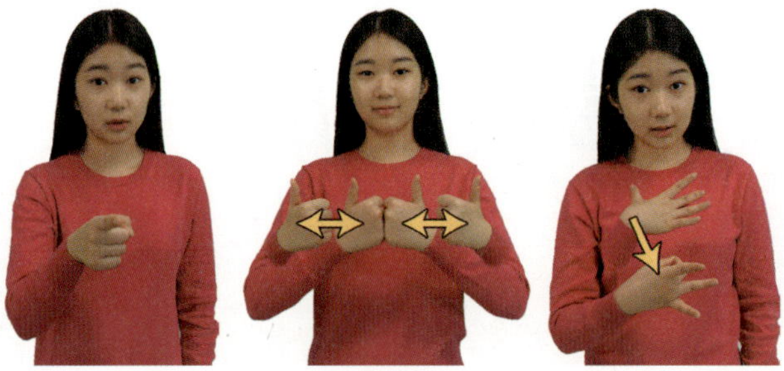

게임을 좋아하세요?
Do you like games?
喜欢游戏吗？

TIP+

[게임]을 표현할 때는 여러 번 하고, [대회]를 표현할 때는 한번 부딪혀서 표현해요.

Quiz 연습문제

1. 저는 게임을 좋아해요.
2. 제 동생과 함께 게임을 즐겼어요.

Day 10

학습목표

"농인 중에 시각적인 감각이 뛰어나 그림을 잘 그리는 분이 있어요."라고 말할 때, [그림]을 어떻게 표현하는지 학습할 수 있습니다.

Step

핵심어휘

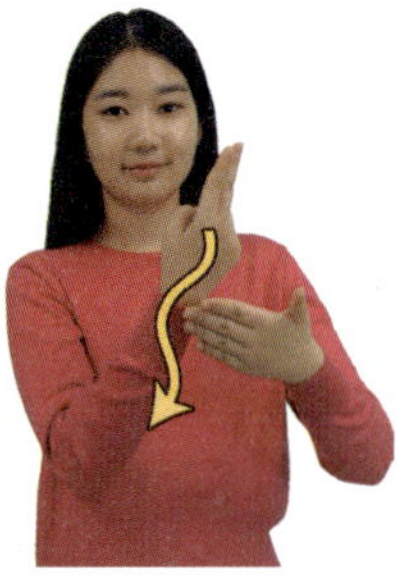

(그림을) 그리다

draw

画画

Step

응용문장 표현

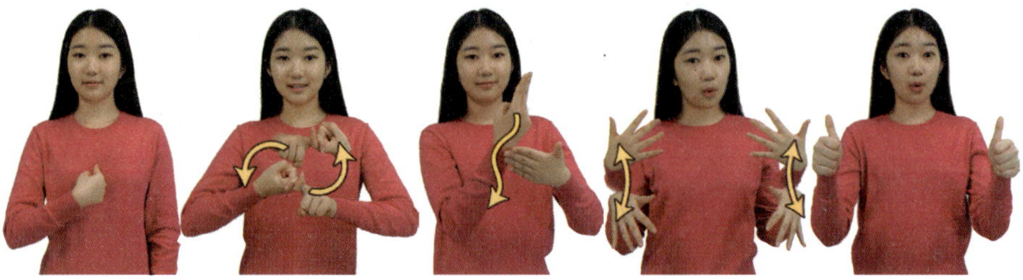

제 친구는 그림을 잘 그려요.

My friend is good at drawing.

我的朋友很会画画。

TIP+

손가락 위에 붓을 잡고 그려주는 모습을 떠올려보세요!

Quiz 연습문제

1. 전 그림을 잘 못그려요.
2. 제 엄마는 그림을 잘 그려요.

학습목표

국제수어를 배우면 여행도 2배! 소통도 2배! 흥미롭게 여행할 수 있어요. [흥미]를 어떻게 표현하는지 배울 수 있습니다.

Step 1

핵심어휘

🇰🇷	**흥미롭다, 관심, 신나다**
🇬🇧	**interesting**
🇨🇳	**有趣 / 关心**

Step 2

응용문장 표현

저는 수어에 관심 있어요.
I am interested in sign language.
我对手语感兴趣。

TIP+

[흥미롭다], [관심], [신나다]의 3가지 의미가 포함되어있지만, 문장에 따라 의미가 달라지기도 해요.

Quiz 연습문제

1. 저는 춤에 관심이 있어요.
2. 수어를 배우는 것에 관심이 있나요?

Day 12

학습목표

"강아지나 고양이 중 어느 동물을 좋아하나요"라고 물어볼 때, [동물]을 어떻게 표현할 수 있는지 배울 수 있습니다.

Step 1

핵심어휘

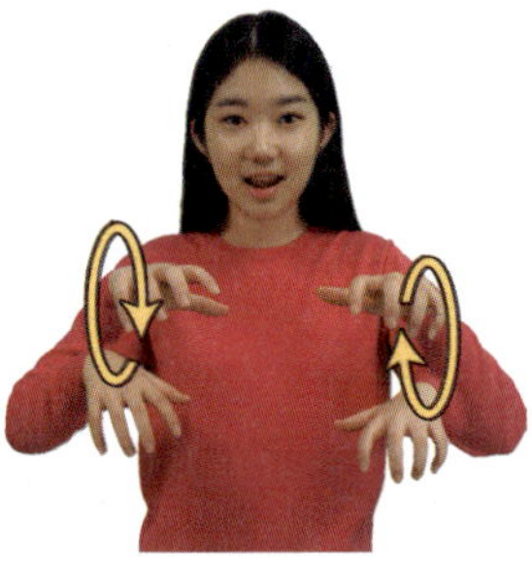

동물

animal

动物

Step 2

응용문장 표현

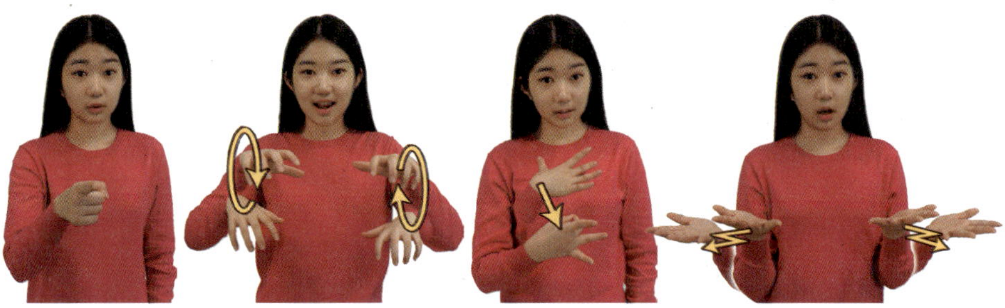

무슨 동물을 좋아하세요?
Which animals do you like?
喜欢什么动物？

TIP+

동물의 발톱 모양처럼 양손으로 표현해요.

Quiz 연습문제

1. 동물이 무서워요.
2. 저는 동물을 좋아해요.

Day 13

학습목표

"당신의 꿈은 무엇입니까?"라고 물어보고 싶을 때 어떻게 표현하는지 배울 수 있습니다.

Step

핵심어휘

🇰🇷	**꿈**
🇬🇧	**dream**
🇨🇳	**梦想**

Step

응용문장 표현

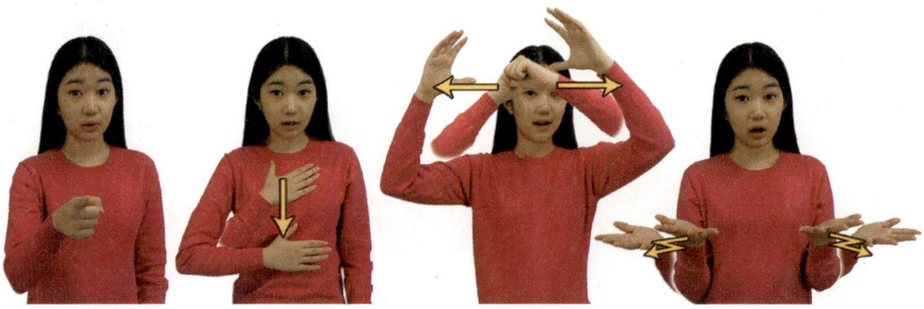

당신의 꿈이 무엇이에요?
What is your dream?
你的梦想是什么？

TIP +

머리 속에 상상한 모습처럼 말풍선을 떠올려 보세요!

Quiz 연습문제

1. 제 꿈은 사진작가예요.
2. 저 농인 친구는 꿈이 많아요.

Day 14

학습목표

"나는 앞으로 국제수어를 잘했으면 좋겠어!"라고 표현할 때, [희망]의 또 다른 표현을 배워봅시다.

Step

핵심어휘

한국어	**희망**
English	**hope**
中文	**希望**

Step

응용문장 표현

다음에 또 만났으면 좋겠어요.
I hope to see you again next time.
下次又见面就好。

TIP+

그 외에도 "~잘됐으면 좋겠군요.", "~를 기대합니다."라고 표현하고자할 때 쓰여요.

Quiz 연습문제

1. 앞으로 자주 만났으면 좋겠어요.
2. 저희 부모가 수어를 잘했으면 좋겠어요.

Day 15

학습목표

친구들과 인생의 목표에 대해서 이야기 나눌때, [목표]를 배우면 도움이 됩니다.

Step 1

핵심어휘

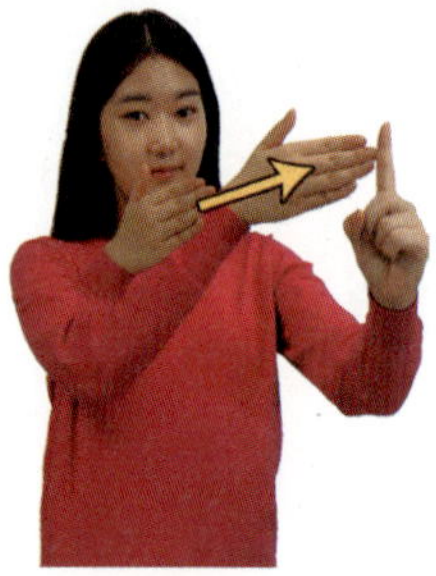

🇰🇷	**목표**
🇬🇧	**goal**
🇨🇳	**目标**

Step 2

응용문장 표현

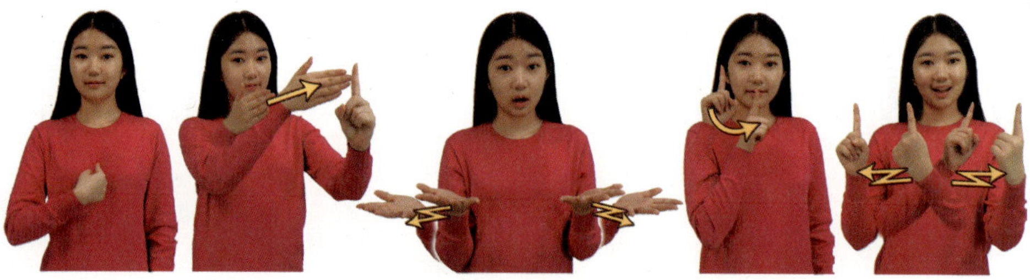

저의 목표는 농인을 만나는 것입니다.

My goal is to meet Deaf people.

我的目标是和聋人见面。

TIP+

목표를 향해 과녁을 맞히는 화살 모습을 떠올려보세요!

Quiz 연습문제

1. 당신의 목표가 무엇이에요?
2. 제 목표는 수어를 잘하는거예요.

Day 16

학습목표

국제수어로 자유롭게 대화할 수 있으려면 열심히 함께 배워봅시다. 오늘도 화이팅!

Step

핵심어휘

자유

free

自由

Step

응용문장 표현

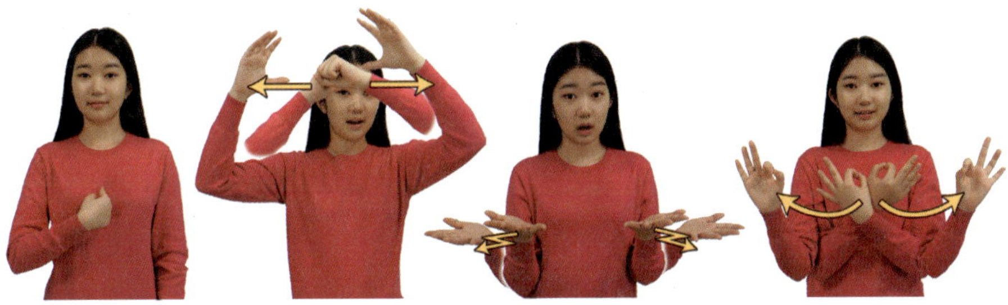

저의 꿈은 자유예요.

My dream is free.

我的梦想是自由。

TIP+

'Free'라는 영어인데 [F]자로 [자유]라고 표현하고 [무료]라는 뜻도 쓰여요. 문장에 따라 의미가 달라지는 것을 참고해요.

Quiz 연습문제

1. 전 지금 자유로워요.
2. 저 사람은 춤을 자유롭게 춰요.

Day 17

학습목표

'국제수어를 배워 세계로 Go'는 또 하나의 모험! [모험]을 어떻게 표현하는지 알아봅시다.

Step

핵심어휘

🇰🇷	**모험**
🇬🇧	**adventure**
🇨🇳	**冒险**

Step

응용문장 표현

저는 모험을 좋아해요.
I love adventure.
我喜欢冒险。

TIP+

아마존을 모험하여 우거진 숲 터널을 통과하는 느낌! 아시죠?

Quiz 연습문제

1. 저는 모험을 좋아하지 않아요.
2. 저희 오빠는 모험을 자주 해요.

Day 18

학습목표

"당신은 취미 활동을 하고 있나요?" 물어보고자 할 때 [활동]을 어떻게 표현하는지 배워봅시다.

Step 핵심어휘

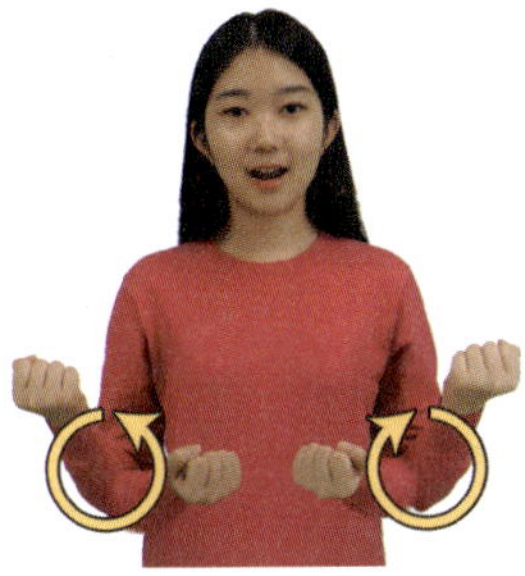

🇰🇷	**활동**
🇬🇧	**activity**
🇨🇳	**活动**

Step 응용문장 표현

저는 춤과 연극활동하고 있어요.
I am doing dance and play activities.
我有跳舞和演戏活动。

TIP+

[활동]은 양손 주먹으로 돌려서 원 모양으로 돌려서 표현해요.

Quiz 연습문제

1. 혹시 당신은 무슨 활동하고 있어요?
2. 저희 엄마는 사진 활동을 하고 있어요.

학습목표

전 세계 농인과 교제하려면 국제수어는 기본! 오늘도 힘내서 배울 수 있습니다.

Step

핵심어휘

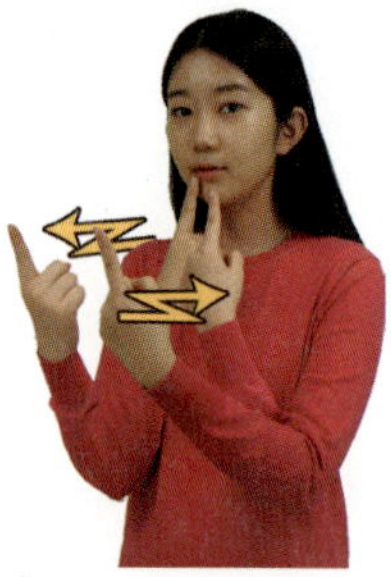

🇰🇷	**교제, 사귀다, 수다떨다**
🇬🇧	**hang out**
🇨🇳	**交际**

Step

응용문장 표현

저는 농인과 어울리는 것을 좋아해요.

I like hanging out with Deaf people.

我喜欢跟聋人交流。

TIP+

[교제]는 넓은 범위로 대화를 나누고 어울리는 것도 포함되요.

Quiz 연습문제

1. 국제수어로 대화해요.
2. 친구들과 즐겁게 교제해요.

학습목표

전 세계에도 훌륭한 농인 예술이 있는데 [예술] 수어가 어떤지 함께 알아봅시다.

Step 1

핵심어휘

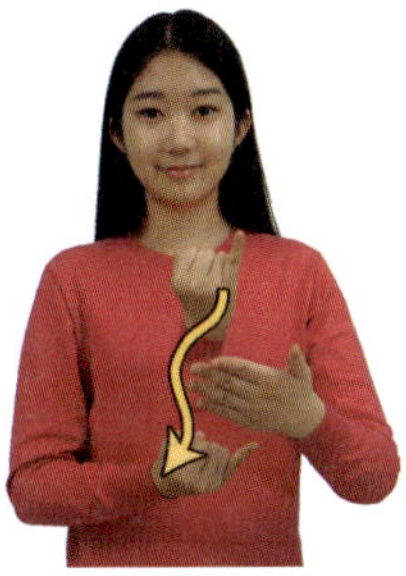

한국어	예술
English	art
中文	艺术

Step 2

응용문장 표현

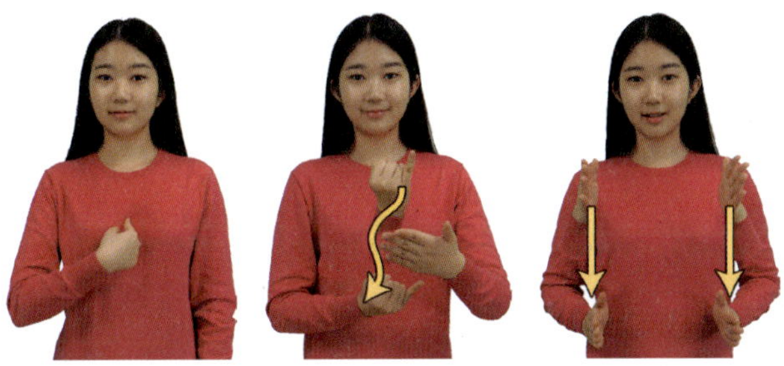

저는 예술가예요.

I am an artist.

我是艺术家。

TIP+

[예술]은 붓으로 자유롭게 그리는 것처럼 표현해요.

Quiz 연습문제

1. 저는 예술을 좋아해요.
2. 저희 언니는 예술 축제에 자주 가요.

오스카여우주연상을 수상한 농인 배우

Deaf actor who won the Oscar for Best Actress

© Chris Delmas 2008

말리 매틀린(Marlee Matlin)은 미국 수어로 연기하는 여배우, 작가, 인권운동가다. 1965년 미국 일리노이에 태어났다. 7살 때 국제 농예술 센터(ICODA)에서 〈오즈의 마법사〉의 도로시로 데뷔한 계기로 연기자로서 첫 발을 내딛게 되었다. 매틀린은 연기할 때 감정 표현이 뛰어나 풍부한 표정과 눈빛으로 청중들을 집중시키는 재능을 가지고 있었다. 13살 때는 〈만약 내가 영화 스타가 아니었다면〉이라는 주제로 미 전역 국제 창작 예술제에서 우수상을 수상했다.

1986년 〈작은 신의 아이들〉라는 영화에서 사라 노먼 역을 맡아 역대 최연소 아카데미 여우주연상과 오스카와 골든글로브 여우주연상을 수상했다. 이후 드라마와 영화에 출연했으며 장애의 다양성을 옹호해왔다. 농인과 청인의 격차를 해소하기 위해 의사소통 장벽에 대해 논의하며 농인의 인권을 위해 활동해왔다.

1987년 갈로뎃 대학교 명예문학박사를 받았으며 저서 〈I'll Scream Later〉, 〈Nobody's Perfect〉등을 저술했다. 최근 영화 〈코다(CODA)〉라는 작품에 출연해 재키 로시 역을 맡아 열연을 펼쳤으며 윤여정에 이어 2022 오스카 여우조연상 유력 후보로 거론되고 있다.

지식 플러스 +

작은 신의 아이들 (Children of a Lesser God,1986년, 미국) 줄거리

ⓒ TV TRopes

윌리엄 허트(제임스 리즈 역)은 농 학교에서 청인 교사로 근무하게 되고 농인 말리 매틀린(사라 노먼 역)을 만나게 된다. 두 사람은 이내 서로 사랑에 빠지게 된다. 하지만, 청인 사회에서 살아온 제임스는 사라를 이해하지 못하고 구화를 하라고 다그친다. 사라는 자신을 있는 그대로 받아들이지 않는 제임스의 모습에 격렬한 연기로 분노를 표현한다.

우연히 학교 수영장 속에 들어가게 된 제임스는 사라와 같은 방식으로 소리 없는 세계를 경험하게 되고 사라의 세계를 이해하게 된다. 하지만, 시간이 흐를수록 서로의 차이를 받아들이지 못하고 이별을 겪게 된다. 학교를 떠난 사라는 다른 지역에서 일하며 열심히 살아간다. 제임스는 사라를 잊지 못해 계속 찾아다니지만 결국 이들의 만남이 불발된다.

이 후 사라와 제임스는 농학교에서 열린 파티에서 우연히 재회하게 되고 서로의 사랑을 다시 확인하며 막을 내린다.

〈작은 신의 아이들〉은 소통의 진정한 의미와 진실한 감동을 주는 사랑 이야기와 깊은 성찰을 주는 영화로 죽기 전에 꼭 봐야 할 영화 1001편으로 선정되었다.

04 농인의 일상은 어때요? How's Deaf people's life? 聋人的日常生活怎么样?

Day 1. 몇시에 일어나요? / What time do you wake up? / 几点起床？

Day 2. 남편이 요리해요. / My husband cooks. / 丈夫做料理。

Day 3. 의자에 앉아요. / Take a seat on the chair. / 不坐。

Day 4. 뭐 마실래요? / What would you like to drink? / 喝什么？

Day 5. 무엇을 드실래요? / What would you like to eat? / 你想吃什么？

Day 6. 신문을 읽어요. / I read the newspaper. / 阅读报纸。

Day 7. 책에 글을 써요. / I write in a book. / 在书里写字。

Day 8. 연극 공부를 해요. / I study Theater. / 学话剧。

Day 9. 컴퓨터로 일해요. / I work on the computer. / 电脑工作。

Day 10. 저 너무 바빴어요. / I was too busy. / 我太忙了。

Day 11. 화장실이 어디예요? / Where is the restroom? / 厕所在哪里？

Day 12. 운동하다 왔어요. / I came to exercise. / 运动过来了

Day 13. 친구와 함께 파티해요. / Let's have a party with my friend. / 和朋友一起开派对。

Day 14. 친구와 함께 걸어가요. / I take a walk with a friend. / 和朋友一起走。

Day 15. 친구와 수다를 떨어요. / Chatting with a friend. / 和朋友聊天。

Day 16. 집까지 달려요. / I run home. / 跑到家。

Day 17. 집에서 쉬어요. / Rest at home. / 在家休息。

Day 18. TV를 시청해요. / I watch TV. / 看电视。

Day 19. 방을 청소해요. / Clean the room. / 打扫房间。

Day 20. 저 자러갈게요. 굿나잇 / I'm going to sleep. Good night / 我要睡了。晚安

Talking with Deaf teacher

궁금한 것이 있어요!

"농인의 일상은 어때요?"

수호: 선생님, 평소 농인의 일상은 어때요?

Teacher: 농인도 보통사람처럼 일상을 하는데
특히 시각적 중심으로 살아가지.

수호: 아하! 언어만 다를 뿐이지
다 똑같은 사람이네요.

Teacher: 그럼! 모두가 다 같은 사람이지.

수호: 그렇군요. 농인에게 가장 즐거운
일이 무엇일까요?

Teacher: 뭐니뭐니해도 수어로 하는 즐거운
대화지요.

Day 1

학습목표

보통 언제 일어나는지 궁금할 때가 있죠? 이번에 [일어나다] 수어를 배워봅시다.

Step

핵심어휘

🇰🇷	**일어나다**
🇬🇧	**wake**
🇨🇳	**起床**

Step

응용문장 표현

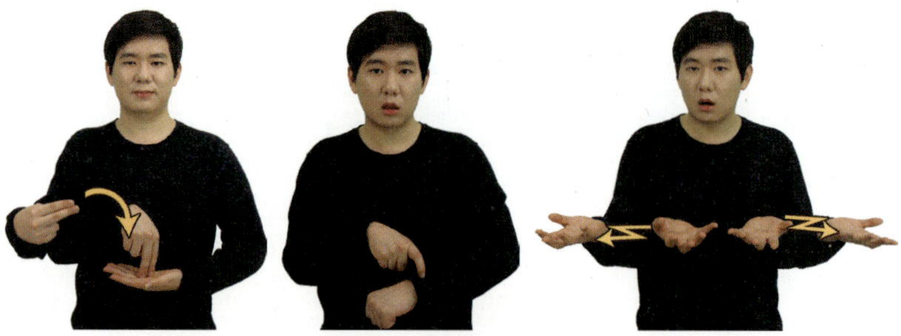

몇시에 일어나요?
What time do you wake up?
几点起床？

TIP+

[일어나다]는 국제수어는 한국수어와 같아요.

Quiz 연습문제

1. 오늘 늦게 일어났어요.
2. 저는 아침 6시에 일어나요.

Day 2

학습목표

"저는 요리가 취미에요."라고 표현할 때 [요리] 수어를 배워 표현해봅시다.

Step

핵심어휘

요리하다

cook

料理

Step

응용문장 표현

남편이 요리해요.
My husband cooks.
丈夫做料理。

TIP+

요리하는 방식이 다양한 것처럼 자유롭게 표현할 수 있어요.

Quiz 연습문제

1. 당신은 요리를 잘하나요?
2. 저희 엄마는 요리를 잘해요.

Day 3

학습목표

[앉다] 수어는 배우기 쉬우니 함께 배워봅시다.

Step

핵심어휘

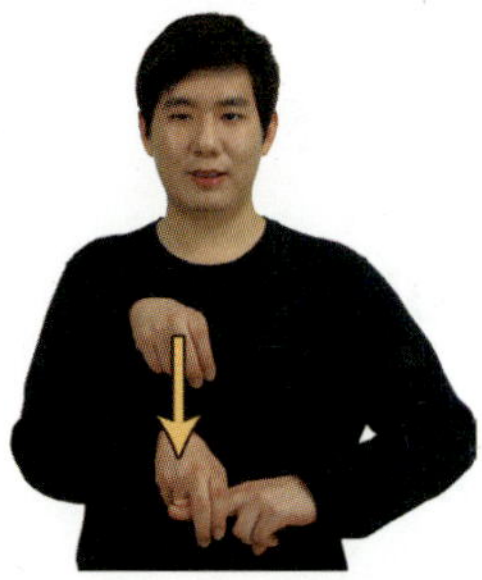

🇰🇷	**앉다**
🇬🇧	**sit**
🇨🇳	**坐**

Step

응용문장 표현

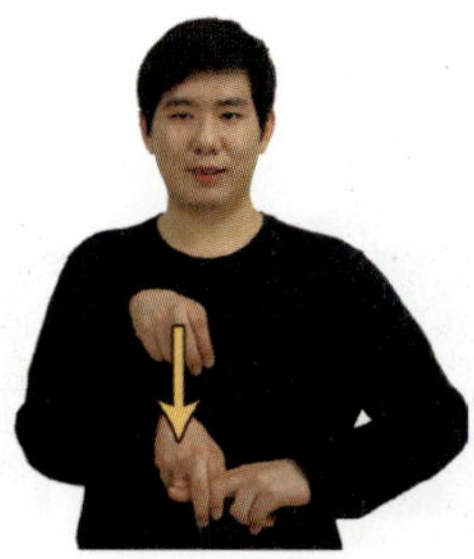

의자에 앉아요.
Take a seat on the chair.
不坐。

TIP+

[앉다]는 수어는 한국수어와 같아요.

Quiz 연습문제

1. 모두 착석해요.
2. 다음 좌석에 앉아주세요.

Day 4

학습목표

"무엇을 마시겠어요?라고 물어볼 때 이번에 배우면 유용합니다.

Step

핵심어휘

마시다

drink

喝

Step

응용문장 표현

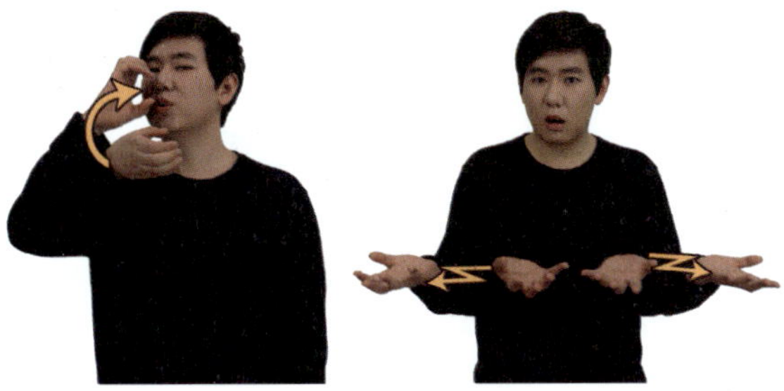

뭐 마실래요?

What would you like to drink?

喝什么？

TIP+

[마시다]는 컵의 손잡이를 잡는 것처럼 표현해요.

Quiz 연습문제

1. 커피 마실래요?
2. 무슨 음료수를 좋아해요?

학습목표

"무엇을 드시겠어요?"라고 물어볼 때, 어떻게 표현하는지 배울 수 있습니다.

Step

핵심어휘

먹다, 음식

eat / food

吃 / 食物

Step

응용문장 표현

무엇을 드실래요?
What would you like to eat?
你想吃什么？

TIP+

[먹다]는 입 안에 음식을 넣는 모습처럼 표현해요.

Quiz 연습문제

1. 제 아들이 아침식사 했어요.
2. 오늘 음식을 많이 먹었어요.

Day 6

학습목표

[읽다]는 책을 읽는 모습을 떠올리면 배우기 쉬우니 이번에 한번 배워봅시다.

Step

핵심어휘

🇰🇷	읽다
🇬🇧	read
🇨🇳	读

Step

응용문장 표현

신문을 읽어요.
I read the newspaper.
阅读报纸。

TIP+

[읽다]는 가로방향과 세로방향 둘다 가능해요.

Quiz 연습문제

1. 전 독서를 좋아해요.
2. 무슨 책을 읽고 있나요?

Day 7

학습목표

수어를 배울 때 늘 메모해두면 도움이 되는데, 이때 [메모]는 어떻게 표현하는지 배울 수 있습니다.

Step

핵심어휘

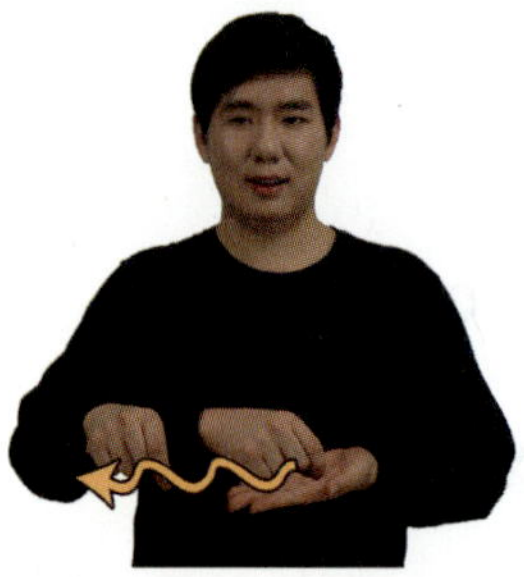

쓰다, 메모하다

write / note

写 / 笔记

Step

응용문장 표현

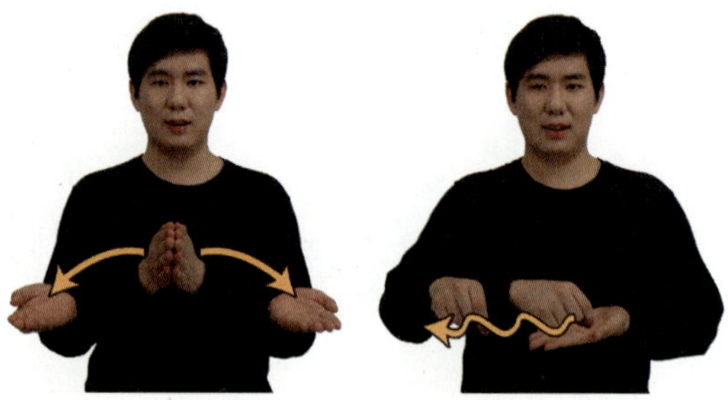

책에 글을 써요.
I write in a book.
在书里写字。

TIP+

[쓰다]는 펜을 쓰는 모습처럼 표현할 수 있으며 쓰는 속도를 자유자재로 조절 가능해요.

Quiz 연습문제

1. 책을 다 쓰셨나요?
2. 저는 부모님께 편지를 쓰고 있어요.

Day 8

학습목표

"우리 함께 공부하러가요!" 제안하고자할 때 [공부하다]는 어떻게 표현하는지 배워봅시다.

Step 1

핵심어휘

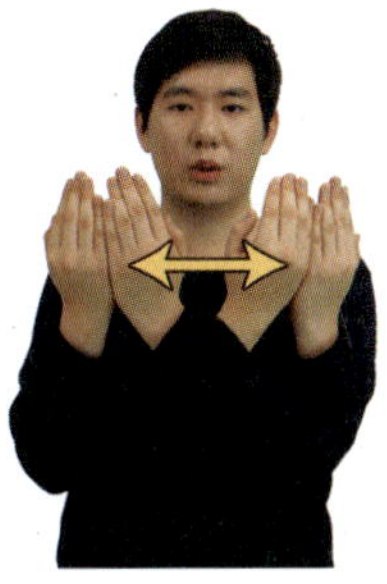

🇰🇷	**공부하다**
🇬🇧	**study**
🇨🇳	**学习**

Step 2

응용문장 표현

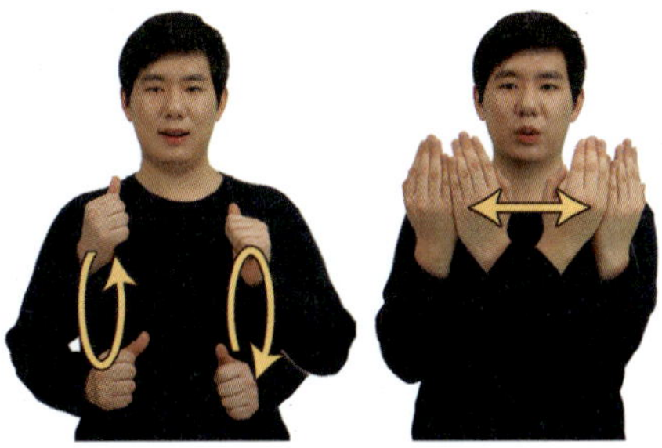

연극 공부를 해요.
I study theater.
学话剧。

TIP+

[공부하다]는 [학교]와 똑같이 표현하며, 문장에 따라 의미가 달라지기도 해요.

Quiz 연습문제

1. 지금 공부 중이에요.
2. 제 딸은 공부를 잘해요.

Day 9

학습목표

"당신의 직업이 무엇인가요?" 물어보고자 할 때 이번에 배우면 유용합니다.

Step

핵심어휘

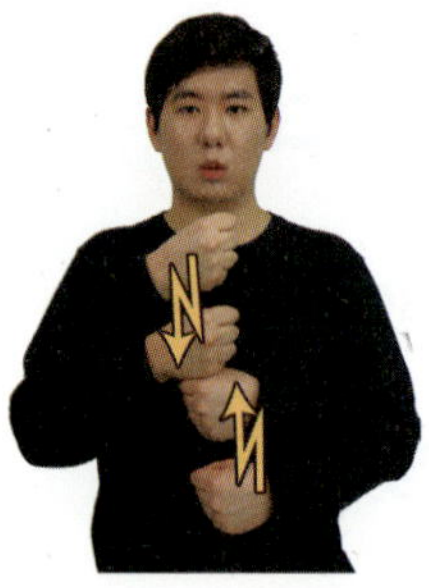

🇰🇷	**일하다, 회사, 직장, 업무**
🇬🇧	**work / company**
🇨🇳	**工作 / 公司 / 公司 / 业务**

Step

응용문장 표현

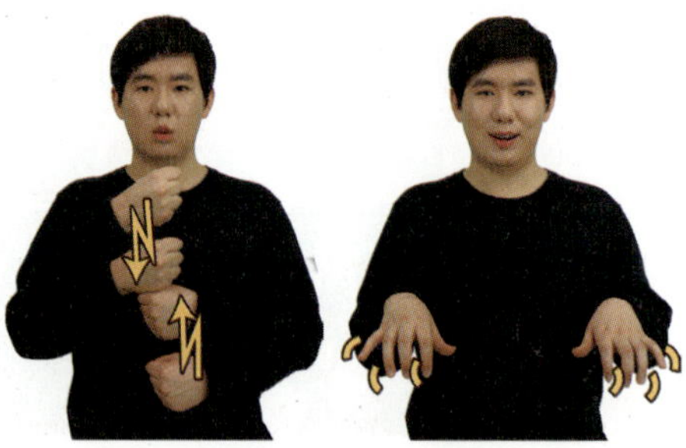

컴퓨터로 일해요.
I work on the computer.
电脑工作。

TIP+

[일하다]는 양손 주먹으로 위아래로 움직이며 열심히 일하는 표정과 함께 표현해요.

Quiz 연습문제

1. 저는 회사를 다니고 있어요.
2. 지금 하고 있는 일이 뭐예요?

Day 10

학습목표

직장인은 일하느라 바쁘죠? [바쁘다]를 어떻게 표현하는지 배워봅시다.

Step 1

핵심어휘

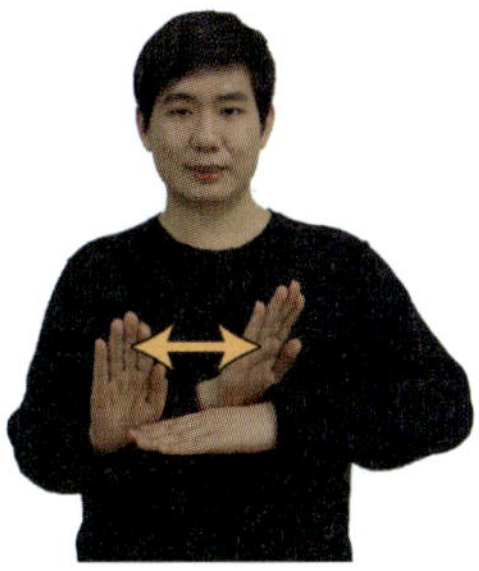

🇰🇷	**바쁘다**
🇬🇧	**busy**
🇨🇳	**忙**

Step 2

응용문장 표현

저 너무 바빴어요.
I was too busy.
我太忙了。

TIP +

[바쁘다]는 얼굴 표정을 강하게 표현하면 '~매우 바쁘다'로 표현할 수 있어요.

Quiz 연습문제

1. 지금 바쁘신가요?
2. 제 부모님은 일하느라 항상 바빠요.

Day 11

학습목표

화장실이 어디인지 알고 있나요? 라고 물어보고자 할 때 이번에 배우면 유용합니다.

Step

핵심어휘

화장실

restroom / toilte

卫生间

Step

응용문장 표현

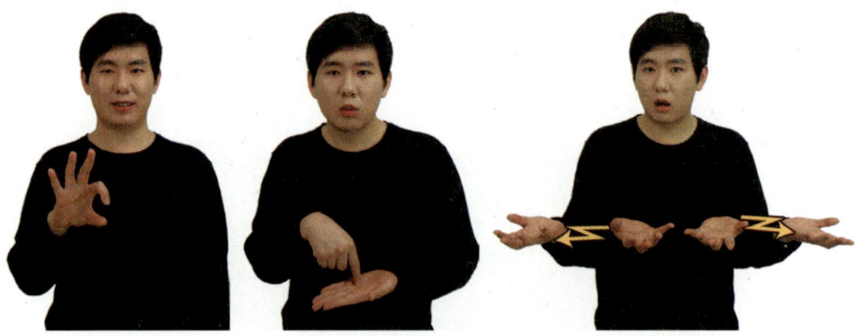

화장실이 어디예요?
Where is the toilte?
厕所在哪里？

TIP+

[화장실]은 영어로 'Water Closet'인데 약자로 'W. C."라고 하죠. 이를 수어로 표현하고자할 때는 알파벳 지화로 [W]+[C] 동시결합해서 표현해요. 참고로 국제수어의 [화장실]은 한국수어와 같아요.

Quiz 연습문제

1. 저기에 화장실이 있어요.
2. 제 친구는 화장실에 갔어요.

학습목표

건강하려면 꾸준히 운동을 해야겠죠? 운동을 어떻게 표현하는지 표현해봅시다.

Step

핵심어휘

🇰🇷	**운동하다**
🇬🇧	**exercise**
🇨🇳	**运动**

Step

응용문장 표현

방금 운동했어요.
I just worked out.
运动过来了

TIP+

[운동]을 표현할 때 양손으로 역기를 드는 것 처럼 표현해요.

Quiz 연습문제

1. 저는 아침에 항상 운동해요.
2. 저희 오빠는 운동을 잘해요.

Day 13

학습목표

농인 모임 파티가 열리면 국제수어로 소통할 수 있어요. [파티], [놀다]를 배워봅시다.

Step

핵심어휘

놀다, 파티

play / party

玩 / 派对

Step

응용문장 표현

친구와 함께 파티해요.

Let's have a party with my friend.

和朋友一起开派对。

TIP+

[놀다]는 [파티] 수어 표현이 같지만 문장에 따라 의미가 달라요.

Quiz 연습문제

1. 저번 파티는 어땠어요?
2. 당신은 파티를 좋아하시나요?

학습목표

"지금 산책할까요?"라고 제안하고 싶을 때 이번에 [걷다]를 배워봅시다.

Step

핵심어휘

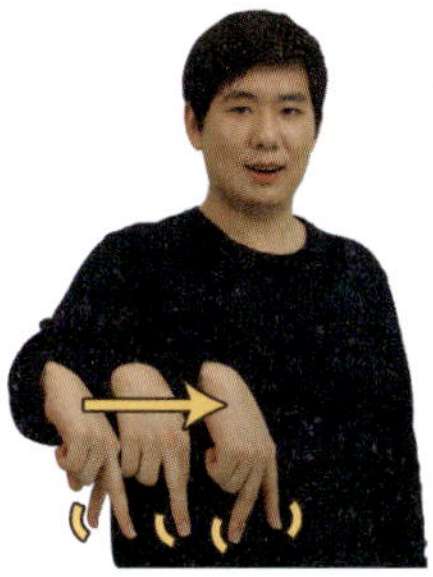

🇰🇷	**걷다**
🇬🇧	**walk**
🇨🇳	**走**

Step

응용문장 표현

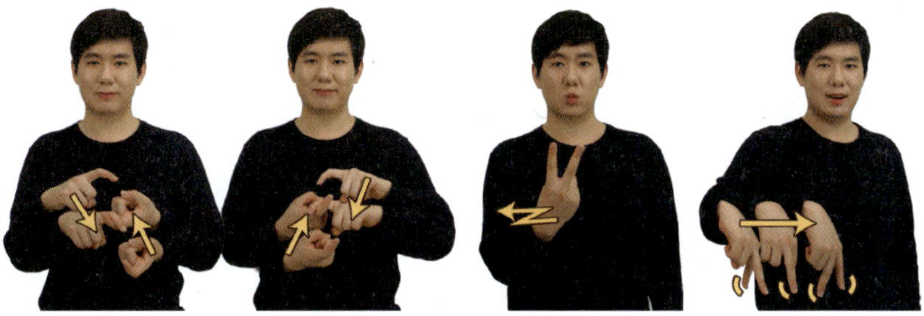

친구와 함께 걸어가요.
I take a walk with my friend.
和朋友一起走。

TIP+

참고로 [걷다] 국제수어는 한국수어와 같아요.

Quiz 연습문제

1. 저는 걷기를 좋아해요.
2. 저는 회사갈 때 도보로 걸어가요.

학습목표

국제수어를 열심히 배워 자유롭게 수다떨 수 있는 날을 향하여!

Step 1

핵심어휘

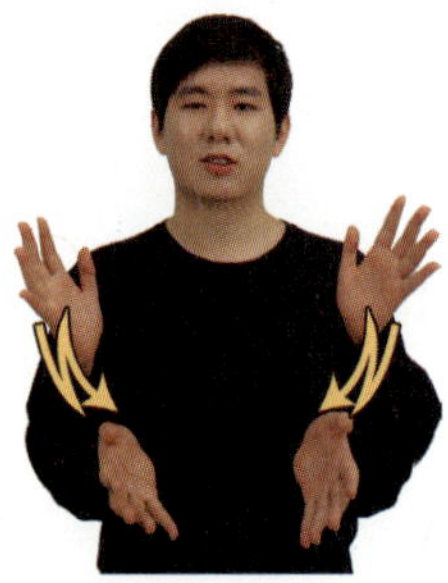

🇰🇷	**수다떨다**
🇬🇧	**chat**
🇨🇳	**絮叨**

Step 2

응용문장 표현

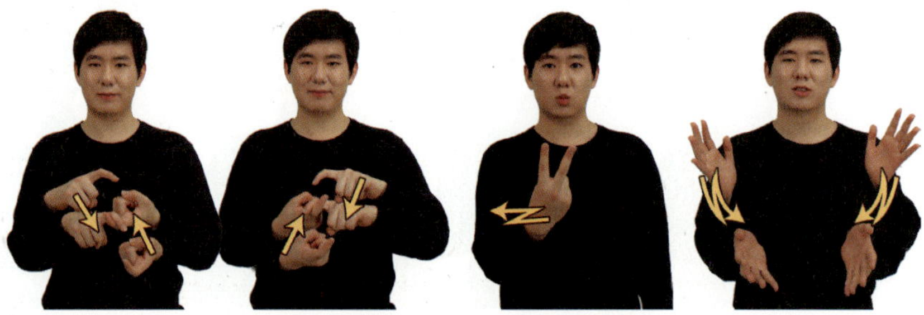

친구와 수다를 떨어요.

I am chatting with my friend.

和朋友聊天。

TIP +

[수다떨다]는 수어로 수다떨기 때문에 양손으로 움직여주세요.

Quiz 연습문제

1. 저희 언니는 수다를 좋아해요.
2. 어제 파티에서 수다를 즐겼어요.

학습목표

수업에 늦으면 학교까지 열심히 달리는 모습을 떠올리며 [달리다] 수어를 표현해봅시다.

Step

핵심어휘

🇰🇷	**달리다**
🇬🇧	**run**
🇨🇳	**跑**

Step

응용문장 표현

집까지 달려요.
I run home.
跑到家。

TIP+

[달리다]는 열심히 달리는 모습처럼 표현해요.

Quiz 연습문제

1. 제 동생은 달리기를 잘해요.
2. 저는 달리는 것보다 걷는 것을 좋아해요.

Day 17

학습목표

"바쁠 때 가끔 휴식이 필요해요."라고 표현할 때, [휴식]을 어떻게 표현하는지 배워봅시다.

Step

핵심어휘

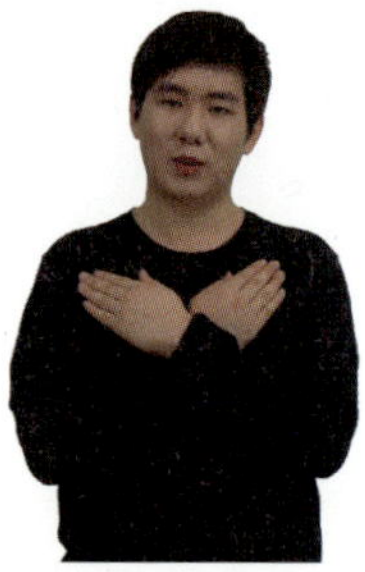

휴식, 쉬다

rest

休息

Step

응용문장 표현

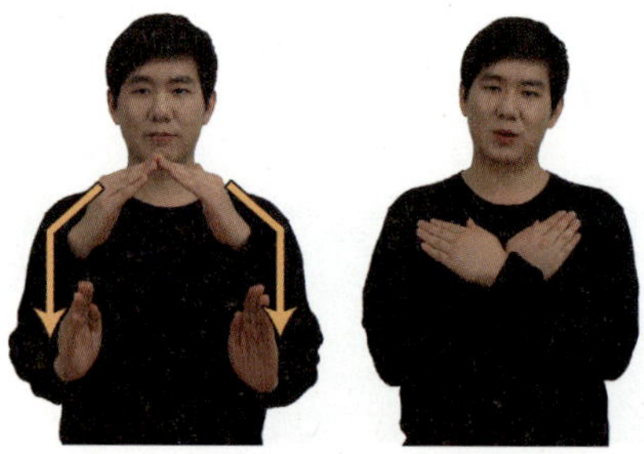

집에서 쉬어요.
I rest at home.
在家休息。

TIP+

[휴식]은 긴장을 푸는 표정으로 두 손을 [X]자로 교차하고, 상반신을 톡톡 치며 표현해요.

Quiz 연습문제

1. 지금 저는 쉬고 있어요.
2. 제 할아버지가 집에서 쉬고 있어요.

Day 18

학습목표

[보다]는 눈으로 보기 때문에 시각적 형태와 연관된 수어가 많으니 한번 배워봅시다.

Step 1

핵심어휘

🇰🇷	**보다**
🇬🇧	**watch**
🇨🇳	**看**

Step 2

응용문장 표현

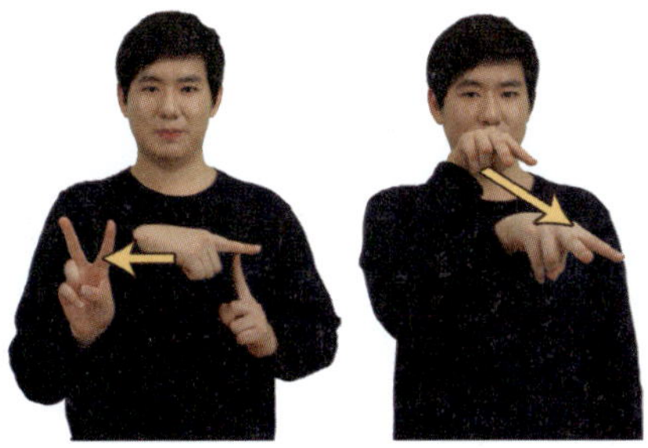

TV를 시청해요.
I watch TV.
看电视。

TIP+

[V]자로 목표물을 바라보는 듯이 앞 방향으로 표현해요.

Quiz 연습문제

1. 오늘 무슨 영화를 봤나요?
2. 어제 친구가 걸어가는 것을 봤어요.

학습목표

청소를 하는 모습도 다양한데, 국제수어로 [청소]를 어떻게 표현하는지 배워봅시다.

Step 1

핵심어휘

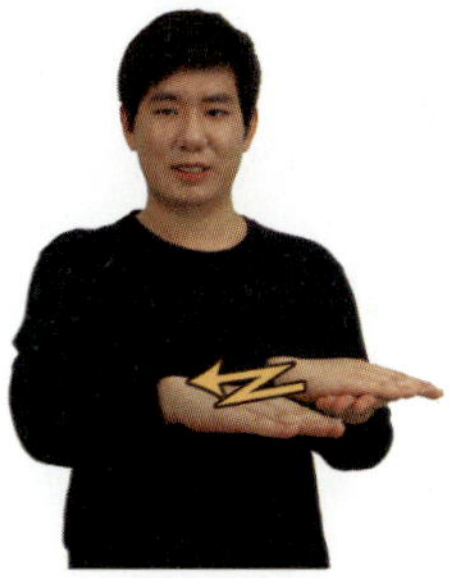

🇰🇷	**청소하다**
🇬🇧	**clean**
🇨🇳	**打扫**

Step 2

응용문장 표현

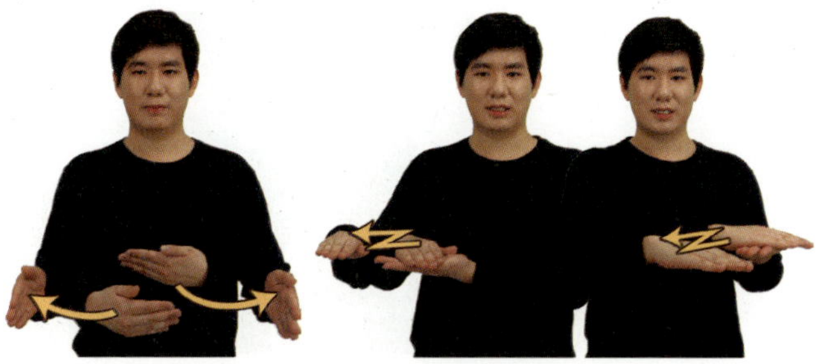

방을 청소해요.
Clean the room.
打扫房间。

TIP+

[청소]는 빗자루로 쓸어 담는 모습처럼 표현해요. 또는 쓸기나 닦기도 동작으로 표현할 수 있어요.

Quiz 연습문제

1. 저는 아침에 자주 청소해요.
2. 어제 바빠서 청소를 못했어요.

Day 20

학습목표

보통 몇시에 자는지 물어볼 때 이번에 [자다]를 배워 표현해봅시다.

Step

핵심어휘

🇰🇷	**자다**
🇬🇧	**sleep**
🇨🇳	**睡觉**

Step

응용문장 표현

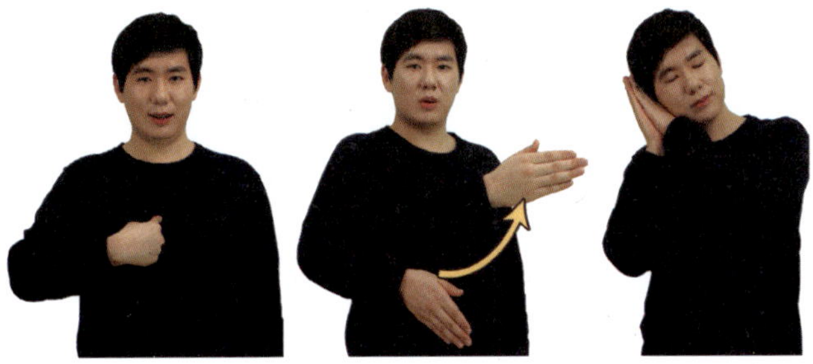

저 자러갈게요. 굿나잇

I'm going to sleep. Good night

我要睡了。晚安

TIP+

[자다]는 한손으로도 되고 양손으로도 표현할 수 있어요.

Quiz 연습문제

1. 제 아기가 자고 있어요.
2. 어제 저녁 11시에 잤어요.

농 세계 엿보기

청각장애인 도우미견을 알고 있나요?

Do you know assistance dog for Deaf people?

ⓒ hearing dogs for Deaf people

청각장애인도우미견은 가정이나 공공장소의 소리를 안내해주도록 훈련받은 개를 말한다. 외국은 중 대형견으로 활용하고 있지만 한국은 공동주택과 같은 아파트가 대부분이라 주로 소형견으로 하며 종은 푸들, 포메라니언, 말티즈, 슈나우저, 발바리, 파피용, 코커스패니얼, 코카푸 등이 있다. 후보견은 소리에 민감하고 낯선 소리에 반응하는 영리한 개라면 품종이나 성별에 관계없이 가능하다. 기본적으로 6개월이상 훈련을 받으며 일상의 여러 소리 중에 필요로 하는 초인종, 문자 메시지, 알람 시계, 아기 울음, 압력밥솥, 물 주전자, 화재경보 등의 소리의 근원지까지 안내한다. 또한, "앉아!(Sit)", "어디(where)?", "기다려!(waiting)", "하우스(House)"와 같은 시각적인 수신호를 알아볼 수 있게 훈련을 받는다.

동물복지에 대한 사회적인 인식이 발전된 나라는 대표적으로 미국과 영국을 꼽힐 수 있다. 미국은 1975년에 도우미견에 대한 정책을 도입했다. 미국장애인법에 따르면, 도우미견은 모든 공공장소에 출입할 수 있으며 출입을 거부하는 경우 과태료나 형사처벌을 받을 수 있다고 명시되어있다. 영국은 1982년에 설립한 〈Hearing Dogs for Deaf people〉 단체가 있으며 왕실에서 적극 지원하고 있다. 현재 전 세계적으로 약 2,500여 마리의 청각장애인도우미견들이 활동하고 있다.

한국은 1997년부터 이삭도우미개학교에서 훈련하기 시작하였으며 1999년 청각장애인

도우미견 1호 다롱이가 분양되었다. 현재 보건복지부 지정 한국장애인도우미견협회에서 신청할 수 있으며 무상영구임대 방식으로 분양받을 수 있다. 선정 기준은 도우미견을 끝까지 책임질 수 있는지, 집 환경이 어떤지, 다른 반려견을 키우고 있는지, 주택 구성원이 어떻게 되는지 면접을 본 뒤에 함께 훈련을 받는다. 이후 훈련사가 도우미견이 향후 살게 될 집을 방문하여 적응할 수 있도록 훈련한 뒤에 함께 살 수 있다. 현재 국내의 청각장애인 도우미견은 2022년 기준으로 63마리가 활동하고 있다.

지식 플러스 +

Q & A 코너

1. 보청견, 도우미견, 보조견, 안내견 중 어떤 호칭을 써야할까요?

일반적으로 '도우미견'으로 쓰고 법적용어로는 '보조견'이라고 합니다. '보청견'은 일본어라서 쓰지 않고 있고 '안내견'은 시각장애인에게 길을 안내를 해주는 보조견이라는 뜻입니다.

2. 훈련사님께서 도우미견과 함께 오랫동안 활동하셨는데 가장 기억에 남는 일이 있을까요?

아무래도 많은 분들이 도우미견의 사랑과 봉사로 치유를 받으며 밝아지고 행복하게 지내는 모습이겠죠? 사람과 가장 가까운 동물이니 독립성은 물론 심리적인 안정감을 제공하여 삶의 질을 높이고 있어요. 그리고 그 외에 심리치료보조견도 있는데 많은 도움이 되고 있습니다.

3. 그렇다면 가장 안타까웠던 일이 무엇일까요?

한국은 선진국이지만, 출입 거부와 같은 민원이 많아서 도우미견에 대한 인식이 아쉽습니다. 또 하나는 농인 분이 소리를 듣지 못해 사고를 당했는데 도우미견이 있었으면 좋았을텐데 안타까울 때가 있어요.

4. 도우미견으로 활동하다가 은퇴하게 되면 어떻게 되나요?

은퇴할 시점이 되면 재입양되거나 협회에서 남은 여생을 지내게 됩니다. 오수펫추모공원이라는 곳에서 장례비를 전액 지원하여 '호국견원'이라는 수목장에 안치하게 됩니다.

5. 마지막으로 당부하고 싶은 말

도우미견은 물건이 아닙니다. 분양받기 전에 중요한 조건은 '책임감'입니다. 가족으로 생각하고 끝까지 돌볼 책임감이 가장 중요합니다. 그 외에 궁금한 것이 있으면 언제든지 환영합니다.

한국장애인도우미견협회
이이삭 훈련사님 인터뷰

05 농인도 일할 수 있어요.
Deaf people can also work.
聋人也可以工作

Day 1. 회사에 갔어요. / I went to work. / 去公司。

Day 2. 청인이 와서 제게 메모를 줬어요. / A hearing person gave me a note. / 听人来给我留言了。

Day 3. 시간이 있을까요? / Do you have time? / 有时间吗？

Day 4. 휴식 시간이 없어요. / There is no time to rest. / 没有休息时间。

Day 5. 일은 잘 되어가요? / Is work going well? / 事情发展顺利吗？

Day 6. 일이 잘 안되어가네요. / Work is not going well. / 事情发展得不好。

Day 7. 어떤 음료수를 드실래요? / Which beverage would you like to drink? / 你想喝什么饮料？

Day 8. 마시고 싶은 마음이 없어요. / I'm not in the mood to drink anything. / 我不想喝。

Day 9. 저는 수다를 좋아해요. / I like chatter. I love to chat. / 我喜欢聊天。

Day 10. 저는 일하기 싫어요. / I hate to work. I don't like to work. / 我不想工作。

Day 11. 저도 그래요. / Me too. / 我也是。

Day 12. 서로 생각이 달라요. / They have different opinions. / 想法彼此不同

Day 13. 저는 일이 빨라요. / I work fast. / 我工作快。

Day 14. 일 천천히 하세요. / Please work slowly. / 慢慢工作。

Day 15. 그 분의 이름이 무엇인지 아세요? / Do you know what that person's name is? / 知道他叫什么名字吗？

Day 16. 저는 저 분을 잘 몰라요 / I don't know that person very well. / 我不太了解那位。

Day 17. 채팅하는 것이 더 빠르고 편해요. / Chatting in person is more comfortable and more efficient. / 聊天更快更方便。

Day 18. 의사소통이 어려워요. / Communication is difficult. / 很难沟通

Day 19. 노트북을 열어서 메모해요. / I Open the notebook and take notes. / 打开笔记本电脑记事

Day 20. 시간이 다 되어 문닫고 퇴근해요. / When time is up, I lock up and go home. / 时间快到了 关上门下班了

Talking with Deaf teacher

궁금한 것이 있어요!

"농인도 일할 수 있어요"

수애: 선생님~ 농인이 일할 때 가장 힘든 것이 무엇일까요?

Teacher: 음…, 뭐니뭐니해도 의사소통의 한계지.

수애: 그러면, 어떻게 이 문제를 해결할 수 있을까요?

Teacher: 수어통역이나 문자통역 혹은 필담, 보조기기 같은 의사소통 지원이 있다면 해결할 수 있어.

수애: 아하! 그러면 이제부터 수어를 열심히 배워서 농인하고 대화해야겠어요!

Teacher: 오, 좋은 생각인걸? 응원할게!

Day 1

학습목표

[가다] 수어는 한번 배우면 금방 배울 수 있습니다.

Step

핵심어휘

🇰🇷	**가다**
🇬🇧	**go**
🇨🇳	**去**

Step

응용문장 표현

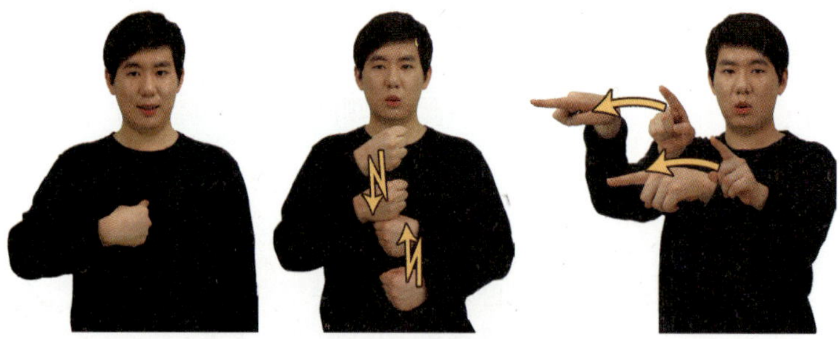

회사에 갔어요.
I went to work.
去公司。

TIP+

양손의 검지로 밖으로 나가는 모습으로 표현하며 한 손으로도 표현할 수 있어요. 학교나 직장처럼 자주 가는 경우 [가다]를 반복해요.

Quiz 연습문제

1. 어디로 가고 있나요?
2. 지금 집에 가고 있어요.

Day 2

학습목표

[가다] 수어의 방향을 반대로 하면 [오다]인데, 이번에는 [오다] 방향을 어떻게 표현하는지 배울 수 있습니다.

Step

핵심어휘

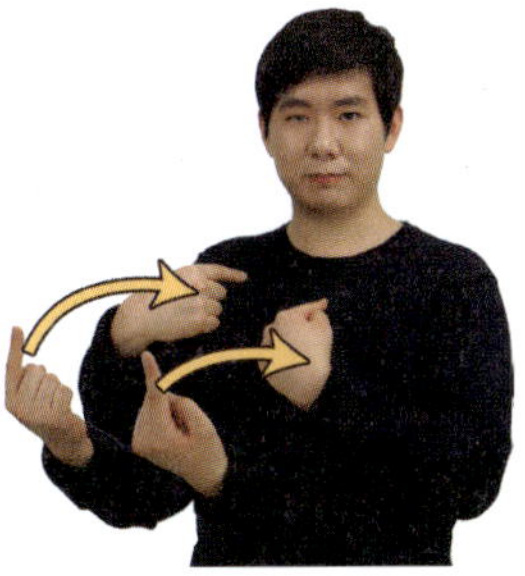

오다

come

来

Step

응용문장 표현

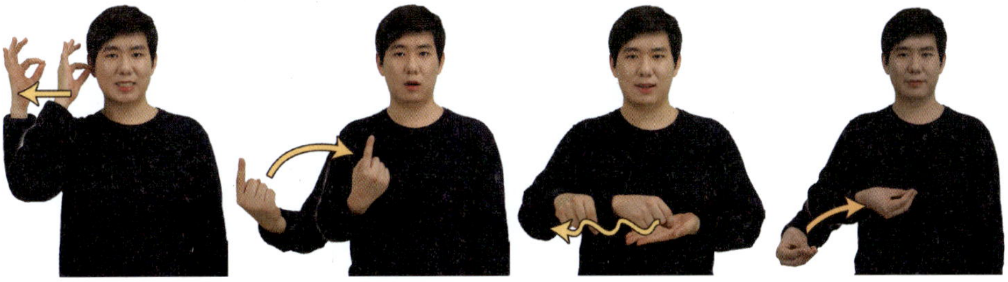

청인이 와서 제게 메모를 줬어요.
A hearing person gave me a note.
听人来给我留言了。

TIP+

한명이 오든 여러사람이 오든 상관없이 표현할 수 있어요.
참고로, 양손으로 되고 한 손으로도 표현할 수 있어요.

Quiz 연습문제

1. 언제 오실건가요?
2. 저희 부모님께서 우리 집에 방문하셨어요.

학습목표

시간이 있는지 물어볼 때 [있다]를 배울 수 있습니다.

Step

핵심어휘

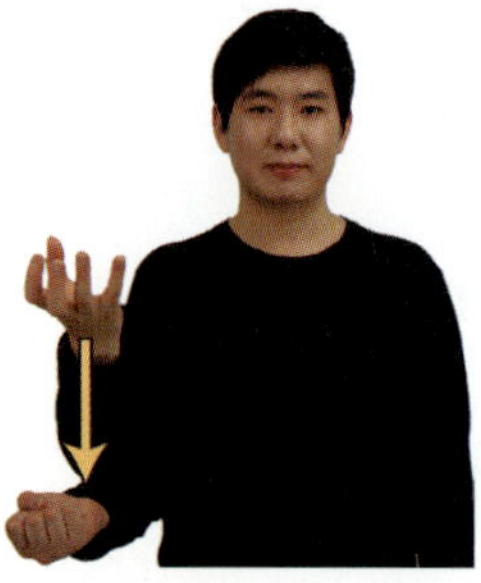

있다

have

有

Step

응용문장 표현

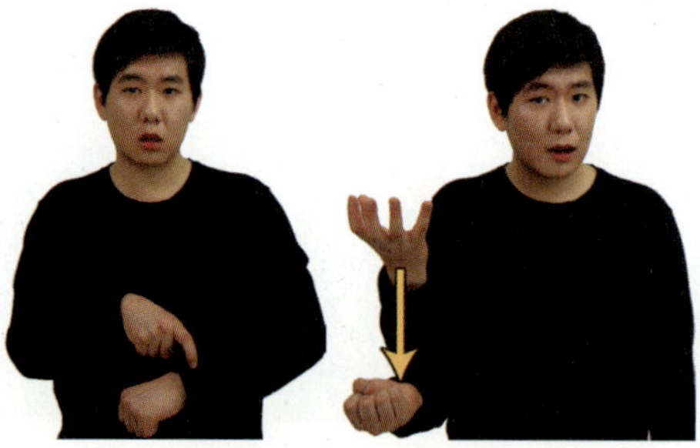

시간이 있을까요?
Do you have time?
有时间吗？

TIP+

[있다] 수어를 표현할 때 입모양과 함께 표현하고, 강조할 때는 양손으로도 표현할 수 있어요.

Quiz 연습문제

1. 집에 강아지가 있어요.
2. 저는 책을 많이 가지고 있어요.

Day 4

학습목표

[없다]는 수어가 다양하니 이번에 배워 어떻게 다른지 표현해봅시다.

Step 1

핵심어휘

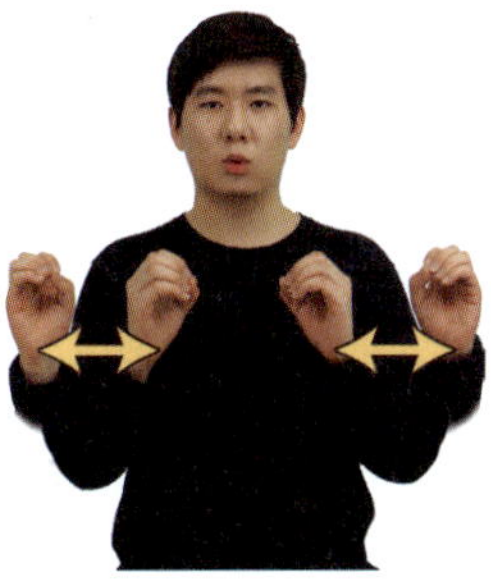

🇰🇷	**없다**
🇬🇧	**none / don't have**
🇨🇳	**没有**

Step 2

응용문장 표현

휴식 시간이 없어요.
I have no time to take arest.
没有休息时间。

TIP+

[없다]의 수어의 모양은 다양해요. 수어 문장에 따라 [없다] 수어를 다르게 해서 표현할 수 있어요.

Quiz 연습문제

1. 우리집에 밥이 없어요.
2. 저는 농인 친구가 없어요.

Day 5

학습목표

어떤 제안이나 찬성한다는 의사를 표현할 때 쓰는 [좋다]를 어떻게 하는지 배울 수 있습니다.

Step 1

핵심어휘

한국어	좋다
English	good
中文	好

Step 2

응용문장 표현

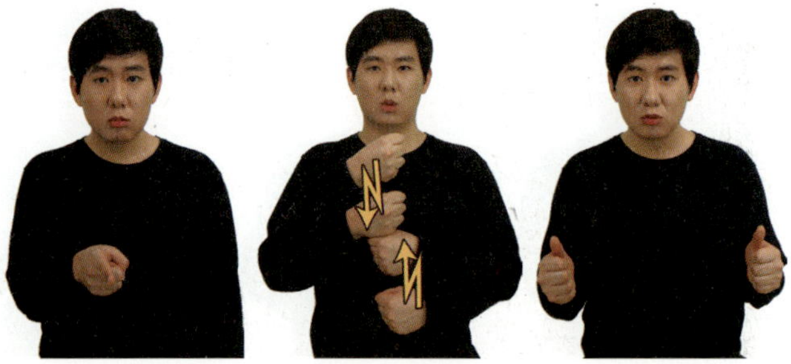

일은 잘 되어가요?
Is work going well?
事情发展顺利吗？

TIP+

[좋다] 수어를 표현할때 한 손이나 양 손으로도 모두 가능해요.

Quiz 연습문제

1. 음식 맛은 어때요?
2. 당신의 집은 마음에 들어요?

학습목표

[나쁘다]라는 부정적인 표현은 세계 어디서나 비슷하죠! 한번 배워봅시다.

Step 1

핵심어휘

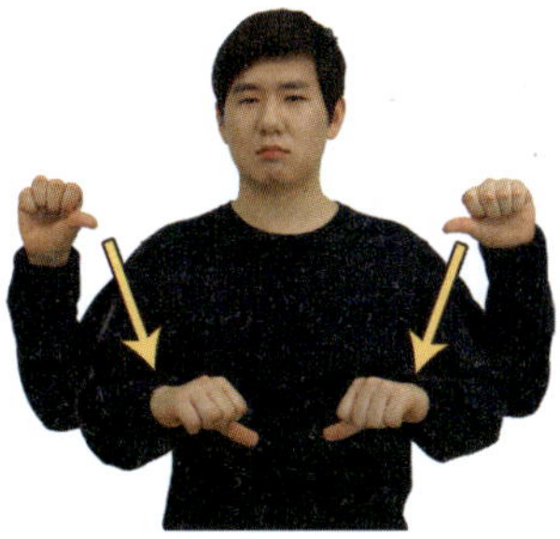

나쁘다

bad

坏

Step 2

응용문장 표현

일이 잘 안되어가네요.
My work is not going well.
事情发展得不好。

TIP+

[좋다]의 반대말로 세운 엄지손가락을 거꾸로 내려요.
강조하고 싶을 때 양손으로도 표현할 수 있어요.

Quiz 연습문제

1. 저는 수어를 잘 못해요.
2. 과자는 건강에 좋지 않아요.

Day 7

학습목표

[~싶다], [원하다] 수어는 배우기 쉬워요! 한번 배워봅시다.

Step

핵심어휘

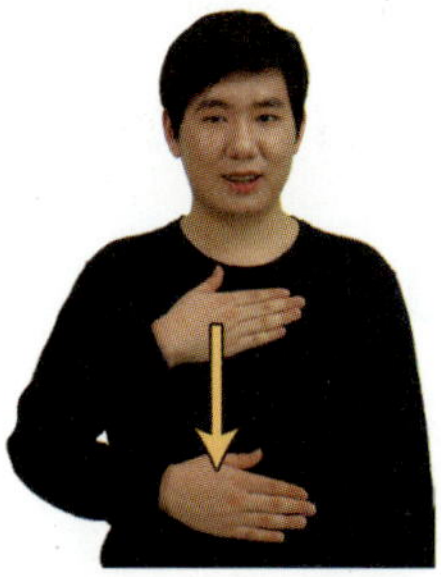

🇰🇷	**싶다, 원하다**
🇬🇧	**want**
🇨🇳	**想要 / 愿望**

Step

응용문장 표현

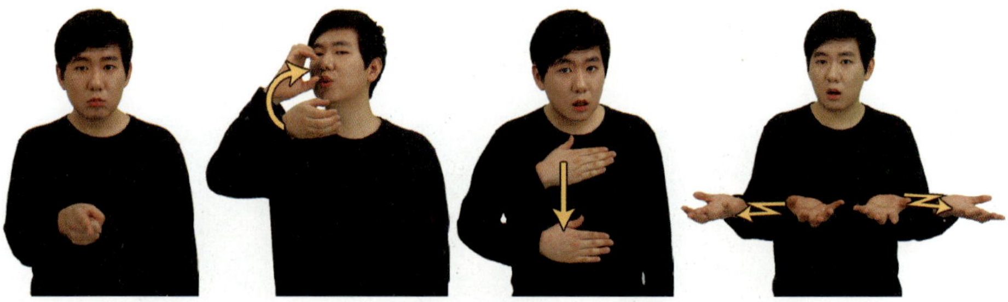

어떤 음료수를 드실래요?

Which beverage would you like to drink?

你想喝什么饮料？

TIP+

무언가를 원해 마음에 담아두는 것처럼 가슴을 쓸어내리는 느낌으로 표현해요.

Quiz 연습문제

1. 저는 농인과 대화하고 싶어요.
2. 저는 국제수어를 잘하고 싶어요.

Day 8

학습목표

무언가를 원치 않을 때 [원하지 않다]를 어떻게 표현하는지 배울 수 있습니다.

Step

핵심어휘

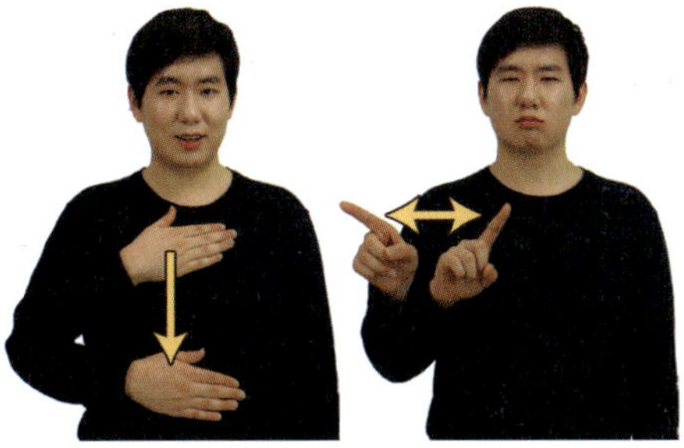

🇰🇷	**원하지 않다**
🇬🇧	**not want**
🇨🇳	**不愿意**

Step

응용문장 표현

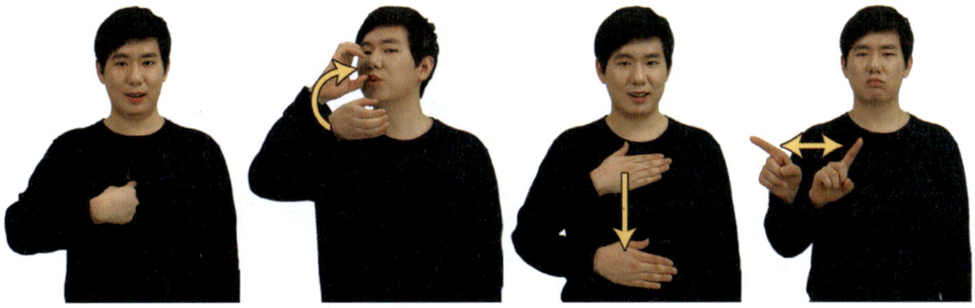

마시고 싶은 마음이 없어요.

I'm not in the mood to drink anything.

我不想喝。

TIP+

검지손가락을 흔들면 [아니다]이고 [원하다] [아니다] 수어를 표현하면 원치 않는다는 의미예요.

Quiz 연습문제

1. 저는 학교에 가기 싫어요.
2. 저는 회사에 가는 것을 원하지 않아요.

Day 9

학습목표

무언가를 선호한다는 의사표현을 하고자 할 때 [좋아하다] 수어를 함께 배울 수 있습니다.

Step

핵심어휘

좋아하다, 마음에 들다

like

喜欢

Step

응용문장 표현

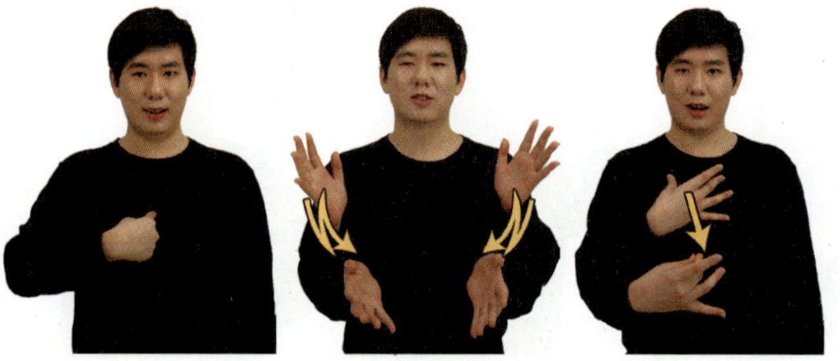

저는 수다를 좋아해요.

I like to chat.

我喜欢聊天。

TIP+

[좋아하다]는 [마음에 들다]도 같이 쓸 수 있어요.

Quiz 연습문제

1. 저는 먹을 것을 좋아해요.
2. 제 할아버지는 춤을 좋아해요.

Day 10

학습목표

[싫다] 수어에는 다양한 의미가 있는데 아래 TIP+을 참고해서 배울 수 있습니다.

Step

핵심어휘

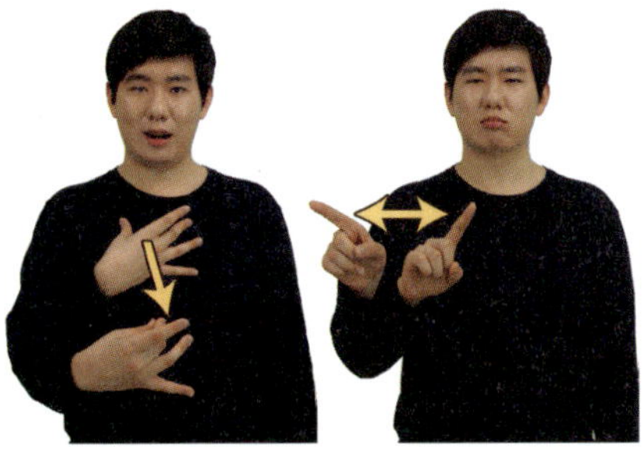

- 싫다
- hate / dont' like
- 不喜欢

Step

응용문장 표현

저는 일하기 싫어요.
I hate to work. I don't like to work.
我不想工作。

TIP+

‘don't like’라고 표현하고 싶을 때 [좋아하다] [아니다]로 표현하고 [싫어하다] [안 좋아한다]도 같은 의미로 표현할 수 있어요.

Quiz 연습문제

1. 저는 책을 읽는 것이 싫어요.
2. 제 할머니는 커피를 싫어해요.

학습목표

[같다] 표현할 때 양손으로 똑같이 표현해봅시다.

Step

핵심어휘

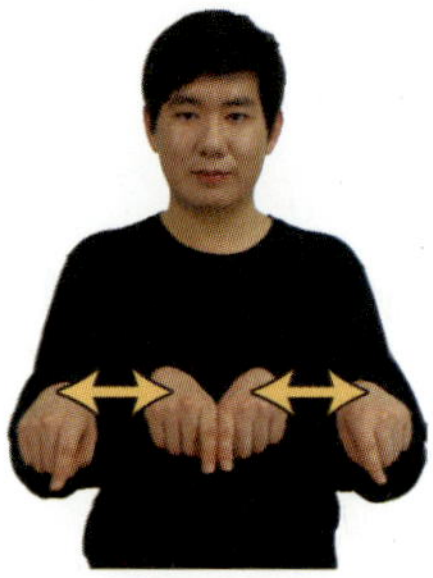

🇰🇷	**같다**
🇬🇧	**same / me too**
🇨🇳	**一样**

Step

응용문장 표현

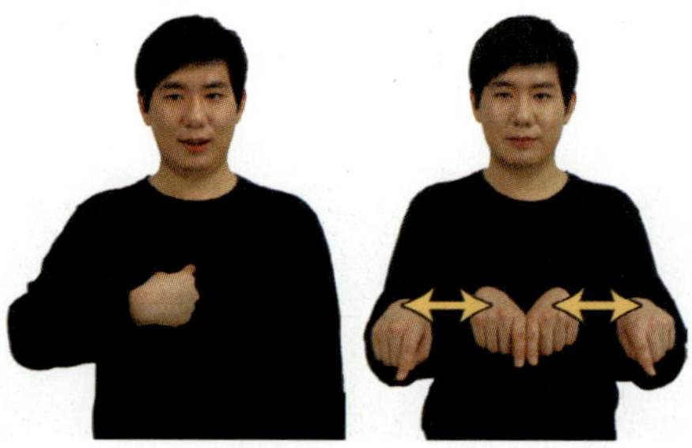

저도 그래요.
Me too.
我也是。

TIP+

'나도 그렇다(Me too)'라고 표현하려면 [나] [같다]라고 표현해요.

Quiz 연습문제

1. 저 친구 옷과 제 옷이 같아요.
2. 저는 아버지와 얼굴이 닮았어요.

Day 12

학습목표

"국제수어와 한국수어는 다른 언어예요."라고 할 때 [다르다]를 어떻게 하는지 배울 수 있습니다.

Step

핵심어휘

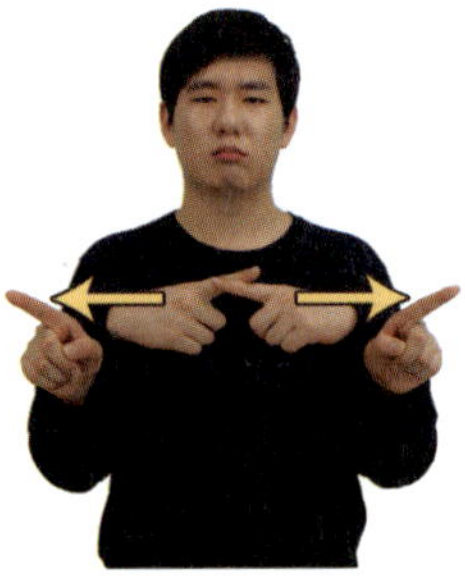

다르다

different

不同

Step

응용문장 표현

서로 생각이 달라요.
We have different opinions.
想法彼此不同。

TIP+

[같다]의 반대말로 [다르다]의 양손이 서로 교차해요.

'여러가지가 다르다'와 '다양하다'를 표현하고자 할 때는 반복해요.

Quiz 연습문제

1. 제 동생과 저는 얼굴이 달라요.
2. 한국수어와 국제수어는 달라요.

학습목표

청인 중에 말이 빠른 사람도 있듯이, 수어가 빠른 사람도 있는데 [빠르다]를 표현하는 방법을 배워봅시다.

Step

핵심어휘

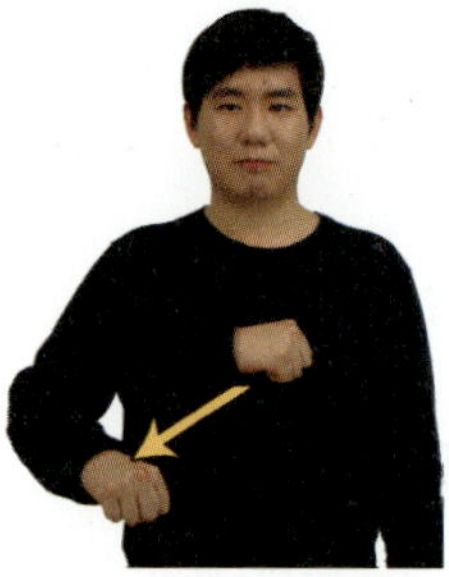

빠르다

fast

快

Step

응용문장 표현

저는 일이 빨라요.

I work fast.

我工作快。

TIP+

[빠르다] 수어는 한번 표현하고 [빠르다] 반복하면 [빨리], [급하다]라는 의미예요.

Quiz 연습문제

1. 제 친구는 수어가 빨라요.
2. 제 동생은 달리기가 빨라요.

학습목표

처음 수어를 배울 때는 느리게 배울 수 있지만 실력이 늘면 빠르게 배울 수 있어요. 그 날까지 렛츠 고!

Step

핵심어휘

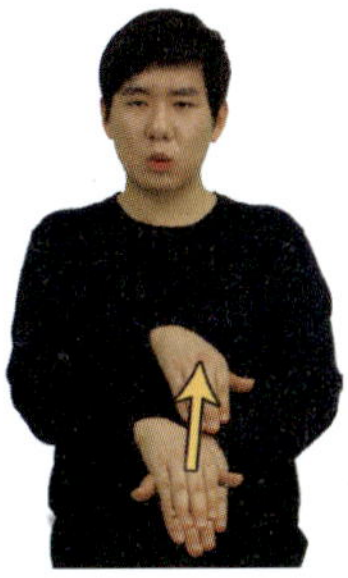

느리다

Slow / slowly

慢

Step

응용문장 표현

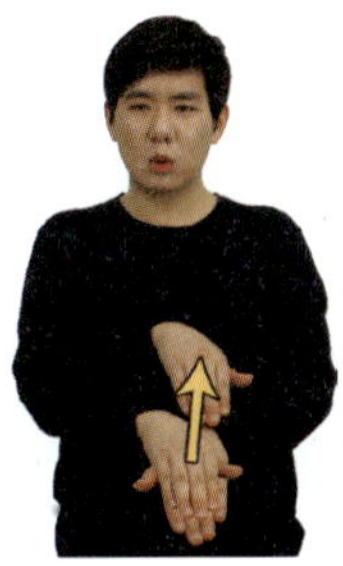

일 천천히 하세요.
Please work slowly.
慢慢工作。

TIP+

[느리다]는 동작이 느린 거북이처럼 한쪽 손등 위에 얹고 쓸어내리며 천천히 이동해서 표현해요.

Quiz 연습문제

1. 수어를 느리게 해요.
2. 제 할머니는 식사를 느리게 해요.

Day 15

학습목표

뭐니해도 아는 것이 힘이죠! [알다]를 수어를 배워 여기저기 활용할 수 있습니다.

Step

핵심어휘

알다

know

知道

Step

응용문장 표현

그 분의 이름이 무엇인지 아세요?

Do you know what that person's name is?

知道他叫什么名字吗？

TIP+

[알다]는 머리 위를 두번정도 살짝 톡톡! 치기.

Quiz 연습문제

1. 저 사람을 알고 있나요?
2. 저는 저 선생님의 이름을 알고 있어요.

Day 16

학습목표

수어를 처음 보는 사람들은 수어를 잘 모른다고 하죠. 이번에 함께 [모르다]를 배워봅시다.

Step

핵심어휘

모르다

do not know

不知道

Step

응용문장 표현

저는 저 분을 잘 몰라요

I don't know that person very well.

我不太了解那位。

TIP+

[알다]의 반대말인 [모르다]는 이마를 대고 바깥으로 나가는 동작으로 표현해요.

Quiz 연습문제

1. 저는 당신의 이름을 몰라요.
2. 당신의 남편이 누구인지 몰라요.

Day 17

학습목표

서로 수어를 알고 있으면 대화하기 편할거예요. [편하다] 어떻게 표현하는지 봅시다.

Step

핵심어휘

🇰🇷	**쉽다, 편하다**
🇬🇧	**easy / comfortable**
🇨🇳	**简单 / 舒适**

Step

응용문장 표현

채팅하는 것이 더 빠르고 편해요.

Chatting in person is more comfortable and more efficient.

聊天更快更方便。

TIP+

너무 쉽다고 표현할 때는 [쉽다] 수어를 얼굴 표정과 함께 표현해요.

Quiz 연습문제

1. 컴퓨터는 쉬워요.
2. 저는 글쓰는 것보다 사진을 찍는 것이 쉬워요.

Day 18

학습목표

처음 수어가 어렵겠지만, 계속 배우면 재미있을 거예요. 함께 고고~~

Step

핵심어휘

🇰🇷	**어렵다**
🇬🇧	**difficult**
🇨🇳	**困难**

Step

응용문장 표현

의사소통이 어려워요.
Communication is difficult.
很难沟通。

TIP+

[어렵다]는 양 손으로 맞 부딪히는 느낌으로 표현해요.

Quiz 연습문제

1. 저는 춤이 어려워요.
2. 국제수어는 배우기가 어려워요.

학습목표

더울 때 문이나 창문을 열어달라고 요청할 때 이번에 배우는 [열다] 수어를 통해 유용하게 쓸 수 있습니다.

Step

핵심어휘

- 열다
- open
- 打开

Step

응용문장 표현

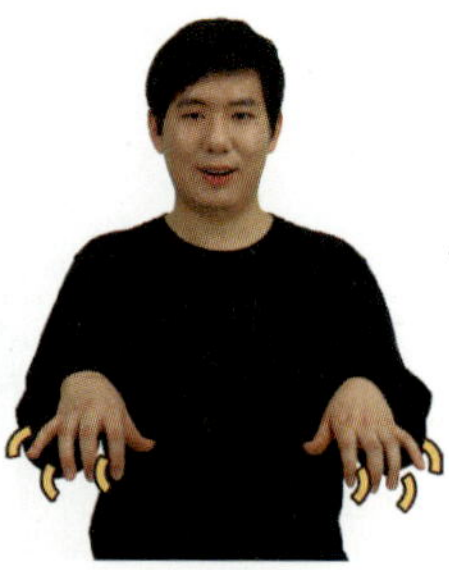

노트북을 열어서 메모해요.
Open the notebook and take notes.
打开笔记本电脑记事。

TIP+

창문이나 서랍을 여는 모습에 따라 수어 모양도 다르게 표현할 수 있어요.

Quiz 연습문제

1. 아침 9시에 문을 열어요.
2. 더우니까 문을 열어주세요.

학습목표

추울 때 문이나 창문을 닫아달라고 요청할 때 [닫다] 수어를 배워서 표현할 수 있습니다.

Step

핵심어휘

닫다

close

关闭

Step

응용문장 표현

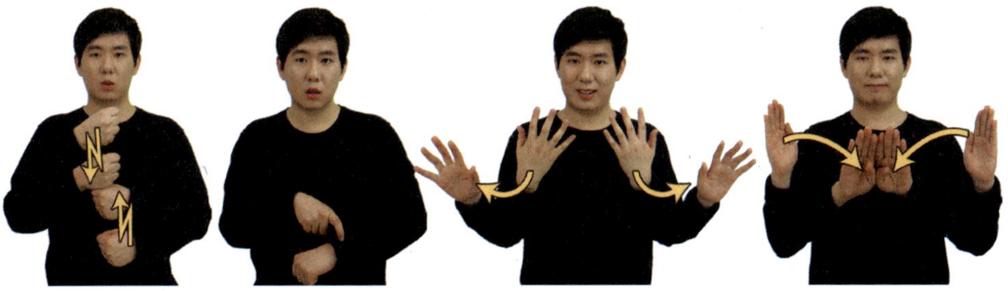

시간이 다 되어 문 닫고 퇴근해요.

When time is up, I lock the door and go home.

时间快到了 关上门下班了。

TIP+

창문이나 서랍을 닫는 모습에 따라 수어 모양도 다르게 표현할 수 있어요.

Quiz 연습문제

1. 밤 9시에 문을 닫아요.
2. 저 식당은 언제 문을 닫나요?

농 세계 엿보기

도전! 슈퍼모델에 우승한 농인, 나일 디마르코

Challenge! Nyle DiMarco who is a Deaf person who won America's Next Top Model.

ⓒ wallpapersafari

나일 디마르코는 미국의 농인 배우이자 모델이다. 1989년 5월 8일 뉴욕의 퀸즈에 있는 이탈리아계 농 가족에서 태어나 메릴랜드 농학교를 졸업하고 갈로뎃대학 수학과를 졸업했다. 그의 모국어는 미국수어(ASL)다.

친구의 추천으로 2015년 카이라 뱅크스의 세계적으로 많은 인기를 얻고 있는 〈도전! 슈퍼모델(America's Next Top Model)〉에 나가 우승을 했다. 그는 모델로서의 장점을 굳이 말하지 않아도 알아서 포즈를 잡고 사진을 찍을 수 있다는 점을 꼽았다. 서바이벌 프로그램 특성상 긴장할 수 밖에 없는데 다른 참가자들과 스스럼없이 어울리고 잠재력을 뽐내 우승을 할 수 있었다. 이어 ABC사의 〈댄싱 위드 더 스타 (Dancing with the Stars)〉에도 우승했다. 청인 파트너와 처음에 음악 박자를 맞추기 어려워 대신 파트너의 시각적 신호나 터치를 통해 춤을 배웠다. 청각 대신 예리한 지각력, 시각의 예민함, 표현과 움직임에 대한 직관적 이해를 바탕으로 무대를 즐길 수 있었고 그 덕분에 우승을 차지할 수 있었다.

현재 밀라노 패션워크에 참여하는 등 활발한 모델 활동을 하고 있으며 농아동의 언어 권리와 전 세계 농인의 삶을 향상시키기 위한 비영리단체인 〈나일 디마르코 재단(The Nyle

DiMarco Foundation)〉을 설립했다. 넷플릭스 다큐멘터리 리얼리티쇼 〈데프 유(Deaf U)〉 감독으로서 활동했으며 최근 오레곤 농학교에서 일어나는 일들을 담은 드라마를 촬영하고 있다.

그의 마지막 꿈은 농인에 대한 세상의 인식을 바꾸는 것이며 장애가 아닌, 조금 특별한 한 사회의 구성원으로 살아갈 수 있도록 노력하는 것이다.

지식 플러스 +

데프 유토피아: 회고록과 삶의 방식에 대한 러브레터(Deaf Utopia: A Memoir—and a Love Letter to a Way of Life)

Nyle DiMarco (Author), Robert Siebert (Author) 지음

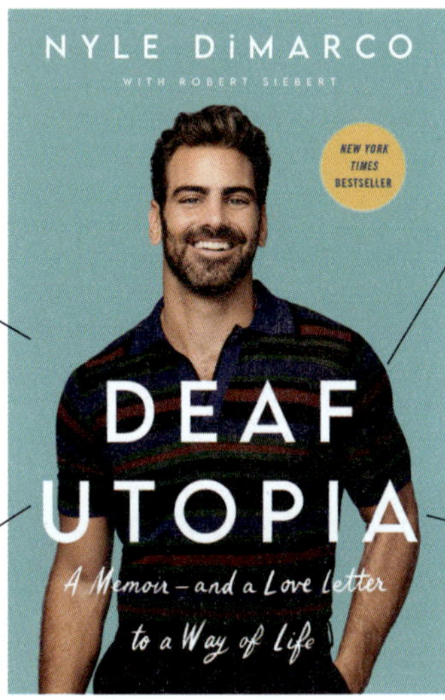

$12.99~
336 page
English (영어)

2022년 4월 19일 출간

출판인 월리엄모로 William Morrow

나일 디마르코의 저서 〈데프 유토피아〉는 회고록 이상으로 농문화 그리고 그의 모국어인 미국수어에 대한 러브레터다. 〈데프 유토피아〉는 친밀하고, 영감을 주고 재미있는 책으로 어떠한 다른 세상에 눈을 뜨게 한다. 자유롭게 수어를 하고 농문화 속에 살아온 그는 바로 자기 자신이 유토피아 속에 있다고 말한다. 출간 즉시 아마존, 뉴욕타임즈 등 베스트셀러에 올랐으며 평점 4.9을 받았다.

06 농인의 표정이 정말 풍부해요 Deaf people's facial expression are good. 聋人的表情真的很丰富。

Day 1. 수어는 멋진 언어예요. / Sign language is beautiful. / 手语很美

Day 2. 집이 멋져요 / The house is nice / 房子很漂亮

Day 3. 농 예술이 대단해요. / The deaf art is amazing. / 聋艺术很了不起

Day 4. 무슨 동물을 좋아하시나요? / What animals do you like? / 喜欢什么动物？

Day 5. 자유를 느껴요. / I feel free / 感觉到自由

Day 6. 모험은 무서워요. / The adventure is scary. / 害怕冒险

Day 7. 수어를 잘해서 놀랐어요. / I was surprised that you are good at using sign language. / 因为手语说得好，所以吓了一跳。

Day 8. 저는 부모님을 존경해요. / I respect my parents. / 我尊敬父母。

Day 9. 영화가 감동적이에요. / The movie is touching. / 电影很感人。

Day 10. 수다가 웃겨요. / This conversation is funny. / 聊天很搞笑。

Day 11. 아기가 울고 있어요. / The baby is crying. / 孩子在哭

Day 12. 저는 꿈이 없어 슬퍼요. / I am sad because I have no dreams. / 我没有梦想，所以很伤心。

Day 13. 시간이 없어 죄송합니다. / I am sorry for running out of time. / 对不起，没有时间。

Day 14. 음식이 만족스러워요. / The food is satisfying. / 食物感到满意。

Day 15. 만나서 다행이에요. / I'm glad I met you. / 幸好见面了

Day 16. 일하며 참고있어요. / While I'm working, I am patient. / 工作参考

Day 17. 책 읽는 것이 지루해요. / Reading books is boring. / 看书很无聊

Day 18. 일이 힘들어요. / My work is difficult. / 工作很累

Day 19. 피곤해서 자고 싶어요. / I am tired and want to go to sleep. / 累得想睡觉

Day 20. 느낌이 예민해요. / I am feeling sensitive. / 感觉很敏感

Talking with Deaf teacher

궁금한 것이 있어요!

"농인의 표정이 정말 풍부해요"

수호: 수어 영상을 보니 농인의 표정이 정말 다양하고 풍부하네요.

Teacher: 그럼! 농인은 다양한 표정으로 억양이나 수식어처럼 표현할 수 있지.

수호: 아하! 이제야 알 것 같네요.

Teacher: 농인은 표정 하나로 문장처럼 대화할 수 있어!

수호: 우와! 알면 알수록 신기하네요.

Teacher: 열 마디보다 표정 하나가 훨씬 더 간단할 때가 있지요.

Day 1

학습목표

"풍경이 아름다워요."라고 수어로 표현할 때 어떻게 표현하는지 배울 수 있습니다.

Step 1

핵심어휘

🇰🇷	**아름답다, 예쁘다**
🇬🇧	**beautiful / pretty**
🇨🇳	**美丽**

Step 2

응용문장 표현

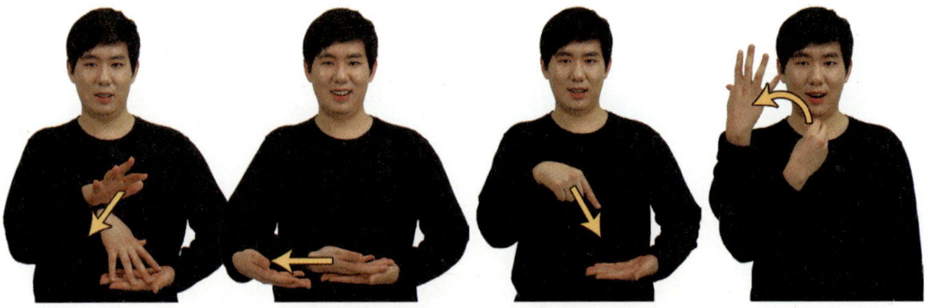

수어는 멋진 언어예요.
Sign language is beautiful.
手语很美。

TIP+

형용사는 주로 얼굴 표정으로 표현하는데 '매우 아름답다'라고 표현할 때는 표정을 강하게 표현해서 부사처럼 전달할 수 있어요.

Quiz 연습문제

1. 집이 너무 아름다워요.
2. 제 어머니는 아름다워요.

Day 2

학습목표

어떤 것이 멋지다고 표현하고 싶을 때, 이번에 함께 배워봅시다.

Step 1

핵심어휘

🇰🇷	**멋지다**
🇬🇧	**nice / cool**
🇨🇳	**帅**

Step 2

응용문장 표현

집이 멋져요.
The house is nice.
房子很漂亮。

TIP+

"너무 멋져요!"라고 표현 할 때는 [멋지다] [대단하다] 수어로 표현해요.

Quiz 연습문제

1. 집이 웅장하고 멋져요.
2. 저 남자의 턱시도가 말끔하고 멋져요.

Day 3

학습목표

수어를 빨리 배우는 사람을 보면 언어습득이 대단하다는 생각이 들어요. [대단하다]를 어떻게 표현하는지 배울 수 있습니다.

Step

핵심어휘

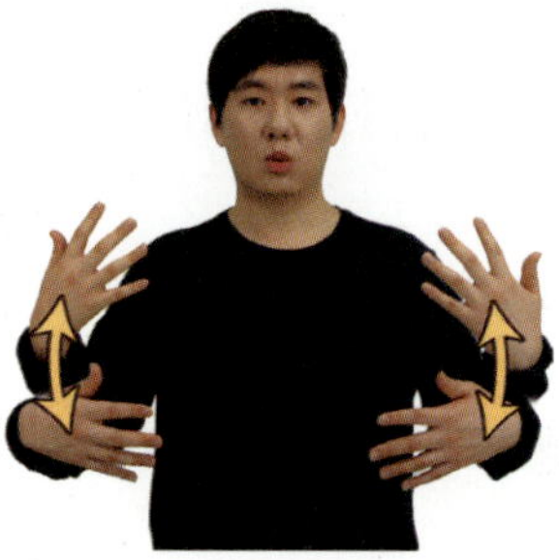

대단하다

great / amazing

厉害

Step

응용문장 표현

농 예술이 대단해요.

The deaf art is amazing.

聋艺术很了不起。

TIP+

[대단하다]는 "너무 멋지다", "너무 아름답다"는 얼굴표정과 함께 강조해서 표현해요.

Quiz 연습문제

1. 저 그림은 정말 대단해요.
2. 농인 연극을 보니 정말 대단했어요.

학습목표

'I Love You'는 전 세계 공용어죠. [사랑하다]를 어떻게 표현하는지 배워봅시다.

Step

핵심어휘

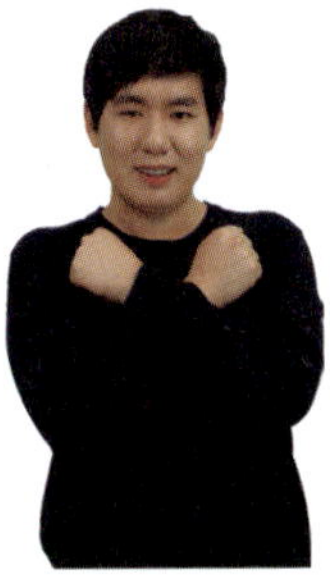

사랑하다, 좋아하다

love / like

爱 / 喜欢

Step

응용문장 표현

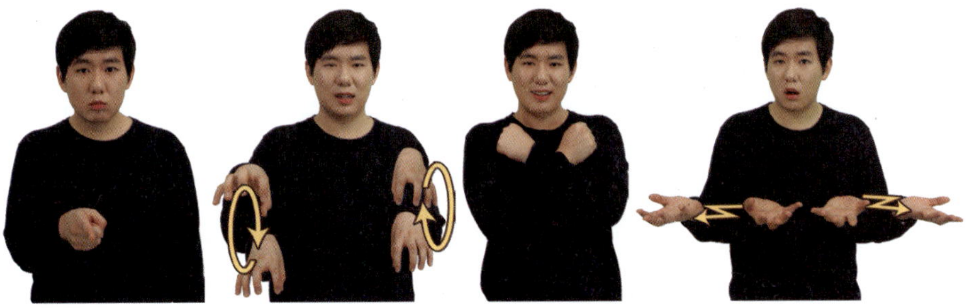

무슨 동물을 좋아하시나요?
What animals do you like?
喜欢什么动物？

TIP+

[나][사랑][너] 수어문장도 표현하지만 I Love You의 약자로 오른쪽 그림처럼 표현할 수 있어요.

Quiz 연습문제

1. 저는 요리를 좋아해요.
2. 저는 집에 있는 것을 좋아해요.

학습목표

감각을 느낄 때 [느끼다]를 어떻게 표현하는지 배울 수 있습니다.

Step

핵심어휘

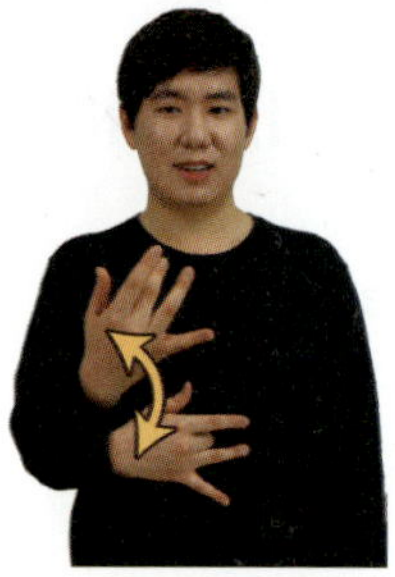

느끼다

feel

感受

Step

응용문장 표현

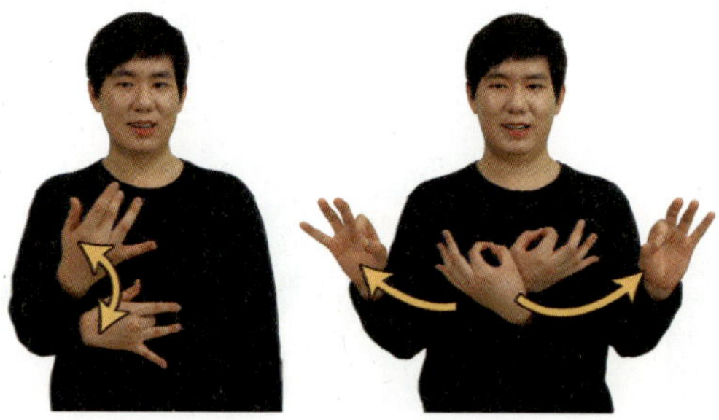

자유를 느껴요.
I feel free
感觉到自由。

TIP+

[느끼다]는 가운데 손가락으로 가슴 가운데를 두 번 위로 올려 표현해요.

Quiz 연습문제

1. 춤을 추니 자유를 느껴요.
2. 밖으로 나오니 추운 느낌이 들어요.

학습목표

첫 모험을 시작하면 누구나 두려움을 느끼겠죠? [무섭다]를 어떻게 표현하는지 배워봅시다.

Step

핵심어휘

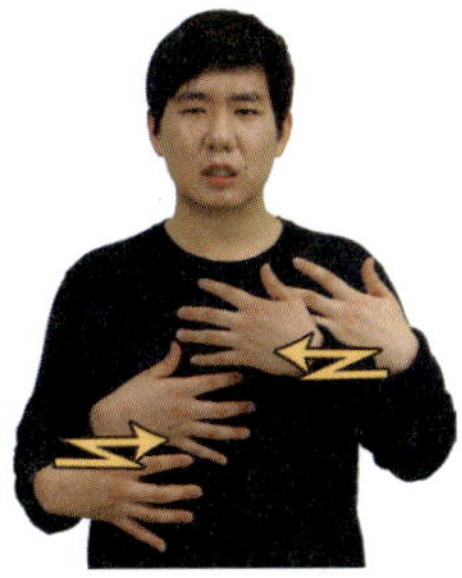

무섭다

scary

可怕

Step

응용문장 표현

모험은 무서워요.
The adventure is scary.
害怕冒险。

TIP+

양손으로 흔들면서 겁먹은 듯한 표정으로 표현해요.

Quiz 연습문제

1. 저는 물을 무서워해요.
2. 저는 공포영화를 좋아해요.

Day 7

학습목표

수어 실력이 향상되면, 스스로 놀라움을 느낄거예요. [놀라다] 수어를 어떻게 표현하는지 함께 배워봅시다.

Step

핵심어휘

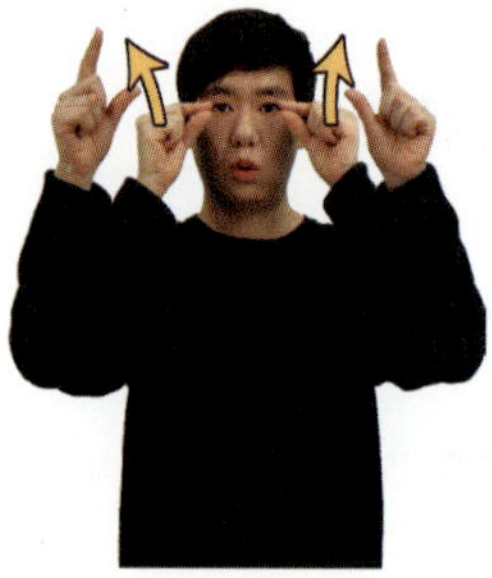

놀라다

surprised

惊讶

Step

응용문장 표현

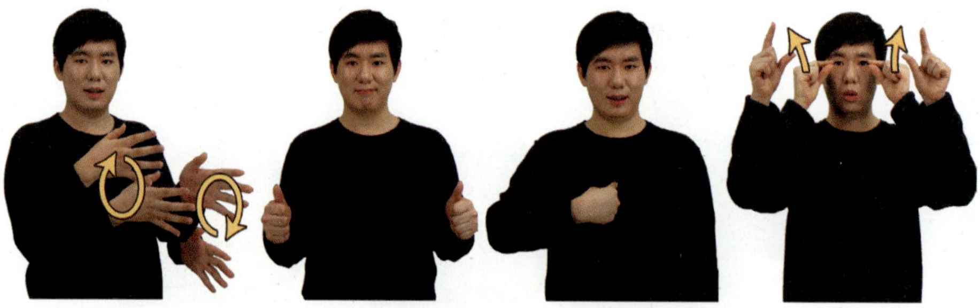

수어를 잘해서 놀랐어요.

I was surprised that you are good at using sign language.

因为手语说得好，所以吓了一跳。

TIP+

놀라운 표정과 함께 동공이 커진 것처럼 표현해요.

Quiz 연습문제

1. TV 뉴스를 보고 놀랐어요.
2. 친구가 집에 와서 놀랐어요.

Day 8

학습목표

"저는 선생님을 존경해요" 라고 표현하고 싶을 때 [존경하다]를 어떻게 표현하는지 배울 수 있습니다.

Step

핵심어휘

🇰🇷	**존경하다**
🇬🇧	**respect**
🇨🇳	**尊敬**

Step

응용문장 표현

저는 부모님을 존경해요.
I respect my parents.
我尊敬父母。

TIP+

유럽 중세시대에 신사가 모자를 벗고 고개를 숙이는 동작이 존경의 표시였어요.

Quiz 연습문제

1. 저는 아버지를 존경해요.
2. 저는 학교 선생님을 존경해요.

학습목표

꽃을 받으면 기분이 어때요? [감동적이다]라고 표현하고 싶을 때 이번에 함께 배워봅시다.

Step

핵심어휘

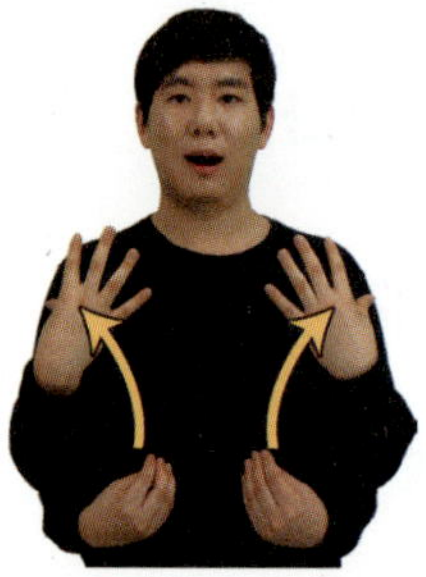

- 감동적이다
- touching
- 感动

Step

응용문장 표현

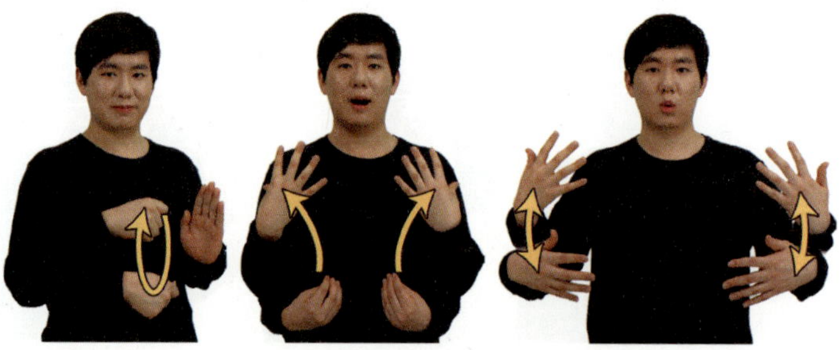

영화가 감동적이에요.
The movie is touching.
电影很感人。

TIP+

[감동적이다]는 무언가에 감동을 받은 감정을 드러내 표현해요.

Quiz 연습문제

1. 편지에 감동을 받았어요.
2. 책을 읽으니 감동적이에요.

Day 10

학습목표

'하하', '호호' 웃을때 수어를 어떻게 표현하는지 궁금하죠? 재미있게 배워봅시다.

Step

핵심어휘

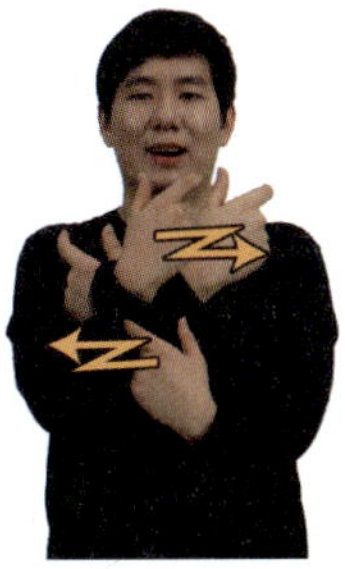

🇰🇷	웃다
🇬🇧	laugh / fun
🇨🇳	笑

Step

응용문장 표현

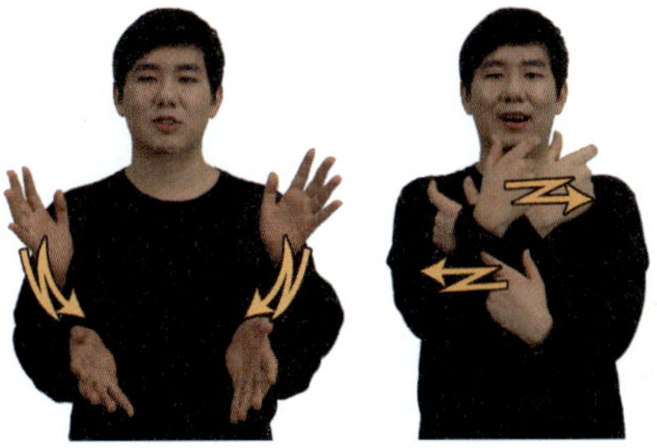

수다가 웃겨요.

This conversation is funny.

聊天很搞笑。

TIP+

웃기다는 표정과 함께 [웃다] 수어를 표현해요.

Quiz 연습문제

1. 아기가 웃고 있어요.
2. 저 영화를 보니 정말 웃겼어요.

학습목표

[울다] 수어는 배우기 쉬워요 한번 배워봅시다.

Step

핵심어휘

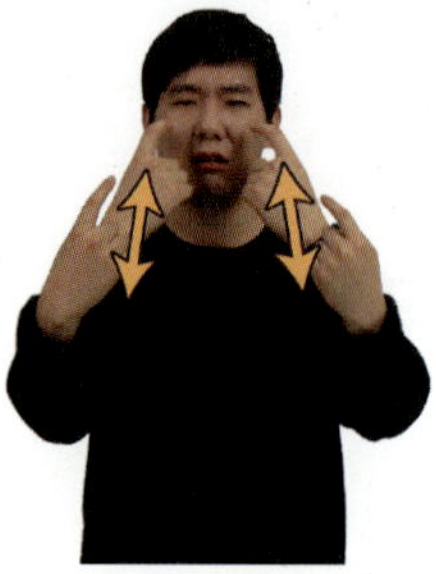

🇰🇷	**울다**
🇬🇧	**cry**
🇨🇳	**哭**

Step

응용문장 표현

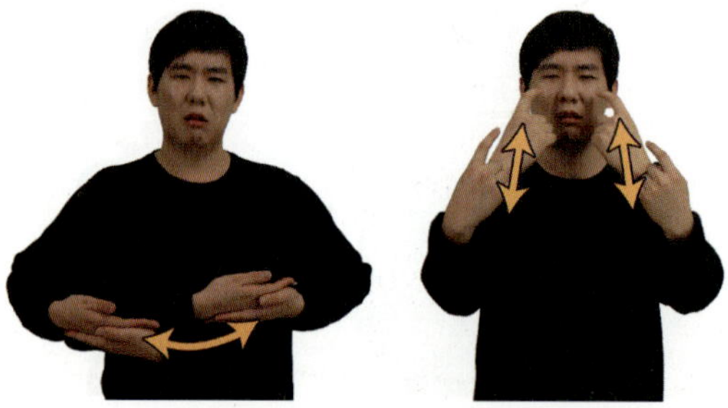

아기가 울고 있어요.
The baby is crying.
孩子在哭。

TIP+

눈물 펑펑 나온 것처럼 우는 표정으로 [울다] 수어를 표현해요.

Quiz 연습문제

1. 혹시 울고 있나요?
2. 울면서 영화를 봤어요.

Day 12

학습목표

어떤 슬픈 일이 일어났다는 것을 표현하고 싶을 때 이번에 배우면 유용합니다.

Step 1

핵심어휘

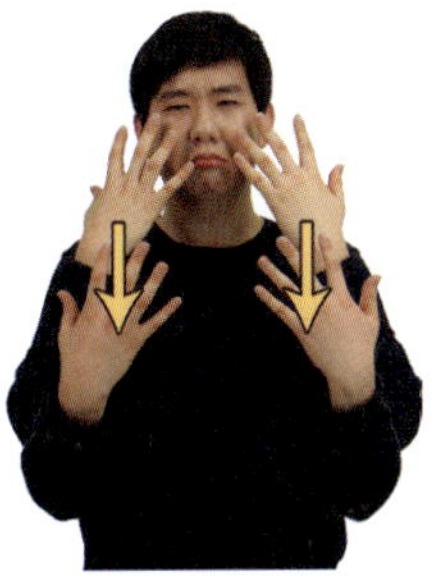

🇰🇷	**슬프다**
🇬🇧	**sad**
🇨🇳	**伤心**

Step 2

응용문장 표현

저는 꿈이 없어 슬퍼요.
I am sad because I have no dreams.
我没有梦想，所以很伤心。

TIP+

[슬프다] 수어를 표현할 때 입꼬리를 내리고 것처럼 표현해요.

Quiz 연습문제

1. 슬픈 소식을 들으니 슬퍼요.
2. 저는 슬픈 영화를 좋아하지 않아요.

학습목표

누군가에게 사과하고 싶다는 표현을 어떻게 하는지 배워봅시다.

Step

핵심어휘

🇰🇷	**미안하다**
🇬🇧	**sorry**
🇨🇳	**对不起**

Step

응용문장 표현

시간이 없어 죄송합니다.
I am sorry for running out of time.
对不起，没有时间。

TIP+

"유감이예요."라고 표현할 때는 [미안하다] 수어로 표현할 수 있어요.

Quiz 연습문제

1. 미안해요. 저는 수어를 잘 몰라요.
2. 죄송하지만, 당신의 이름이 무엇인가요?

Day 14

학습목표

"음식이 만족스러워요."라고 표현하고자 할 때 [만족하다]를 이번에 함께 배워봅시다.

Step

핵심어휘

🇰🇷	**만족하다**
🇬🇧	**satisfied**
🇨🇳	**满足**

Step

응용문장 표현

음식이 만족스러워요.
The food is satisfying.
食物感到满意。

TIP+

만족스럽다는 표정과 함께 표현해요.

Quiz 연습문제

1. 옷을 사 입으니 만족스러워요.
2. 사진이 잘 나와 만족스러웠어요.

학습목표

"일이 잘 해결되어 다행이에요!"라고 표현하고 싶을 때 유용한 표현을 배울 수 있습니다.

Step 1

핵심어휘

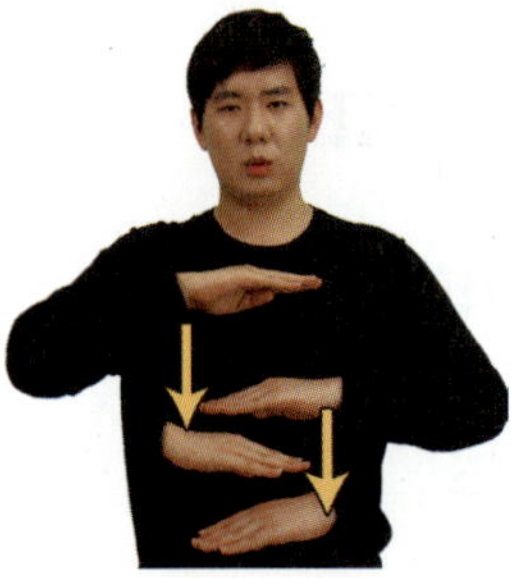

🇰🇷	**다행이다, 안심이다**
🇬🇧	**relief / thank goodness**
🇨🇳	**忍住**

Step 2

응용문장 표현

만나서 다행이에요.
I'm glad I met you.
幸好见面了。

TIP +

일이 잘 해결되면 안심을 느끼죠? 걱정이 가라앉은 느낌으로 표현해요.

Quiz 연습문제

1. 당신이 만족스러워하니 다행이에요.
2. 제 딸이 집에 잘 도착해서 다행이에요.

Day 16

학습목표

"수어를 배우는 데 인내심이 필요해요."라고 표현하고 싶을 때 이번에 배워 표현해봅시다.

Step

핵심어휘

🇰🇷	**인내, 참다**
🇬🇧	**patient**
🇨🇳	**忍住**

Step

응용문장 표현

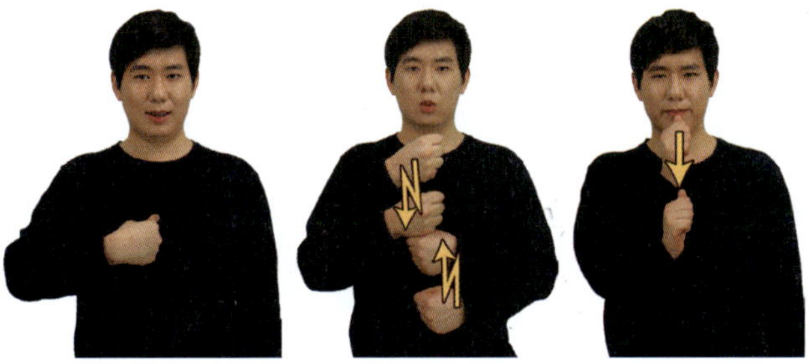

일하며 참고있어요.
While I'm working, I am patient.
工作参考。

TIP+

[인내]는 참을 때는 입을 다무는 모습처럼 표현해요.

Quiz 연습문제

1. 참지 말고 편하게 말해요.
2. 10분만 좀 더 참아줄 수 있나요?

학습목표

"영화가 지루해요."라고 표현하고 싶을 때 어떻게 하는지 배워봅시다.

Step

핵심어휘

🇰🇷	**지루하다**
🇬🇧	**bored**
🇨🇳	**无聊**

Step

응용문장 표현

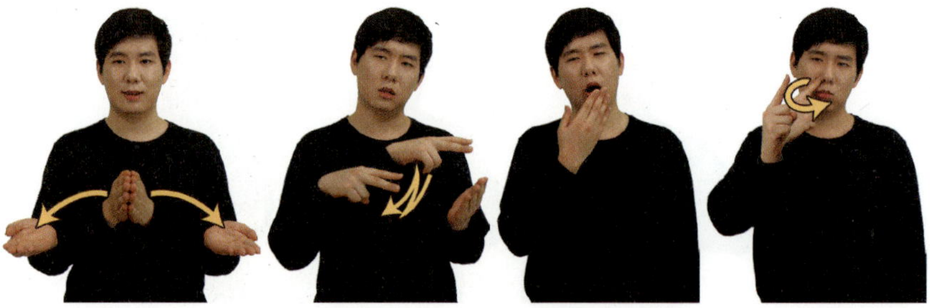

책 읽는 것이 지루해요.
Reading books is boring.
看书很无聊。

TIP+

지루해서 하품하는 표정으로 표현해요.

Quiz 연습문제

1. 집에 있으니 지루해요.
2. 로맨스 영화가 지루해요.

Day 18

학습목표

공부는 힘든 일이지만, 꾸준히 하다보면 어느날 갑자기 실력이 확 늘거예요. [힘들다]를 어떻게 표현하는지 이번에 배워봅시다.

Step

핵심어휘

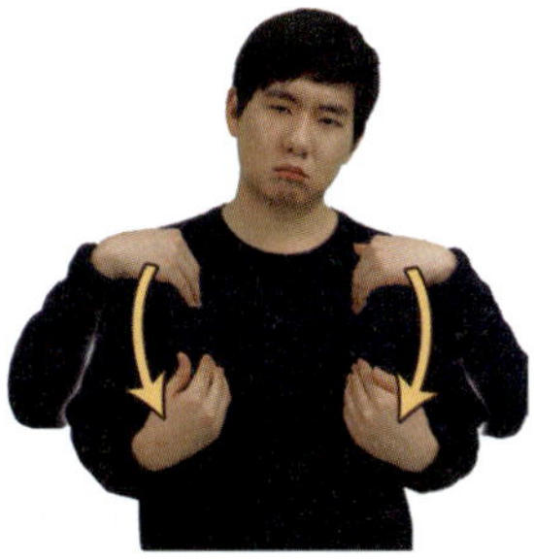

🇰🇷	**힘들다**
🇬🇧	**hard / difficult**
🇨🇳	**累**

Step

응용문장 표현

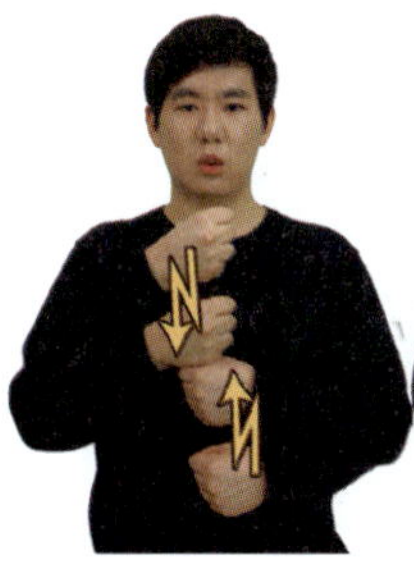

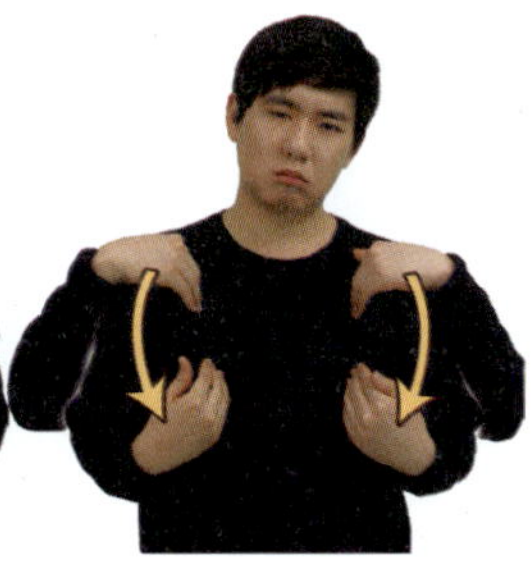

일이 힘들어요.
My work is dard.
工作很累。

TIP+

[힘들다] 수어는 [피곤하다] 수어와 같아요.

Quiz 연습문제

1. 모험은 늘 힘들어요.
2. 하루종일 서류를 작성하니 힘들어요.

Day 19

학습목표

"하루의 끝은 늘 피곤하죠."라고 표현하고자 할 때, [피곤하다] 수어를 함께 배워봅시다.

Step 1

핵심어휘

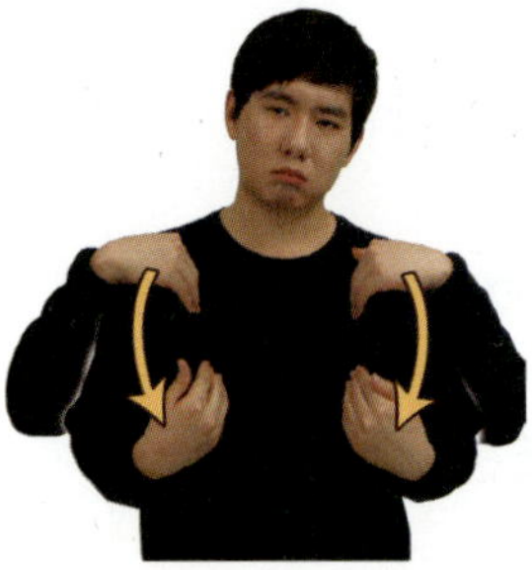

🇰🇷	**피곤하다**
🇬🇧	**tired**
🇨🇳	**疲倦**

Step 2

응용문장 표현

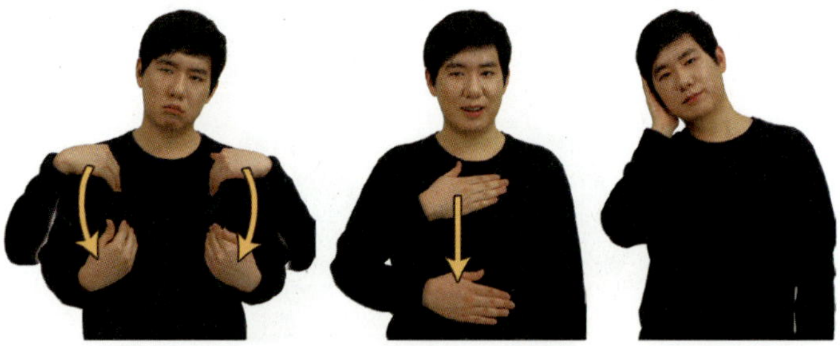

피곤해서 자고 싶어요.
I am tired and want to go to sleep.
累得想睡觉。

TIP+

[힘들다] 수어 표현과 같다는 것을 참고해요.

Quiz 연습문제

1. 당신은 지금 피곤한가요?
2. 집에 도착하니 파김치가 되었어요.

Day 20

학습목표

농인의 모든 감각 중에 어떤 감각이 예민할까요? 바로 시각이죠! [예민하다]를 함께 알아봅시다.

Step

핵심어휘

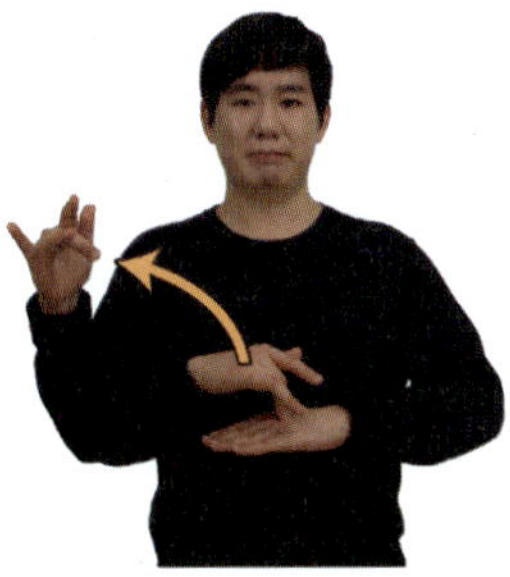

🇰🇷	**예민하다**
🇬🇧	**sensitive**
🇨🇳	**敏感**

Step

응용문장 표현

느낌이 예민해요.
I am feeling sensitive.
感觉很敏感。

TIP+

예민하다는 표정과 함께 중지손가락으로 접촉하다 튕기는 느낌으로 표현해요.

Quiz 연습문제

1. 저는 일이 많을 때 예민해요.
2. 제 아들은 예민한 편이에요.

케이팝 방탄소년단 뮤직비디오 속의 국제수어

International Sign Langauge is in the K-pop BTS music video.

ⓒ Trending2days

케이팝 방탄소년단(BTS)은 빌보드 연속 1위 전 세계적으로 열풍을 일으키고 있는 '21세기 팝 아이콘'으로 알려져 있다. 2021년에 신곡 '퍼미션투 댄스(Permission to dance)'를 발표하여 공개 52시간 만에 1억뷰 이상의 조회수를 기록했다.

'우리가 춤추는데 허락은 필요 없어(We don't need permission to dance)'라는 가사 그대로, 힘든 하루를 보낸 이에게 '춤은 마음 가는 대로, 허락 없이 마음껏 춰도 된다' 는 긍정적인 메시지를 담아내고 있다.

방탄소년단의 뮤직비디오가 주목받는 이유는 '즐겁다(enjoy)', '춤추다(dance)', '평화(peace)'라는 의미의 국제수어를 활용한 안무가 포함되어있다는 것이다. 이에 농인들이 이 뮤직비디오를 감상하며 즐거워했다. 게다가 국제수어를 선보이는 챌린지 캠페인도 진행하여 전 세계사람들까지 배워서 참여하기도 했다는 사실!

방탄소년단의 뮤직비디오는 장애물이나 소통의 장벽을 없애자는 운동인 배리어 프리

(barrier-free)라고 할 수 있는데 세계보건기구(WHO) 사무총장까지 감사의 인사를 전달하기도 했다. 한편, 방탄소년단의 안무에 포함한 국제수어는 이 책에서도 있으니 한번 찾아보자.

지식 플러스 +

Q. 뮤직 비디오에 나온 국제수어 3개의 뜻이 무엇인가요?

즐겁다(enjoy)

춤추다(dance)

평화(peace)

07 헤어지는 시간이 너무 길어요. Long-time for Deaf people 分手的时间太长

Day 1. 오늘 뭐해요? / What are you doing today? / 今天做什么？

Day 2. 내일 학교에 갈거예요. / I am going to school tomorrow. / 明天去学校。

Day 3. 평일에는 회사에 가는 편이에요. / I tend to go to work on the weekdays. / 平时会去公司。

Day 4. 주말에는 영화를 감상해요. / I watch movies on the weekends. / 周末看电影。

Day 5. 지금 먹고 있어요. / I'm eating right now. / 现在在吃呢

Day 6. 어제 밤에 게임했어요. / I played a game last night. / 昨晚玩了游戏。

Day 7. 그저께 파티했어요. / We had a party the day before yesterday. / 前天开派对了。

Day 8. 과거에 광주에 살았어요. / I lived in Gwangju before. / 过去住在光州。

Day 9. 모레에 사진을 찍으러 가요. / I am going to take pictures the day after tomorrow. / 后天去照相。

Day 10. 미래의 꿈이 무엇인가요? / What are your dreams for the future? / 未来的梦想是什么？

Day 11. 작년에 결혼했어요. / I got married last year. / 去年结婚了。

Day 12. 내년에 제주도에서 살거예요. / I am going to live on Jeju Island next year. / 明年要在济州岛生活。

Day 13. 전에 일한 적 있나요? / Have you worked before? / 以前工作过吗？

Day 14. 일이 끝난 후에 뭐해요? / What are you doing after work? / 做事完后做什么？

Day 15. 다음에 시간 있나요? / Next time, will you have time? / 下次有时间吗？

Day 16. 지난번에 농인을 만났어요. / Last time, I met a deaf person / 上次见到了聋人。

Day 17. 저는 국제수어 공부를 자주 해요. / I study international sign language often. / 我经常学习国际手语。

Day 18. 저는 가끔 수어로 수다떨어요. / Sometimes I chat in sign language. / 我偶尔用手语聊天。

Day 19. 지금까지 해온 일이 뭐예요? / What have you been up to so far? / 到现在之前做过什么工作？

Day 20. 아직도 계속 수다떨고 있어요? / Are you still chatting? / 还在聊天吗？

Talking with Deaf teacher

궁금한 것이 있어요!

"헤어지는 시간이 너무 길어요"

수애: 어제 농인 모임에 다녀왔는데,
정말 놀라웠어요.

Teacher: 오호! 어땠니?

수애: 카페가 문 닫을 때까지 열심히 수어로
끊임없이 수다떨더라구요.

Teacher: 하하 놀랍지도 않은 일이지.

수애: 저도 수어를 열심히 배워서
수다떨고 싶어요.

Teacher: 수애야 '롱-바이' 농문화에 온 것을 환영해.

Day 1

학습목표

"오늘 뭐해요?"라고 질문하고 싶을 때 이번에 함께 배워봅시다.

Step

핵심어휘

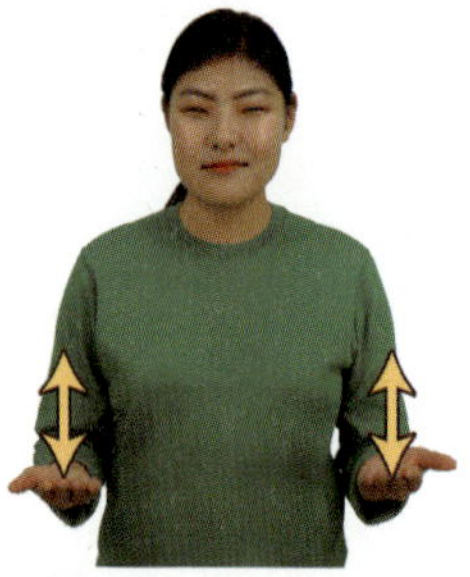

오늘

today

今天

Step

응용문장 표현

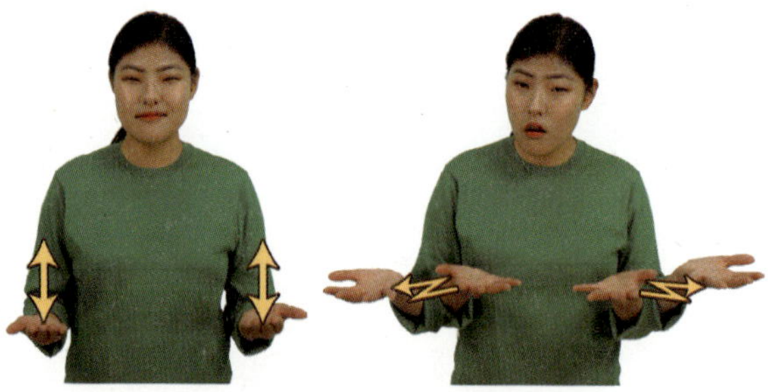

오늘 뭐해요?
What are you doing today?
今天做什么？

TIP+

[과거]의 수어 위치는 뒷방향으로 하고, [현재]의 수어 위치는 가운데 방향으로, [미래]의 수어 위치는 앞 방향으로 나타내요.

Quiz 연습문제

1. 오늘 무슨 날인지 아세요?
2. 오늘은 집에서 쉬는 날이에요.

Day 2

학습목표

"내일 어디로 가요?"라고 물어볼 때 수어로 표현할 수 있습니다.

Step

핵심어휘

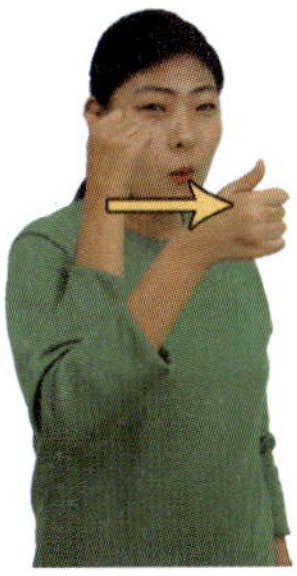

🇰🇷	내일
🇬🇧	tomorrow
🇨🇳	明天

Step

응용문장 표현

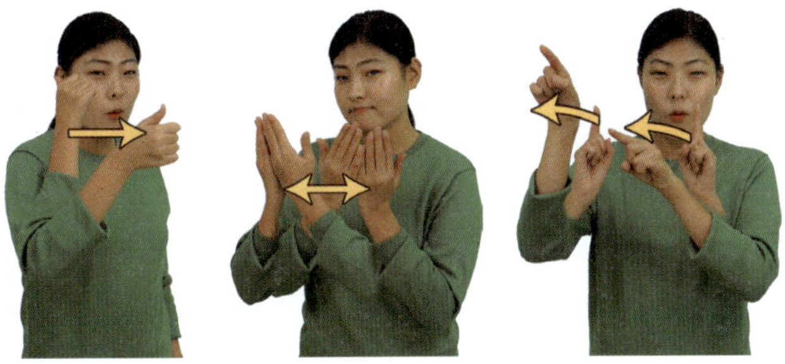

내일 학교에 갈거예요.
I am going to school tomorrow.
明天去学校。

TIP+

앞으로 향하는 의미로 [내일] 수어로 표현해요.

Quiz 연습문제

1. 내일 뭐해요?
2. 내일 일 하러 가요.

Day 3

학습목표

"평일에는 주로 뭐해요?" 물어볼 때 수어로 어떻게 표현할 수 있습니다.

Step 1

핵심어휘

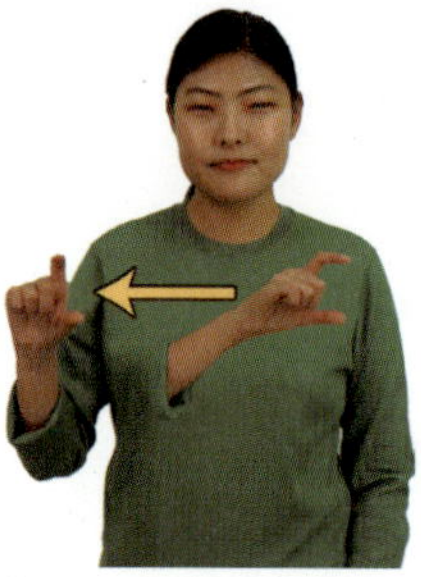

🇰🇷	**평일**
🇬🇧	**weekday**
🇨🇳	**平时**

Step 2

응용문장 표현

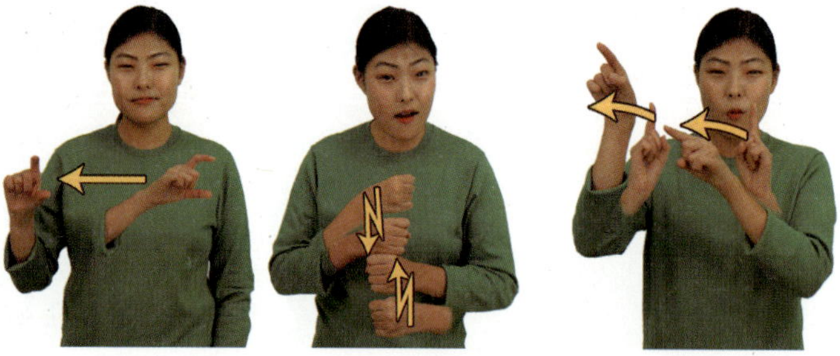

평일에는 회사에 가는 편이에요.

I tend to go to work on the weekdays.

平时会去公司。

TIP+

달력을 보면 일요일부터 토요일까지 수직처럼 이어져있어 수직방향으로 표현해요.

Quiz 연습문제

1. 평일에 주로 뭐해요?
2. 평일 밤 9시에 문을 닫아요.

학습목표

"주말에는 친구랑 만나요."라고 표현할 수 있습니다.

Step

핵심어휘

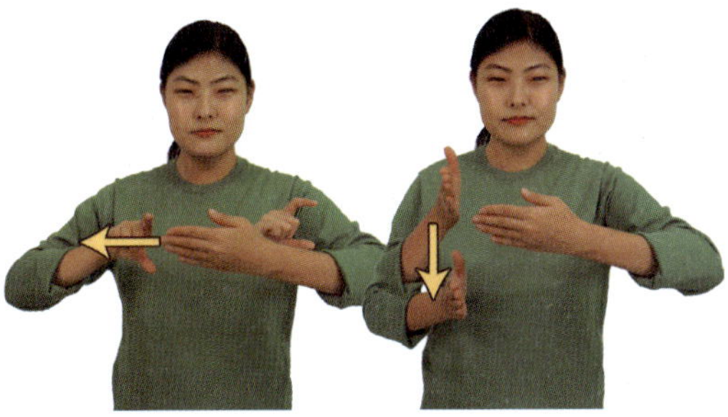

🇰🇷	**주말**
🇬🇧	**weekend**
🇨🇳	**周末**

Step

응용문장 표현

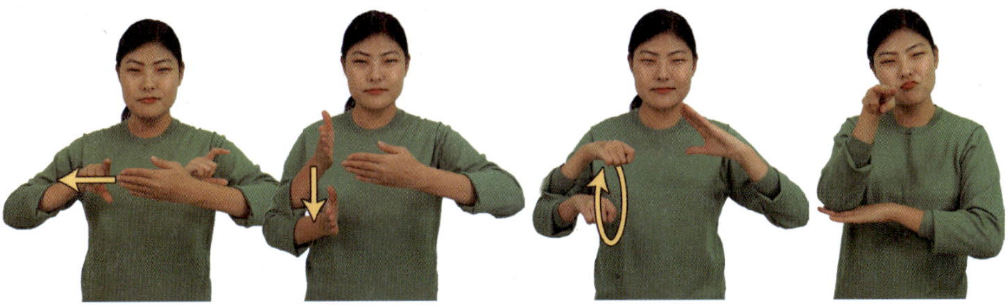

주말에는 영화를 감상해요.

I watch movies on the weekends.

周末看电影。

TIP+

[평일] 수어를 하고 손 끝부분에서 꺾고 내리는 모습으로 표현해요.

Quiz 연습문제

1. 주말은 집에서 쉬어요.
2. 주말에 가족과 함께 식사를 해요.

학습목표

지금 부탁을 들어줄 수 있는지 요청할 때 [지금] 수어를 배우고 물어볼 수 있습니다.

Step 1

핵심어휘

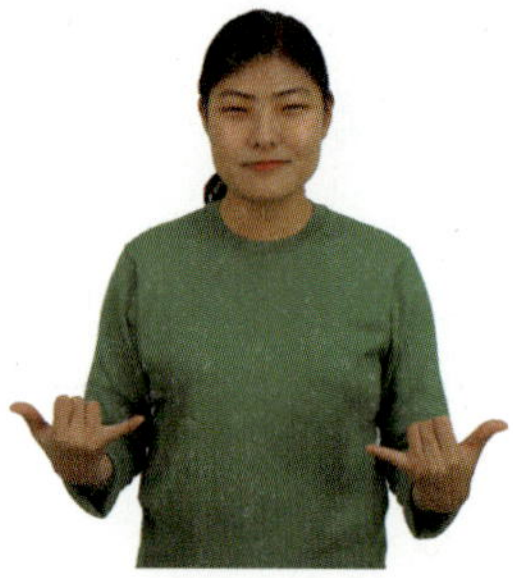

🇰🇷	**지금**
🇬🇧	**now**
🇨🇳	**现在**

Step 2

응용문장 표현

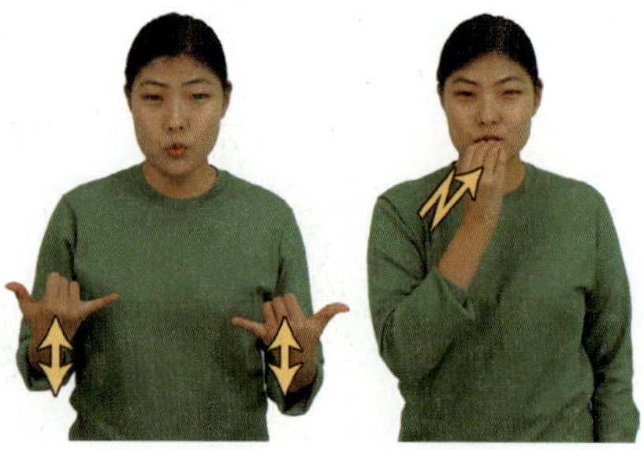

지금 먹고 있어요.

I'm eating right now.

现在在吃呢。

TIP+

[지금] 처럼 [Y] 자형으로 두 손을 표현해요.

Quiz 연습문제

1. 지금 비가 내리네요.
2. 지금 친구 만나러 가고 있어요.

학습목표

"어제의 일상이 어땠나요?"라고 물어보고 싶을 때 [어제] 수어를 배우고 표현해봅시다.

Step 1

핵심어휘

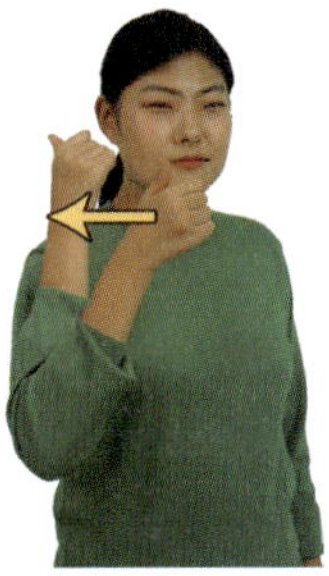

🇰🇷	어제
🇬🇧	yesterday
🇨🇳	昨天

Step 2

응용문장 표현

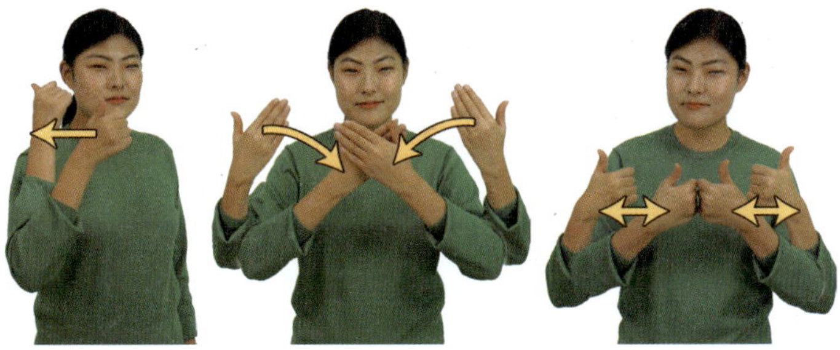

어제 밤에 게임했어요.

I played a game last night.

昨晚玩了游戏。

TIP+

[과거] 수어는 뒷방향으로 표현해요.

Quiz 연습문제

1. 어제 눈이 많이 내렸어요.
2. 어제 일하고 오늘 쉬어요.

Day 7

학습목표

[그저께]는 어제의 어제인데 수어를 어떻게 표현하는지 알아봅시다.

Step

핵심어휘

- 그저께
- day before yesterday
- 前天

Step

응용문장 표현

그저께 파티했어요.
We had a party the day before yesterday.
前天开派对了。

TIP +

'2일 전'이라고 표현할 때도 [그저께] 수어를 쓸 수 있어요.

Quiz 연습문제

1. 그저께 회사를 가지 않았어요.
2. 그저께 영화를 봤고 어제는 책을 읽었어요.

Day 8

학습목표

과거는 이미 지나온 일이죠. 이번에 [과거] 수어를 알아보고 표현할 수 있습니다.

Step

핵심어휘

과거, 옛날

past

过去

Step

응용문장 표현

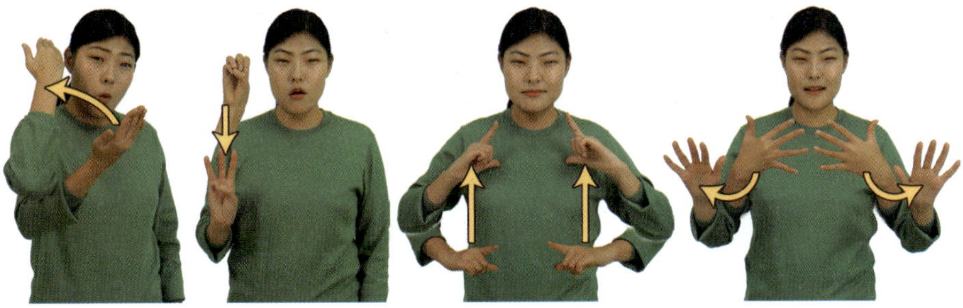

과거에 광주에 살았어요.

I lived in Gwangju before.

过去住在光州。

TIP+

[과거]는 거리에 따라 의미가 달라요. 가까운 거리의 [과거]는 얼마 전에 일어난 일이고 더 멀리 표현할 때는 [옛날]이라고 해요.

Quiz 연습문제

1. 과거를 잊어요.
2. 과거에 무슨 일을 하셨나요?

Day 9

학습목표

내일의 내일은 모레이죠 그러면 [모레] 수어를 알아봅시다.

Step

핵심어휘

🇰🇷	**모레**
🇬🇧	**tomorrow**
🇨🇳	**后天**

Step

응용문장 표현

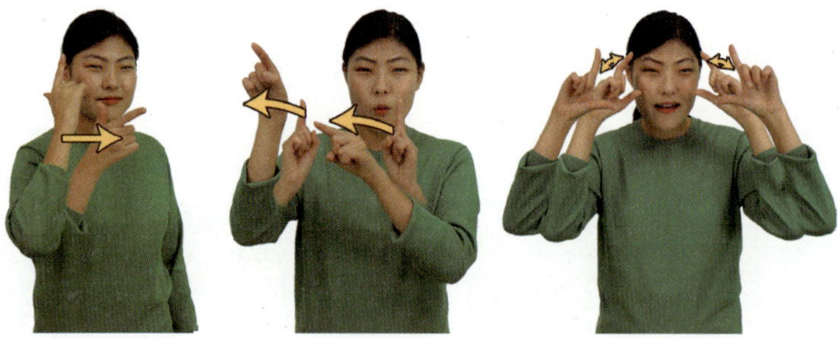

모레에 사진을 찍으러 가요.
I am going to take pictures day after tomorrow.
后天去照相。

TIP +

‘2일 후’라고 표현할 때도 [모레] 수어를 써요.

Quiz 연습문제

1. 내일 모레 개학해요.
2. 저는 모레 서울에 가요.

학습목표

[미래]는 앞 방향으로 표현하는데 수어로 표현할 수 있어요.

Step

핵심어휘

🇰🇷	**미래**
🇬🇧	**future**
🇨🇳	**未来**

Step

응용문장 표현

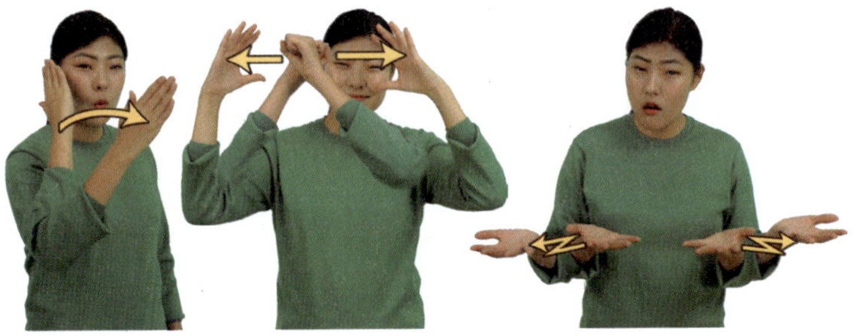

미래의 꿈이 무엇인가요?
What are your dreams for the future?
未来的梦想是什么？

TIP+

[미래]는 거리에 따라 의미가 달라요. 가까운 [미래]는 [할 것이다] 이고 더 멀리 나갈 때는 [미래]라고 해요.

Quiz 연습문제

1. 미래에 멋진 집에 살고 싶어요.
2. 미래의 무슨 목표를 가지고 있나요?

학습목표

"작년에 어디를 여행다녀오셨나요?"라고 물어볼 때 [작년] 수어를 알아보고 함께 대화해 봅시다.

Step

핵심어휘

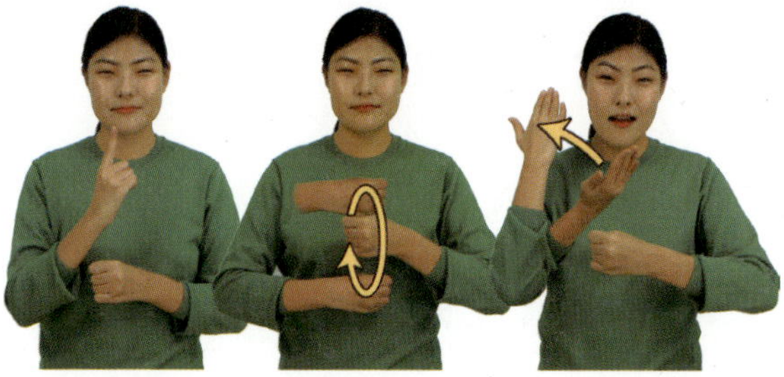

🇰🇷	**작년**
🇬🇧	**last year**
🇨🇳	**去年**

Step

응용문장 표현

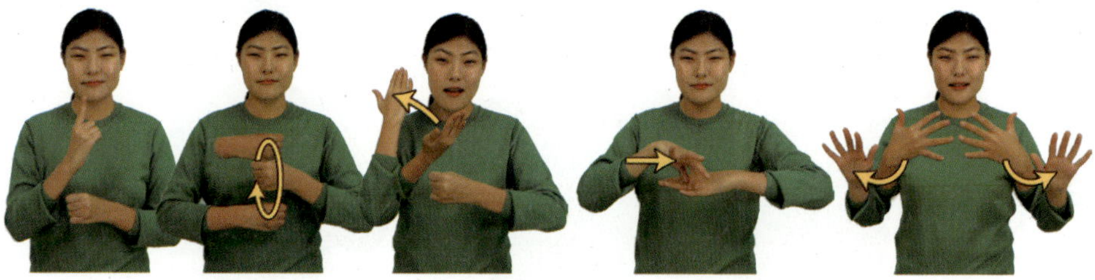

작년에 결혼했어요.
I got married last year.
去年结婚了。

TIP+

[작년]은 1년 전이지만, 2년 전, 3년 전 등을 표현할 때, 다른 숫자로도 가능해요.

Quiz 연습문제

1. 작년에 서울로 이사갔어요.
2. 작년 제 나이가 30살이었어요.

Day 12

학습목표

내년 계획을 세웠는지 물어보고 싶을 때 [내년] 수어를 배우고 표현할 수 있습니다.

Step

핵심어휘

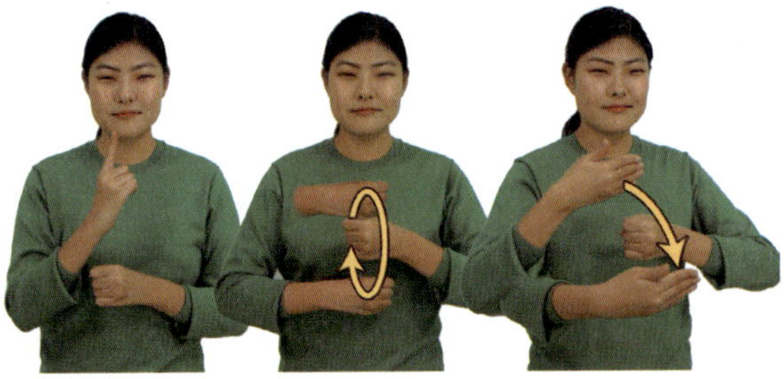

- 내년
- next year
- 明年

Step

응용문장 표현

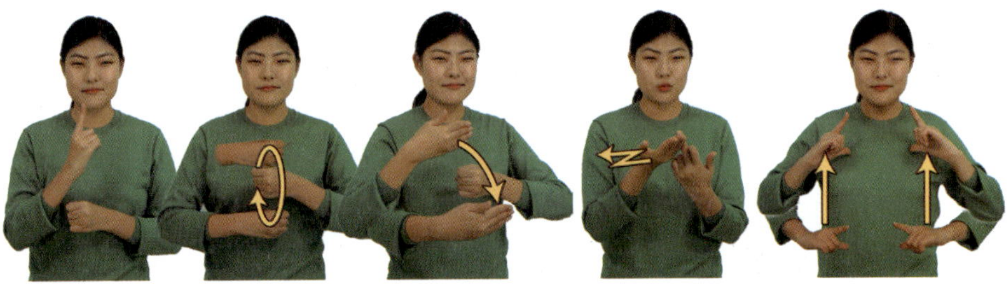

내년에 제주도에서 살거예요.
I am going to live on Jeju Island next year.
明年要在济州岛生活。

TIP+

[내년]은 1년 후이지만, 다른 숫자로도 가능해요.

Quiz 연습문제

1. 내년에 결혼해요.
2. 내년에 어머니가 환갑이에요.

학습목표

과거 시제 표현에 대해 배우고 표현할 수 있습니다.

Step

핵심어휘

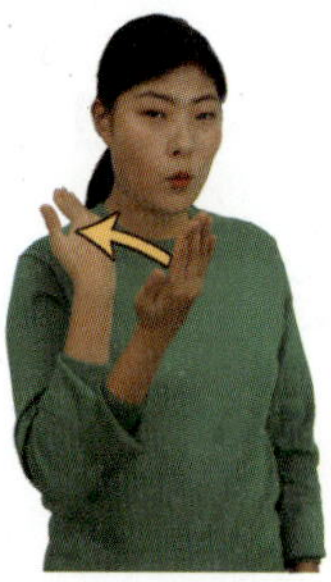

전

before

前

Step

응용문장 표현

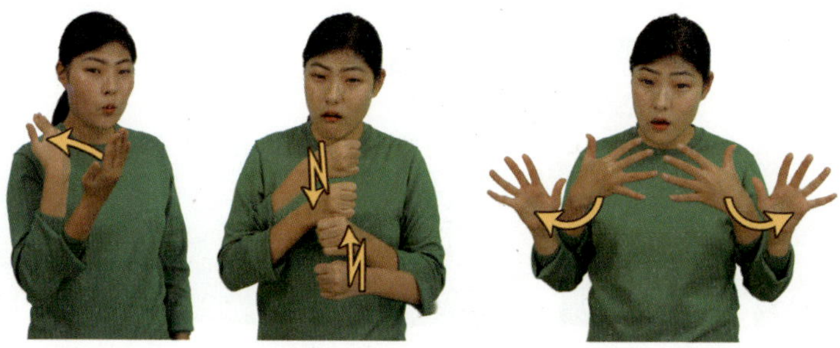

전에 일한 적 있나요?

Have you worked before?

以前工作过吗？

TIP+

[전]은 뒤로 향하게 표현해요.

Quiz 연습문제

1. 자기 전에 물을 마셔요.
2. 저는 밥 먹기 전에 운동을 해요.

Day 14

학습목표

"일이 끝난 후에 무슨 계획이 있니?"라는 질문을 수어로 표현할 수 있습니다.

Step

핵심어휘

🇰🇷	**후**
🇬🇧	**after**
🇨🇳	**后**

Step

응용문장 표현

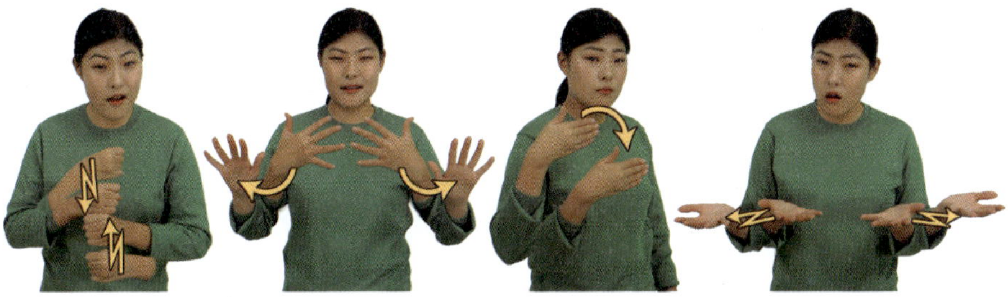

일이 끝난 후에 뭐해요?
What are you doing after work?
做事完后做什么？

TIP+

[다음] 또는 [후] 수어를 앞으로 향해 나타내서 표현해요.

Quiz 연습문제

1. 공부가 끝난 뒤에 식사해요.
2. 일이 끝나면 친구와 파티가요.

학습목표

[다음]이라는 미래 시제를 표현할 때 활용해봅시다.

Step 1 핵심어휘

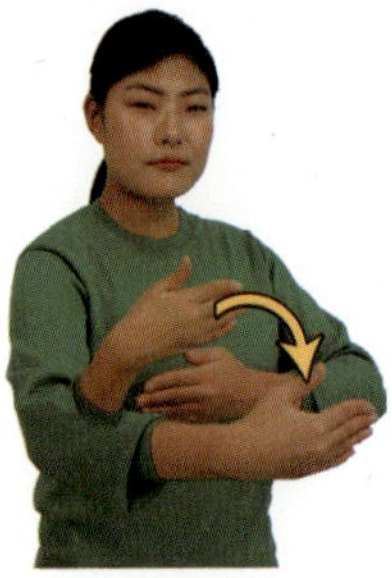

다음

next

下次

Step 2 응용문장 표현

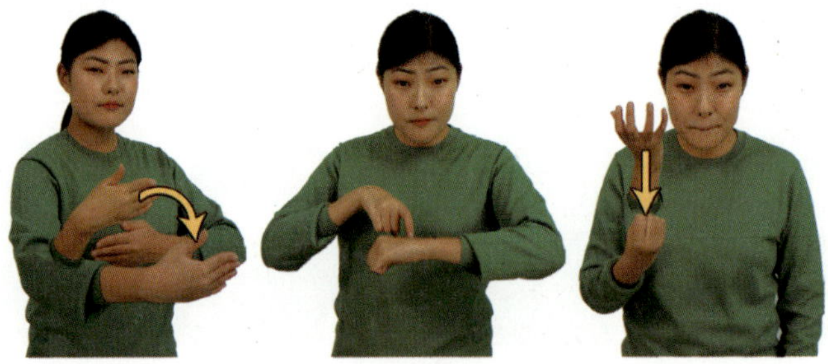

다음에 시간 있나요?

Next time, will you have time?

下次有时间吗？

TIP+

[다음] 수어는 앞으로 향해 표현해요.

Quiz 연습문제

1. 다음에 또 만나요.
2. 다음에 시간이 있으면 영화 보러 갈래요?

학습목표

"지난 주에 무엇을 하셨나요?" 수어문장 중에 [지난] 수어를 어떻게 표현하는지 배울 수 있습니다.

Step

핵심어휘

🇰🇷	지난
🇬🇧	last
🇨🇳	上次

Step

응용문장 표현

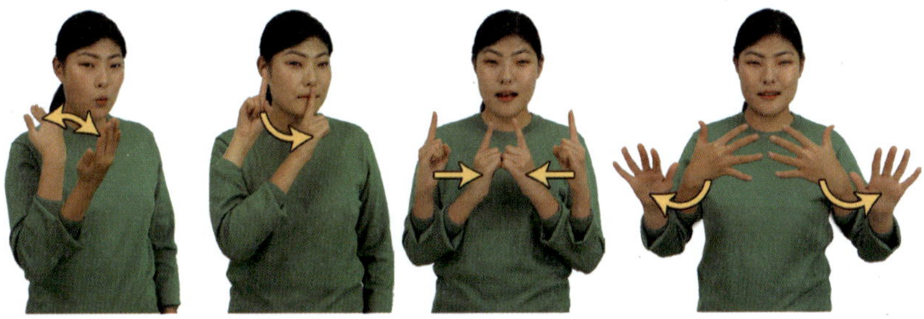

지난번에 농인을 만났어요.
Last time, I met a deaf person
上次见到了聋人。

TIP+

[지난]은 가까운 거리로 표현해요.

Quiz 연습문제

1. 지난 주에 뭐했어요?
2. 지난 주말에 파티를 다녀왔어요.

Day 17

학습목표

"자주 가는 곳이 어디인가요?" 물어볼 때 [자주] 수어를 어떻게 표현하는지 함께 배워봅시다.

Step

핵심어휘

🇰🇷	**자주**
🇬🇧	**often**
🇨🇳	**经常**

Step

응용문장 표현

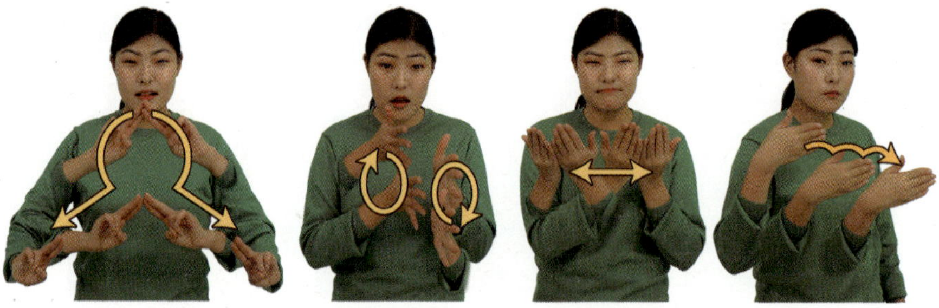

저는 국제수어 공부를 자주 해요.
I often study international sign language.
我经常学习国际手语。

TIP+

[자주]는 [다음] 수어를 반복해서 표현해요.

Quiz 연습문제

1. 저는 자주 메모해요.
2. 앞으로 자주 만나요.

Day 18

학습목표

"저는 가끔 국제수어 공부해요." 말할때 이번에 [가끔]을 배우면 확실히 표현할 수 있습니다.

Step 1

핵심어휘

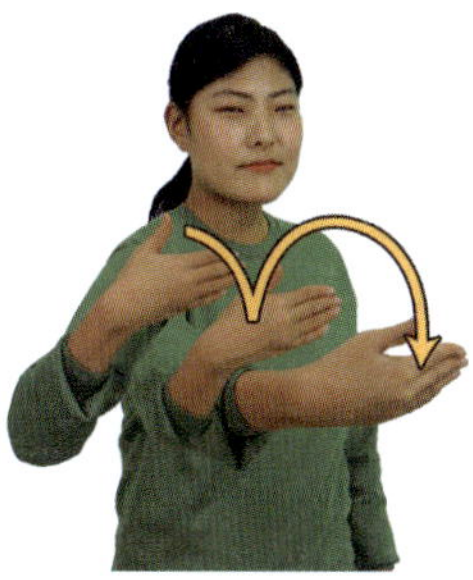

🇰🇷	**가끔**
🇬🇧	**sometimes**
🇨🇳	**偶尔**

Step 2

응용문장 표현

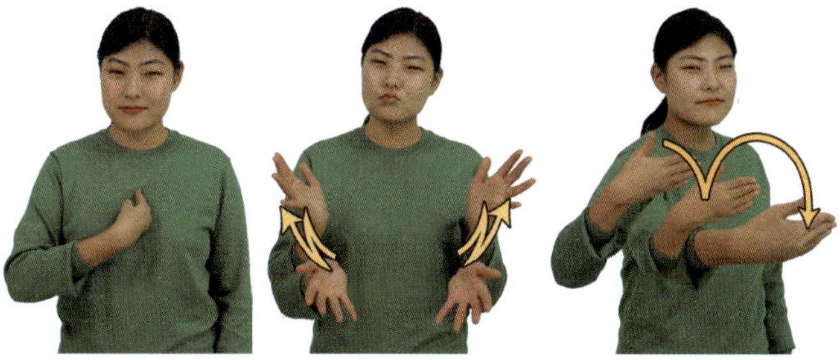

저는 가끔 수어로 수다떨어요.
Sometimes I chat in sign language.
我偶尔用手语聊天。

TIP+

[다음] 수어를 두 세 번 정도 표현해요.

Quiz 연습문제

1. 저는 가끔 운동을 해요.
2. 저는 가끔 국제수어를 배워요.

Day 19

학습목표

[지금까지] 수어도 있는데 함께 배우고 대화해봅시다.

Step 1

핵심어휘

- 지금까지, 여태, 그동안에
- until now / so far
- 到目前为止

Step 2

응용문장 표현

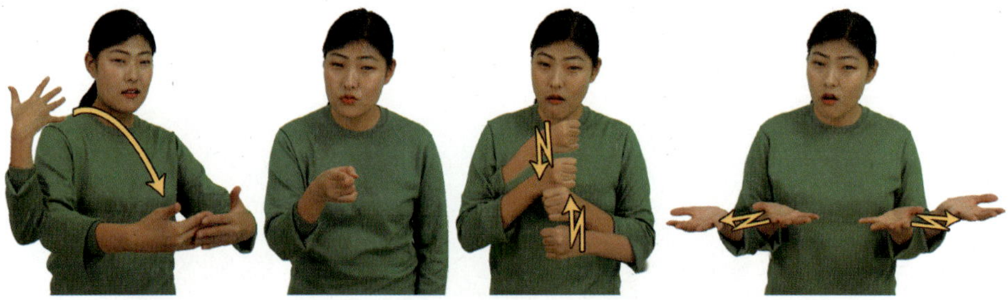

지금까지 해온 일이 뭐예요?
What have you been up to so far?
到现在之前做过什么工作?

TIP+

뒤에서 앞까지 쭉 향하게 표현해요.

Quiz 연습문제

1. 지금까지 청소안한지 오래됐어요.
2. 지금까찌 이렇게 아름다운 집을 본적이 없어요.

학습목표

"아직도 공부하고 있다."라고 수어로 표현할때 [아직도] 수어를 배우고 확실히 표현할 수 있습니다.

Step

핵심어휘

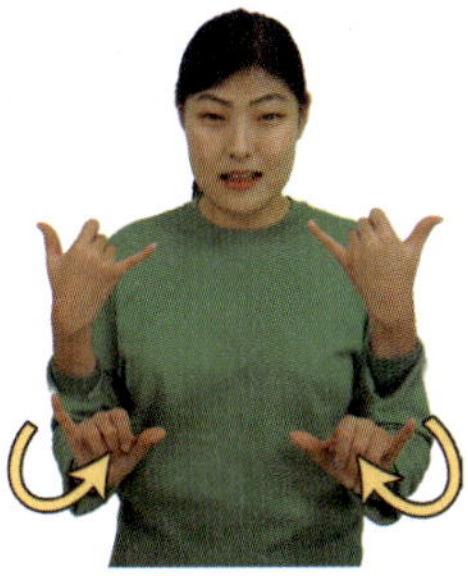

여전히, 아직도

still

依然

Step

응용문장 표현

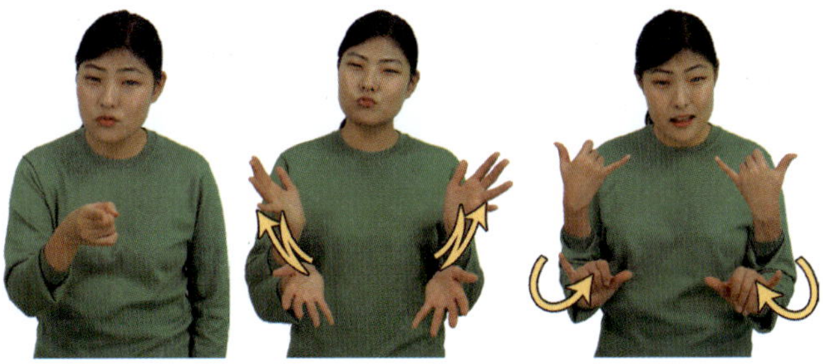

아직도 계속 수다떨고 있어요?

Are you still chatting?

还在聊天吗？

TIP+

[아직도] 수어는 [Y] 두 양손을 표현하지만 [아직 안했다] 수어와 달라요.

Quiz 연습문제

1. 아직도 공부 중이에요?
2. 제 자녀는 아직도 서울에 살고 있어요.

알아두면 좋은 농문화와 에티켓 10가지

Keep in mind that etiquette tips are very important to know for Deaf

시각적 중심으로 살아가는 농인에 대한 에티켓 10가지! 농인들과의 소통에서 중요한 에티켓은 다음과 같다. 이에티켓을 잘 알아두면 농인들과의 소통이 훨씬 원활해질 것이다. 전 세계 농인들에게도 적용되는 에티켓이 있으니 참고하자.

에티켓

1. 농인은 수어, 얼굴표정, 몸짓을 보거나 필담을 통해 소통할 수 있다.

2. 농인은 눈으로 표정을 읽으며 소통하기 때문에 서로 눈을 마주치며 대화한다.

3. 농인과 같이 있는 자리에서는 수어로 할 때 귓속말이나 말소리를 삼간다.

4. 수어가 잘 보이기 위해 밝은 곳에서 대화하고, 식탁 위에 물건을 올려두지 않도록 한다.

5. 농인을 부를 때는 손을 흔들거나 어깨를 가볍게 두드린다. 많은 농인들이 있는 곳에는 전등 스위치를 활용하는 방법도 있다.

6. 소리 나는 박수를 대신해 양손을 흔들어 박수의 의미를 표현한다.

7. 농인들의 대화는 한번 시작하면 끝없이 계속된다. 헤어질 시간에도 쉴 틈없이 수어로 대화하는 경우, 롱 굿바이(Long goodbye)라고 한다.

8. 수어에는 시각적 경험과 관련한 유머가 있다. 청인의 유머와 완전히 다른 유머를 이해하려면 수어 뿐만 아니라 농문화, 농역사를 알아야 한다.

9. 대표적인 농문화 중 하나로 농인에게 기본적으로 수어 이름을 갖고 있다. 수어 이름은 농인을 부를 때 쓰이며 필요하면 청인도 수어이름을 가질 수 있다.

10. 대화를 할 수 있고, 음식을 먹을 때도 말할 필요없이 수어로 대화를 나눌 수 있다.
    1) 멀리 있을 때 수어를 보며 대화할 수 있다.
    2) 바다 속에 잠수할 때 수어로 대화할 수 있다.
    3) 시끄러운 곳에서 대화를 할 수 있다.
    4) 어디든 유리창 사이에 대화를 할 수 있다.
    5) 음식을 먹을 때 말할 필요 없이 대화할 수 있다.

08 내 목표는 1년 후 국제수어 정복하기! My goal is to master international sign language in one year! 我的目标是1年后征服国际手语

Day 1. 수어 잘하는 사람이 누구예요? / Who is good at sign language? / 擅长手语的人是谁？

Day 2. 언제 농인을 만났어요? / When did you meet a deaf person? / 什么时候见到聋人？

Day 3. 무엇에 관심이 있으세요? / What are you interested in? / 你对什么感兴趣？

Day 4. 어디서 공부하셨어요? / Where did you study? / 在哪里学习？

Day 5. 농인과 대화하기 위해 수어를 배워요. / Let's learn sign language to talk to Deaf people. / 学习手语为了和聋人对话。

Day 6. 당신은 어떻게 소통해요? / How do you communicate? / 你怎么沟通？

Day 7. 저는 수어 아니면 메모로 소통해요. / I communicate in sign language or via memo. / 我除了手语以外，用笔记沟通。

Day 8. 어느쪽을 선호해요? / Which do you prefer? / 你偏好哪一方面？

Day 9. 네 저는 메모를 선호해요. / Yes, I prefer using memos. / 是的，我喜欢笔记。

Day 10. 아니요. 저는 수어를 선호해요. / No. I prefer using sign language. / 不是，我还没有学好手语。

Day 11. 저는 아직 수어를 제대로 배워본 적이 없어요. / I haven't formally learned sign language yet. / 我还没有真正学过手语。

Day 12. 저의 수어는 별로예요. / My sign language isn't very good. / 我的手语不怎么样。

Day 13. 수어 공부를 열심히 하면 잘할 거예요. / If you study sign language diligently, you will do well. / 如果认真学习手语的话，一定会做好的。

Day 14. 수어가 너무 빨라요. / Your sign language is too fast. / 手语太快了。

Day 15. 수어를 천천히 해요. / Please sign slowly. / 请慢点手语。

Day 16. 수어는 어렵지만 즐거워요. / Sign language is difficult, but fun! / 虽然手语很难，但很开心。

Day 17. 수어는 아름답고 멋져요. / Sign language is beautiful and amazing! / 手语很美又帅。

Day 18. 저는 일하면서 수어를 공부해요. / I study sign language while working. / 我一边工作一边学习手语。

Day 19. 농문화에 대해 더 알고 싶어요. / I would like to know more about Deaf culture. / 想学到更多其他国家的手语。

Day 20. 함께 대화할 수 있어 행복해요. / I am happy that we can chat together. / 能够一起对话很幸福。

Talking with Deaf teacher

궁금한 것이 있어요!

"내 목표는 1년 후 국제수어 정복하기!"

수호: 오늘 국제수어를 처음 배웠는데
정말 어렵네요! 어떻게 하면 잘 할 수 있을까요?

Teacher: 농인과 직접 대화하면 더 효과적으로
배울 수 있어.

수호: 그러면 언제까지 다 배울 수 있을까요?

Teacher: 사람마다 다르지만 매일 연습하면
기본정도는 1년 안에 가능하지.

수호: 정말요? 열심히 배워서 국제수어를
잘하고 싶어요.

Teacher: 그럼, 수호 너도 할 수 있어!

Day 1

학습목표

"저 분은 누구인가요?"라는 의문 표현을 함께 배워봅시다.

Step 1

핵심어휘

🇰🇷	누가, 누구
🇬🇧	who
🇨🇳	谁

Step 2

응용문장 표현

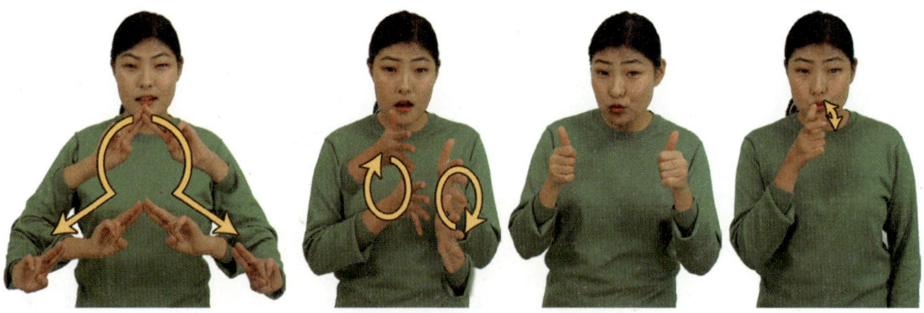

수어 잘하는 사람이 누구예요?
Who is good at sign language?
擅长手语的人是谁？

TIP+

의문사는 의문스러운 표정과 함께 써요. 참고로 Wh-의문문는 문장 뒤에 쓰는 것을 잊지 마세요.

Quiz 연습문제

1. 저 사람이 누군지 아세요?
2. 누가 운동을 잘하나요?

학습목표

[언제]를 배우면 언제 어디서나 활용할 수 있습니다.

Step

핵심어휘

🇰🇷	**언제**
🇬🇧	**when**
🇨🇳	**什么时候**

Step

응용문장 표현

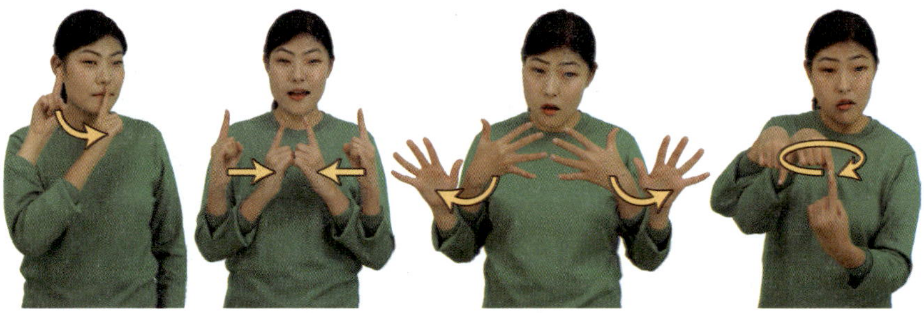

언제 농인을 만났어요?
When did you meet Deaf person?
什么时候见到聋人？

TIP+

또 다른 의미로 [시간][무엇]으로도 표현할 수 있어요.

Quiz 연습문제

1. 언제 쉴거예요?
2. 언제부터 국제수어를 배우셨나요?

Day 3

학습목표

의문문에는 의문을 나타내는 표정과 함께 표현할 수 있습니다.

Step

핵심어휘

무엇을

what

什么

Step

응용문장 표현

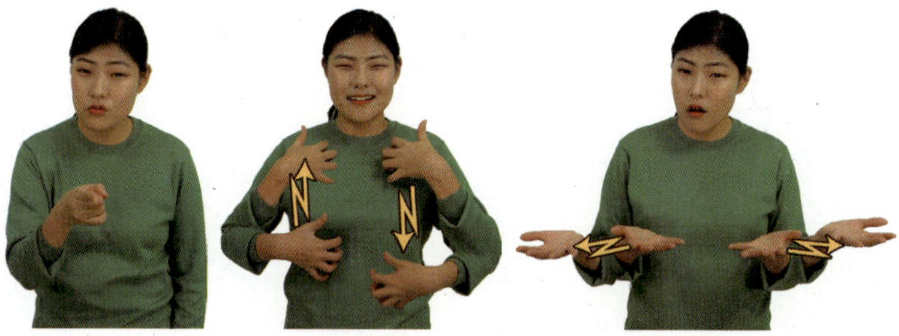

무엇에 관심이 있으세요?

What are you interested in?

你对什么感兴趣？

TIP+

의문사는 의문스러운 표정과 함께 써요. 참고로 Wh-의문문는 문장 뒤에 쓰는 것을 잊지 마세요.

Quiz 연습문제

1. 오늘 뭐해요?
2. 뭐 먹을래요?

Day 4

학습목표

"어디로 가시나요?"라고 물어볼 때 의문표정과 함께 표현해서 배울 수 있습니다.

Step 1

핵심어휘

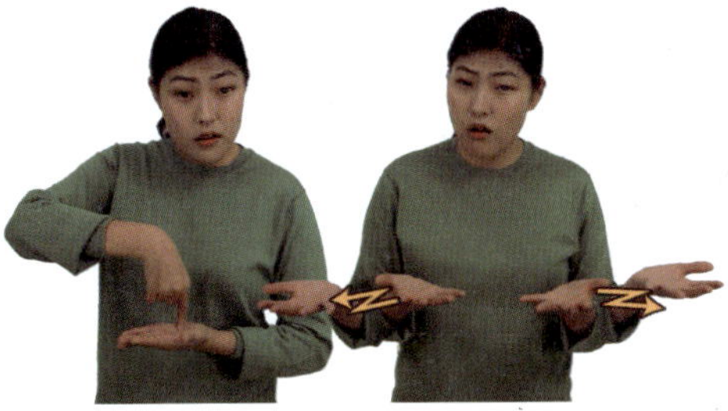

🇰🇷	**어디**
🇬🇧	**where / location**
🇨🇳	**在哪里 / 地方 / 位置**

Step 2

응용문장 표현

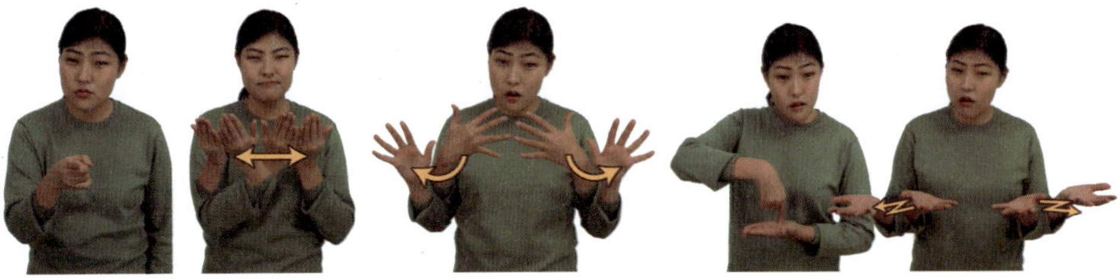

어디서 공부하셨어요?
Where did you study?
在哪里学习?

TIP+

[어디서] 수어는 [곳] [무엇]으로 표현해요.

Quiz 연습문제

1. 내일 어디서 만날래요?
2. 당신의 회사는 어디에 있어요?

Day 5

학습목표

[왜]는 의문표정과 함께 표현하며 3가지 의미가 있는데, 이번에 함께 배워봅시다.

Step

핵심어휘

왜, 이유, 때문

why / because

为什么 / 理由 / 因为

Step

응용문장 표현

농인과 대화하기 위해 수어를 배워요.
Let's learn sign language to talk to Deaf people.
学习手语为了和聋人对话。

TIP+

[왜] 수어는 3가지 형태가 있어요.

① [Y] 자형으로 머리 앞에 표현하고, ② [어떻게] 수어와 의미가 같아요.

③ [?] 모양처럼 표현할 수 있어요.

Quiz 연습문제

1. 무슨 이유로 오셨나요?
2. 왜 국제수어를 배우시나요?

학습목표

[어떻게] 수어를 의문표정과 함께 배워봅시다.

Step

핵심어휘

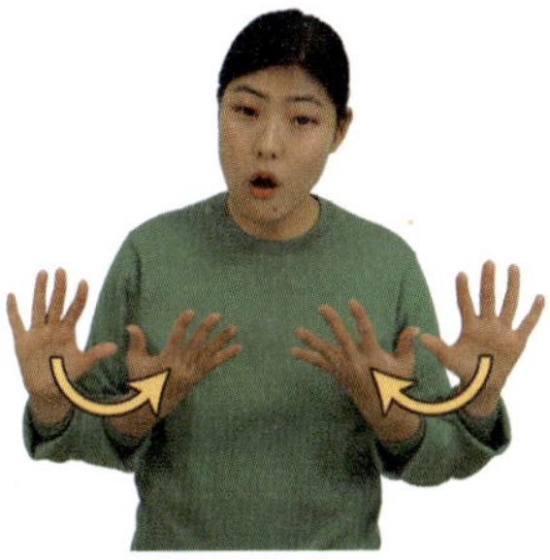

🇰🇷	**어떻게, 방법**
🇬🇧	**how**
🇨🇳	**怎么 / 方法**

Step

응용문장 표현

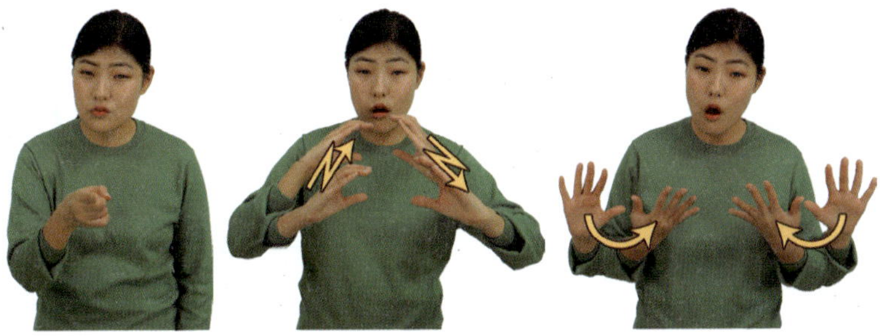

당신은 어떻게 소통해요?

How do you communicate?

你怎么沟通？

TIP+ 중요해요! ☆☆☆☆☆

[how]와 [or]의 표현 차이가 있어요. [how]의 표정은 눈썹을 올리고 [or]의 표정은 입모양과 함께 표현해요.

Quiz 연습문제

1. 어떻게 찾아오셨나요?
2. 어떻게 수어를 배우셨나요?

Day 7

학습목표

둘 중 하나를 선택할 때, [아니면]과 [하는지] 수어를 배우고 표현할 수 있습니다.

1 Step

핵심어휘

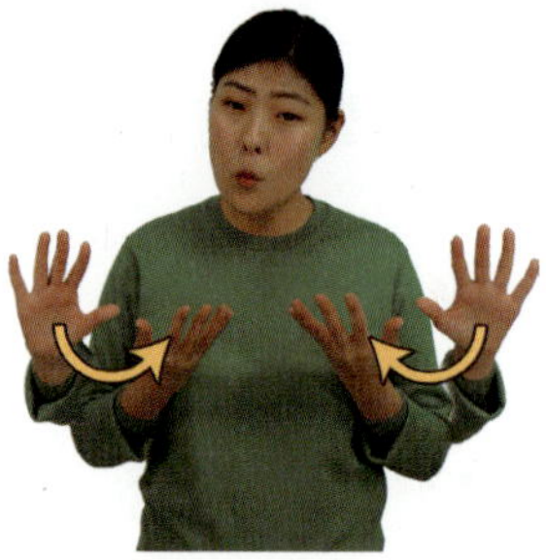

🇰🇷	**아니면, 하는지**
🇬🇧	**or**
🇨🇳	**或者**

2 Step

응용문장 표현

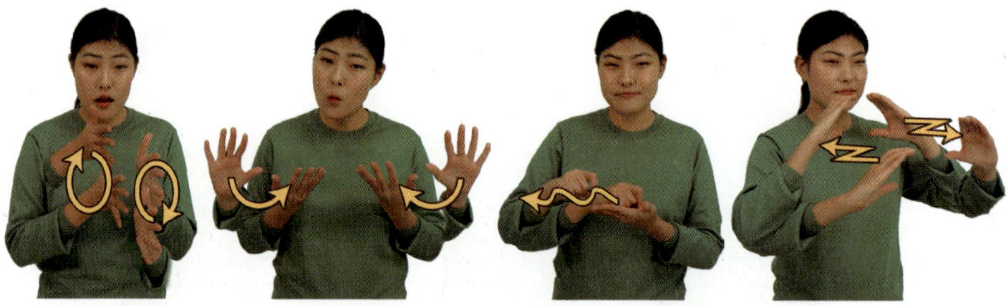

저는 수어 아니면 메모로 소통해요.

I communicate in sign language or via memo.

我除了手语以外，用笔记沟通。

TIP+

[or] 알파벳 지화로도 표현할 수 있어요.

부록 참고 : 알파벳

Quiz 연습문제

1. 한국수어와 국제수어 중 어떤 게 편해요?
2. 독서나 영상 보는 것 중 어떤 걸 좋아하시나요?

학습목표

"어느 쪽이 맛있나요?"라고 물어보고 싶을 때 이번에 배워 표현할 수 있습니다.

Step 1

핵심어휘

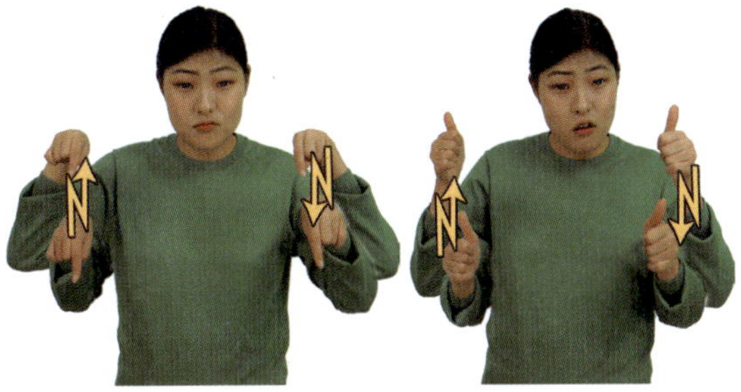

🇰🇷	어느쪽
🇬🇧	which
🇨🇳	哪边

Step 2

응용문장 표현

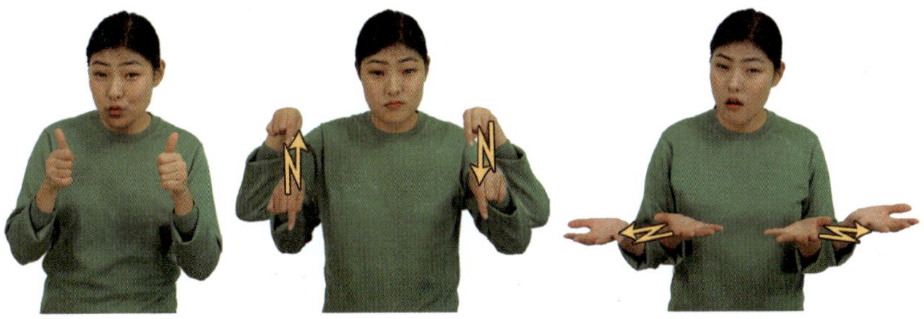

어느쪽을 선호해요?
Which do you prefer?
你偏好哪一方面？

TIP+

[어느 쪽] 수어를 표현할 때 양쪽 번갈아 표현해요.

Quiz 연습문제

1. 어느 쪽이 쉬우세요?
2. 저는 달리기와 걷기 중 어느쪽 원해요?

Day 9

학습목표

[네], [예] 를 표현할때 확실하게 표현하는 것이 왜 중요한지 배울 수 있습니다.

Step

핵심어휘

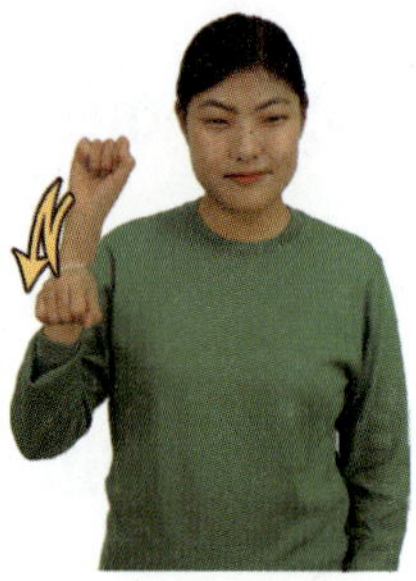

🇰🇷	**네, 예**
🇬🇧	**yes**
🇨🇳	**是**

Step

응용문장 표현

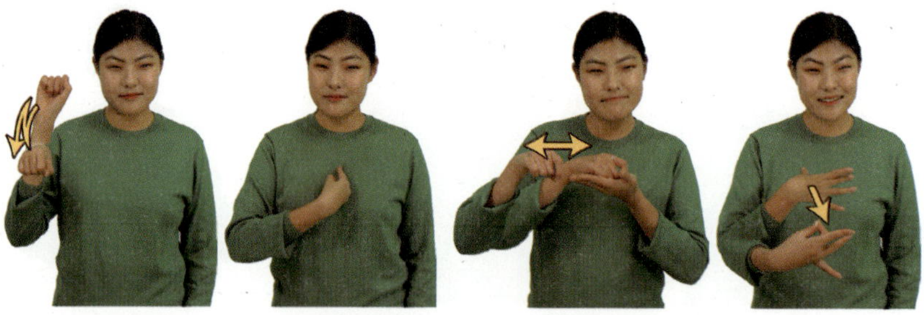

네 저는 메모를 선호해요.
Yes, I prefer using memos.
是的，我喜欢笔记。

TIP+

주먹으로 끄덕이거나 [Y] 자형으로 표현하며 고개를 끄덕이는 표현도 중요해요. [맞다]도 같이 쓸 수 있어요.

Quiz 연습문제

1. 네 저 사람이 맞아요.
2. 네 제 이름이 맞아요.

학습목표

[아니오], [않다] 라는 부정적인 표현할 때는 확실히 표현하는게 중요하니 함께 배워봅시다.

Step

핵심어휘

아니오, 않다

no

不

Step

응용문장 표현

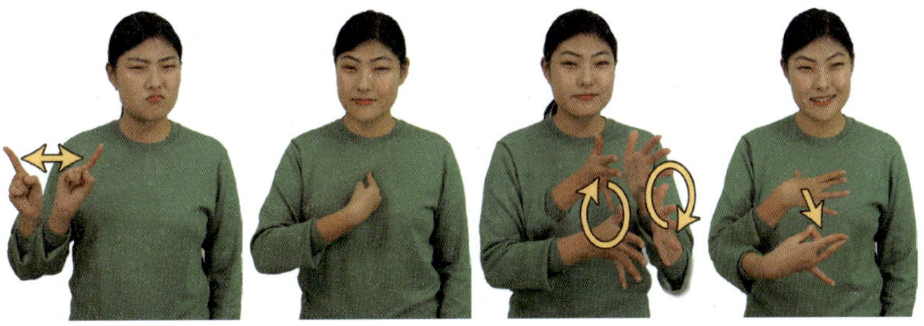

아니요. 저는 수어를 선호해요.

No. I prefer using sign language.

不是，我还没有学好手语。

TIP+

부정문을 표현할 때는 고개를 흔드는 모습과 함께 검지손가락으로 흔들어서 표현해요.

Quiz 연습문제

1. 아니오 제 이름이 아니예요.
2. 아니오 저는 아무것도 먹고 싶지 않아요.

Day 11

학습목표

무언가를 아직 경험을 못했을 때 어떻게 표현하는지 배울 수 있습니다.

Step 1

핵심어휘

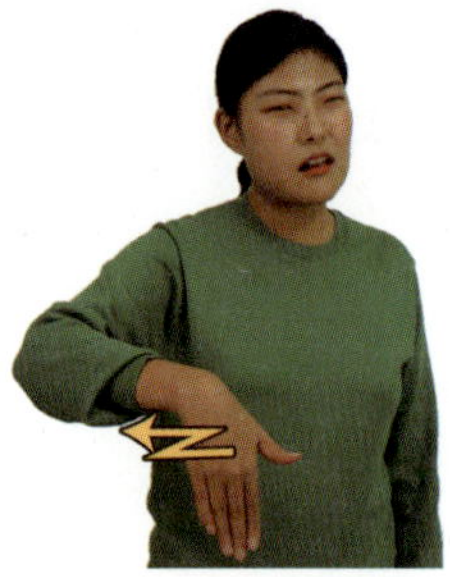

아직

yet

还

Step 2

응용문장 표현

저는 아직 수어를 제대로 배워본 적이 없어요.
I haven't formally learned sign language yet.
我还没有真正学过手语。

TIP+

참고로, [아직]과 [아직도] 수어와 다르다는 것을 꼭 기억해주세요.

참고 : 193페이지

Quiz 연습문제

1. 저는 아직 밥을 안먹었어요.
2. 저는 아직 농인 친구를 만나본 적이 없어요.

Day 12

학습목표

[별로] 라는 표현은 청임들도 자주 써서 쉽게 배울 수 있어요. 어떻게 표현하는지 배워봅시다.

Step

핵심어휘

🇰🇷	**별로, 보통**
🇬🇧	**not good / so so**
🇨🇳	**一般**

Step

응용문장 표현

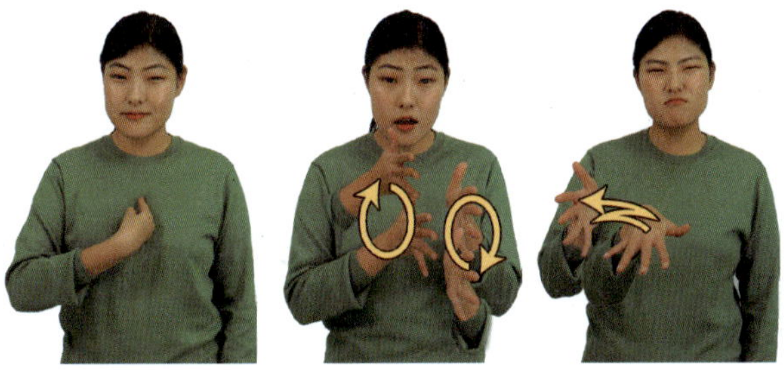

저는 수어를 잘 못 해요.
My sign language isn't very good.
我的手语不怎么样。

TIP+

느낌이 별로라는 표정과 함께 표현해요.

Quiz 연습문제

1. 음식이 별로 맛있지 않네요.
2. 어제 영화를 봤는데 정말 별로예요.

Day 13

학습목표

[만약]은 혹시 있을 지도 모르는 뜻 밖의 경우를 말하는데, 수어로 어떻게 표현하는지 배워봅시다.

Step

핵심어휘

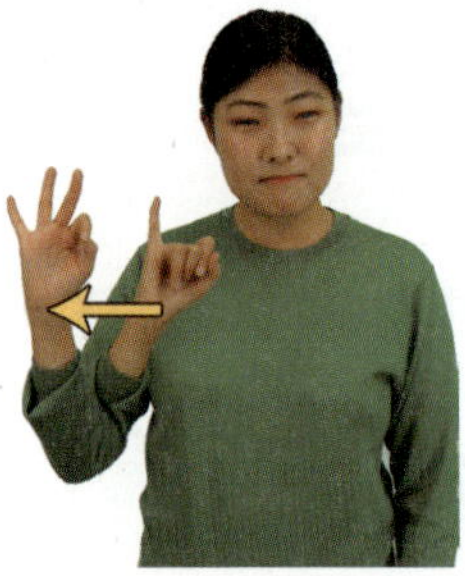

🇰🇷	**만약**
🇬🇧	**if**
🇨🇳	**如果**

Step

응용문장 표현

수어 공부를 열심히 하면 잘할 거예요.

If you study sign language hard, you will do well.

如果认真学习手语的话，一定会做好的。

TIP+

[만약]은 'if' 알파벳지화를 표현해요. 또한 [아마] 수어도 같이 쓸 수 있어요.

Quiz 연습문제

1. 만약 꿈이 있으면 행복할 거예요.
2. 만약에 농인을 만나고 싶다면, 수어를 배우는게 좋을 거예요.

Day 14

학습목표

“화장실이 정말 급해요.”라고 표현할 때 [급하다] 수어를 배우고 표현할 수 있습니다.

Step

핵심어휘

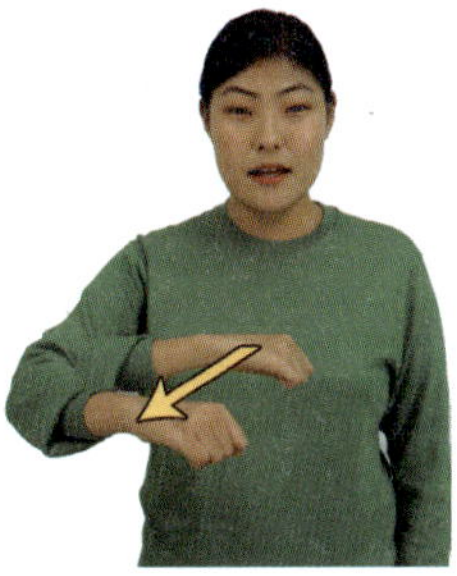

빠르다 / 급하다

fast / hurry

急 / 快 / 快

Step

응용문장 표현

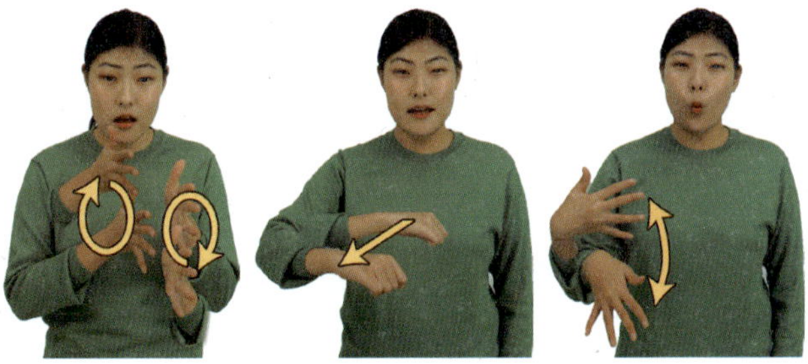

수어가 너무 빨라요.
Your sign language is too fast.
手语太快了。

TIP+

[빨리] 수어를 짧고 강하게 반복한 것은 매우 급하다는 표현이고 한번 표현하는 건 [빠르다]라는 의미예요.

Quiz 연습문제

1. 급하게 먹지 말고 천천히 드세요.
2. 오늘 아침에 회사가느라 급하게 달려갔어요.

Day 15

학습목표

수어를 천천히 해 달라고 요청할때 [천천히] 수어를 어떻게 하는지 배워봅시다.

Step

핵심어휘

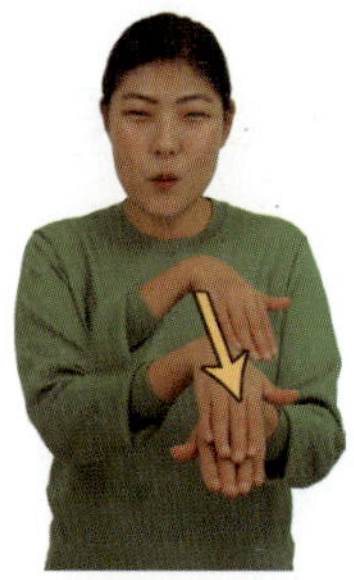

🇰🇷	**천천히**
🇬🇧	**slow / slowly**
🇨🇳	**慢慢 / 慢**

Step

응용문장 표현

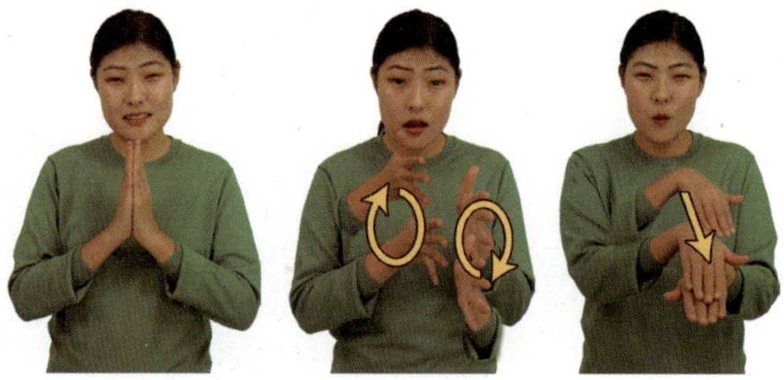

수어를 천천히 해주세요.
Please sign slowly.
请慢点手语。

TIP+

[천천히]는 천천히 움직이는 거북이처럼 한쪽 손등 위에 손바닥을 대며 천천히 움직여서 표현해요.

Quiz 연습문제

1. 운전을 천천히 해요.
2. 천천히 걸어가주세요.

Day 16

학습목표

[그러나] 수어를 배우면 문장 표현이 풍부해질거예요.

Step

핵심어휘

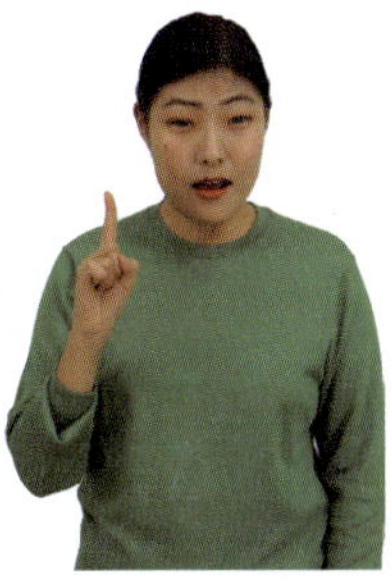

- 그러나, 하지만
- but
- 但是

Step

응용문장 표현

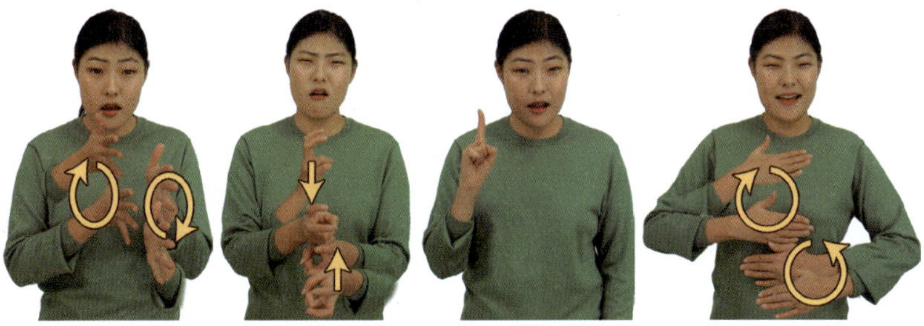

수어는 어렵지만 즐거워요.
Sign language is difficult, but fun!
虽然手语很难，但很开心。

TIP+

검지손가락을 멈추는 표현도 있으며 손바닥으로도 표현할 수 있어요.

Quiz 연습문제

1. 일은 힘들지만, 재미있어요.
2. 국제수어는 어렵지만, 열심히 배우고 싶어요.

Day 17

학습목표

하나가 아닌 두개를 함께 쓰는 [그리고], [또한], [과], [와]를 표현할 때 쓸 수 있어요. 함께 알아봅시다.

Step 1

핵심어휘

그리고, 또한, ~과, 와, 그 뿐만 아니라

and / not only

还有 / 还有 / ~和 / 不仅如此

Step 2

응용문장 표현

수어는 아름답고 멋져요.

Sign language is beautiful and amazing!

手语很美又帅。

TIP+

플러스 모습처럼 [+]를 표현하고 [+]를 반복할 경우 '긍정적이다'라는 뜻이에요.

Quiz 연습문제

1. 저는 춤과 노래를 좋아해요.
2. 한국수어와 국제수어를 잘하고 싶어요.

학습목표

[동시에]는 같은 시간에 한번에 일어날 때 쓰는 표현이죠. 함께 알아봅시다.

Step 1

핵심어휘

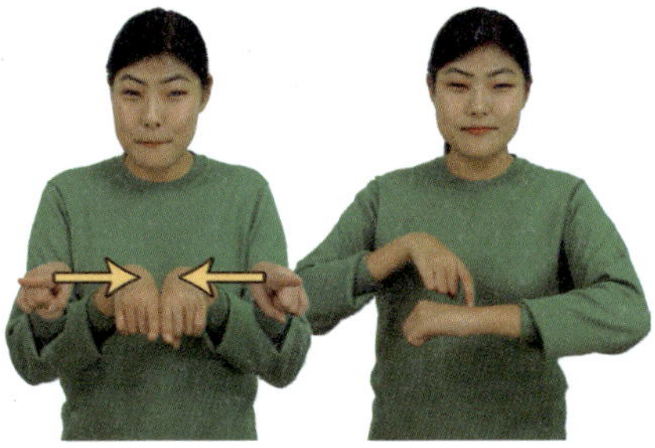

- 동시에, 그러면서
- at the same time
- 同时

Step 2

응용문장 표현

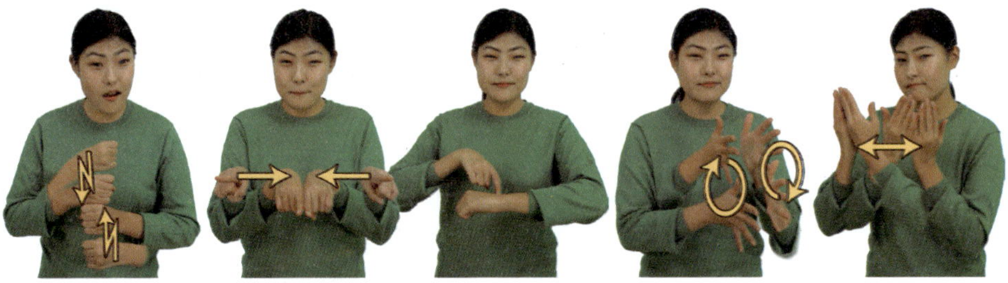

저는 일하면서 수어를 공부해요.
I study sign language while working.
我一边工作一边学习手语。

TIP+

[같다] [시간]으로 표현하면 '그러면서'라는 뜻이에요.

Quiz 연습문제

1. 저는 TV를 보면서 식사를 해요.
2. 농인과 대화하면서 한국수어를 배워요.

Day 19

학습목표

물건이 더 많다고 표현할 때는 [더욱/더]를 표현할 수 있습니다.

Step 1

핵심어휘

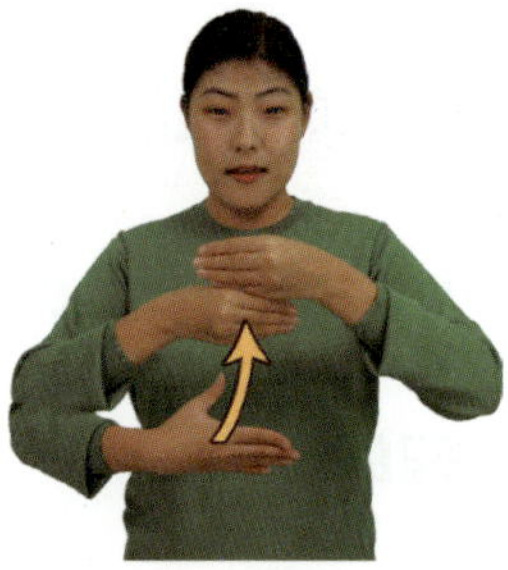

한국어	**더욱 / 더**
English	**more / add**
中文	**更**

Step 2

응용문장 표현

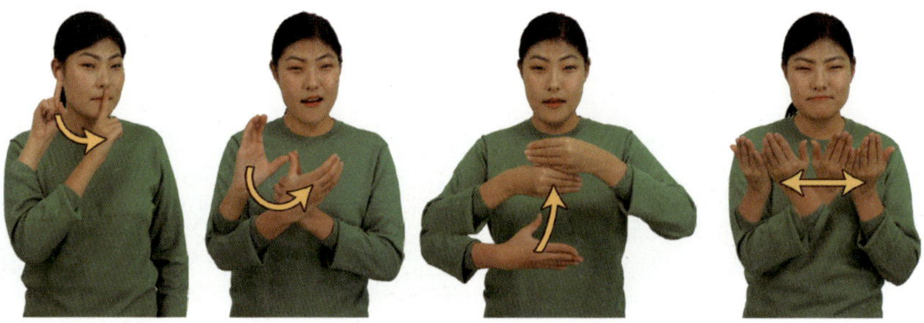

농문화에 대해 더 알고 싶어요.
I would like to know more about Deaf culture.
想学到更多其他国家的手语。

TIP+

[더욱] 수어를 반복적으로 할 때는 2배 3배로 표현할 수 있어요.

Quiz 연습문제

1. 저는 국제수어를 더 알고 싶어요.
2. 수어를 더 잘하고 싶다면, 농인을 더 만나 보는게 어때요?

Day 20

학습목표

혼자보다 함께 수어로 대화하면 더 빨리 배울 수 있어요. 지금 함께 배워봅시다.

Step 1

핵심어휘

🇰🇷	**함께**
🇬🇧	**together**
🇨🇳	**一块儿**

Step 2

응용문장 표현

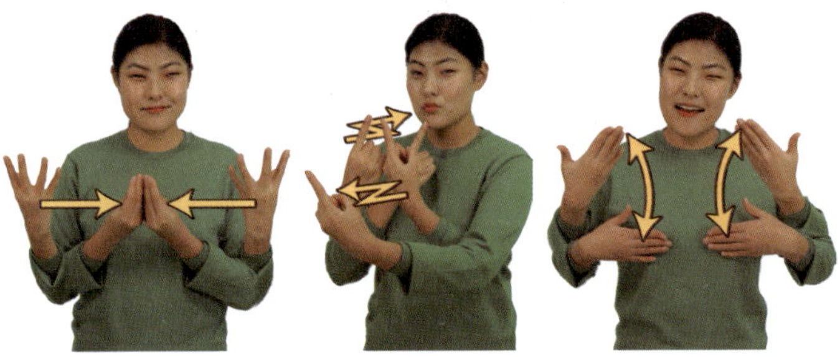

함께 대화할 수 있어 행복해요.
I am happy that we can chat together.
能够一起对话很幸福。

TIP+

두 사람이 함께한다고 할때는 [둘] 수어를 표현하고,
많은 사람과 함께한다고 할때 양손으로 모아 표현해요.

Quiz 연습문제

1. 함께 일해서 참 즐거워요.
2. 함께 배우면 빨리 배울 수 있어요.

수어를 법적인 공식 언어로 인정한 나라

Developed Countries have recognized a sign language as an official language.

수어는 단순히 손동작으로 의사표현하는 것이 아니라, 한국어, 영어, 독일어와 마찬가지로 자체적인 문법과 어휘를 지니고 있는 하나의 독립된 언어체계다. 그러므로 수어가 국어와 동등한 자격을 가진 농인의 고유한 언어로서 수어를 독립된 언어로 인정할 필요가 있다.

수어를 법적인 공식언어로 인정하고 법안이 통과되면, 농사회에서 오랜 염원을 이룬 가장 큰 기쁜 날이 된다. 대한민국은 2016년 2월 3일에 수어를 법적인 공식언어로 인정받았다. 그리고 수화라는 용어를 수어로 바꿨다. '수화'가 아닌 '수어'라고 표현한다.

일부 나라는 수어를 법적인 언어로 인정받지 못하고 있다. 국가적 차원에서 수화언어의 입법이 없다는 것은 농인의 기본권을 침해하는 것과 마찬가지다. 그 이유는 나라별로 법 규정이 다양하고 여러 조건과 이해관계가 있어 법안을 통과하기 쉽지 않기 때문이다. 대표적으로 미국수어(ASL)은 연구가 잘 되어있고 농인들이 많이 쓰고 있지만 미국에서 주 개수가 51개가 넘기 때문에 주 마다 법률이 있어 어렵기 때문이다.

2021년 현재 수어 법률을 달성한 나라는 총 66개국이다.

지식 플러스 +

Q. 현재 수어법률을 통과한 나라가 어디일까?

가장 먼저 수어를 법적으로 인정받은 나라는 파나마로 1992년에 인정받았다. 1995년에는 핀란드, 리투아니아에서 수어법률을 통과했다. 2016년부터는 대한민국, 크로아티아, 마셜제도, 파푸아뉴기니가 수어를 법적으로 인정받았다. 2020에는 코스타리카, 과테말라, 네덜란드, 파라과이, 우즈베키스탄 2021년에는 노르웨이, 불가리아, 칠레가 수어를 법적으로 인정을 받았다. 더 자세한 건 아래 QR코드를 찍어 볼 수 있다.

09 농인도 다양한 직업을 가질 수 있어요.
Deaf people can have a variety of jobs.
聋人也可以有多种职业

Day 1. 많은 사람들을 만났어요. / I met a lot of people. / 见到了很多人。

Day 2. 미래에 무슨 일을 할거예요? / What are you going to do in the future? / 将来要做什么？

Day 3. 저의 직업은 수어 강사예요. / My job is a sign language instructor. / 我的职业是手语讲师。

Day 4. 저 사람은 학생이에요. / That person is a student. / 我是学生。

Day 5. 저는 수어통역사가 될거예요. / I will be a sign language interpreter. / 成为手语翻译员。

Day 6. 제 상사가 일하고 있어요. / The boss is working. / 上司在工作。

Day 7. 제 남편은 의사예요. / My husband is a doctor. / 我丈夫是医生。

Day 8. 농인 배우도 있어요. / There are Deaf performers as well. / 有聋人戏剧家。

Day 9. 작가가 상상하며 메모를 쓰고 있어요. / The writer is writing a memo. / 作家正在写笔记。

Day 10. 저의 꿈은 변호사예요. / My dream is to be a lawyer. / 我的梦想是当一名律师。

Day 11. 군인은 멋져요. / The soldier is cool. / 军人很帅。

Day 12. 저는 경찰을 존경해요. / I respect the police. / 我尊敬警察。

Day 13. 지금 판사가 왔어요. / The judge is here. / 现在法官来了。

Day 14. 회장님은 어디서 오셨나요? / Where is the presiendt from? /

Day 15. 회장과 부회장이 함께 왔어요. / The presidnet and vice prsident came together. / 会长和副会长一起来了。

Day 16. 이사님은 누구예요? / Who is the board member? / 董事是谁？

Day 17. 비서가 컴퓨터로 일하고 있어요. / The assitnat is working on the computer. / 秘书在电脑有工作。

Day 18. 저의 누나는 사무국장이에요. / My sister is the secretary general. / 我的姐姐在事务所局长。

Day 19. 화가가 그림을 잘 그리네요. / The painter is good at painting. / 画家画得好。

Day 20. 모델이 아름다워요. / The model is beautiful. / 模特很漂亮。

Talking with Deaf teacher

궁금한 것이 있어요!

"농인도 다양한 직업을 가질 수 있어요"

수애: 선생님! 얼마 전 미국에서 온 농인 변호사가 하는 강연을 들었어요.

Teacher: 오 그랬구나 어땠니?

수애: 농인도 변호사가 될 수 있다는 게 놀라웠어요.

Teacher: 해외 농인들은 국회의원, 의사, 변호사, 배우, 모델 같은 다양한 직업을 가지고 있어.

수애: 정말요? 그들이 어떻게 다양한 직업을 가질 수 있나요?

Teacher: 수어 통역 지원을 잘해주기 때문이지

Day 1

학습목표

이번에는 "저 분은 누구인가요?"라는 의문 표현하는 방법을 배워봅시다.

Step

핵심어휘

사람, 사람들

person / people

人

Step

응용문장 표현

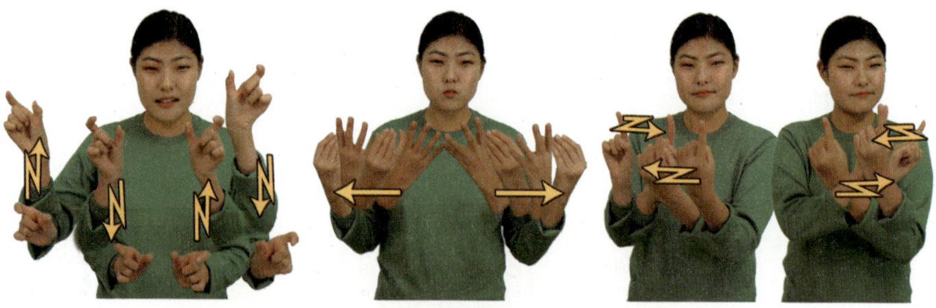

많은 사람들을 만났어요.
I met a lot of people.
见到了很多人。

TIP+

한 사람인 경우, 한 손을 표현하고, 사람들이 많을 경우 양 손을 동시에 표현해요.

Quiz 연습문제

1. 저 사람은 어떤 사람이에요?
2. 여기에 사람이 정말 많이 있네요.

Day 2

학습목표

사람은 사회 안에서 혼자 살아갈 수 없어요. 그러면 [사람] 수어를 어떻게 표현하는지 배울 수 있습니다.

Step

핵심어휘

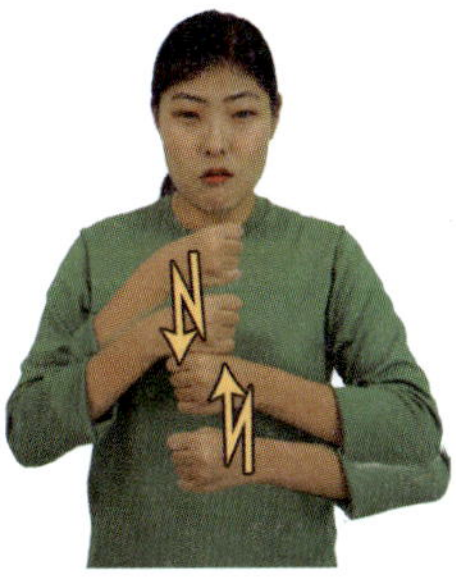

일, 근무, 직업, 회사, 취업

work / company

工作 / 职业 / 公司 / 就业

Step

응용문장 표현

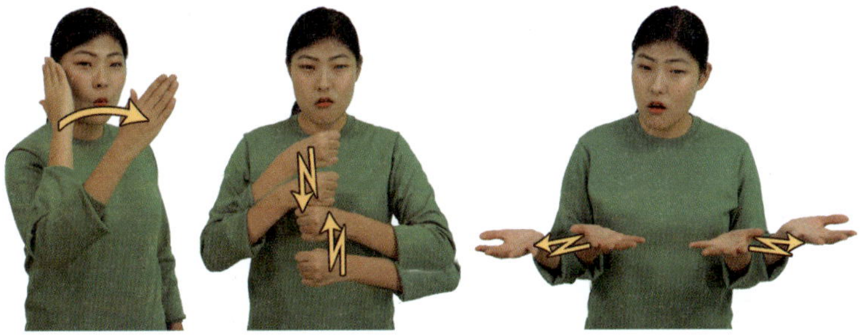

미래에 무슨 일을 할거예요?
What are you going to do in the future?
将来要做什么？

TIP+

[일]과 [만들다] 수어가 비슷해보이지만 동작 모양을 잘 보면 다른의미예요.

Quiz 연습문제

1. 내일 일하러 가요.
2. 어제 일을 끝낼 때 피곤했어요.

Day 3

학습목표

수어를 제대로 배우려면 농인 강사에게 배우는 것이 가장 좋아요. [선생님], [강사]를 함께 배워봅시다.

Step

핵심어휘

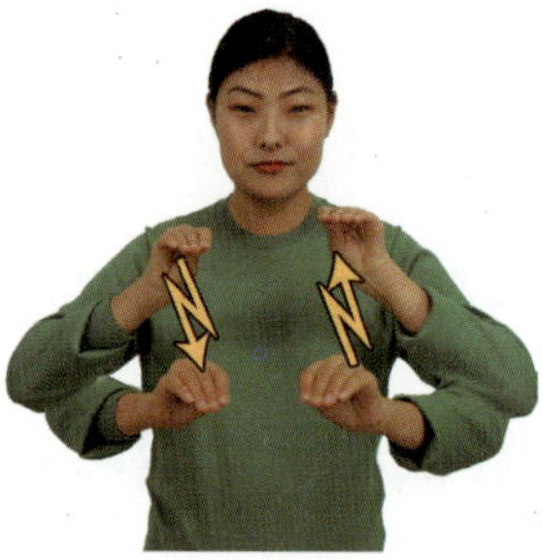

선생님, 강사

teacher

老师 / 讲师

Step

응용문장 표현

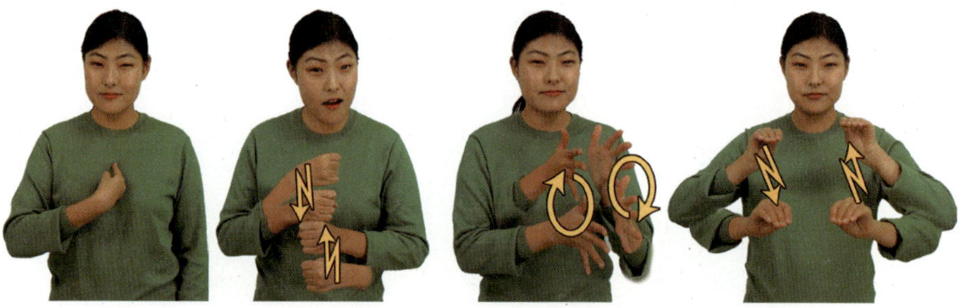

저의 직업은 수어 강사예요.

My job is a sign language instructor.

我的职业是手语讲师。

TIP+

[교수]의 경우는 [대학][강사]라고 표현할 수 있어요.

Quiz 연습문제

1. 저의 꿈은 선생님이에요.
2. 강사가 국제수어를 가르치고 있어요.

학습목표

"자신을 소개할때 저는 학생이예요."라고 표현 할때 [학생]을 어떻게 하는지 배울 수 있습니다.

Step

핵심어휘

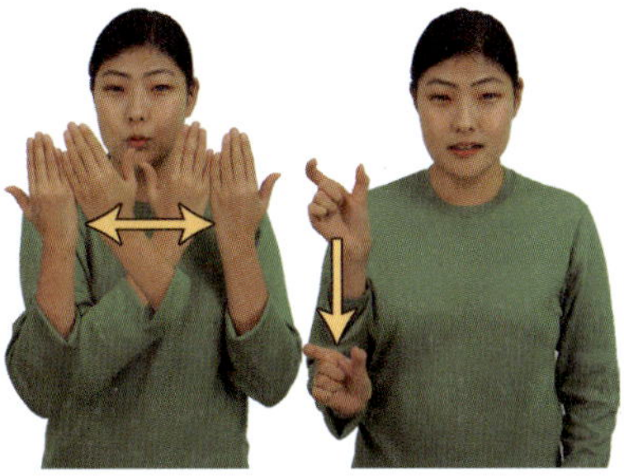

학생

student

学生

Step

응용문장 표현

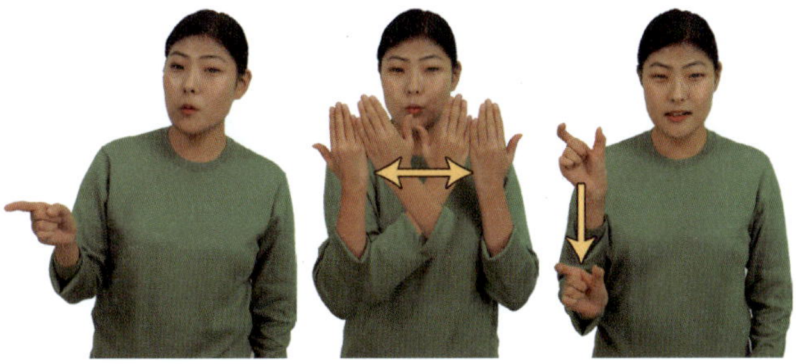

저 사람은 학생이에요.

That person is a student.

我是学生。

TIP+

[대학교] [사람] 수어를 표현하는 것은 [대학생]이라고 해요.

Quiz 연습문제

1. 학생들 모두 수어를 잘해요.
2. 제 학생들은 20명 정도예요.

Day 5

학습목표

"저는 수어통역사가 꿈이에요."라고 표현할 때, [수어통역사]를 어떻게 표현하는지 배울 수 있습니다.

Step

핵심어휘

수어통역사

sign language interpreter

手语翻译员

Step

응용문장 표현

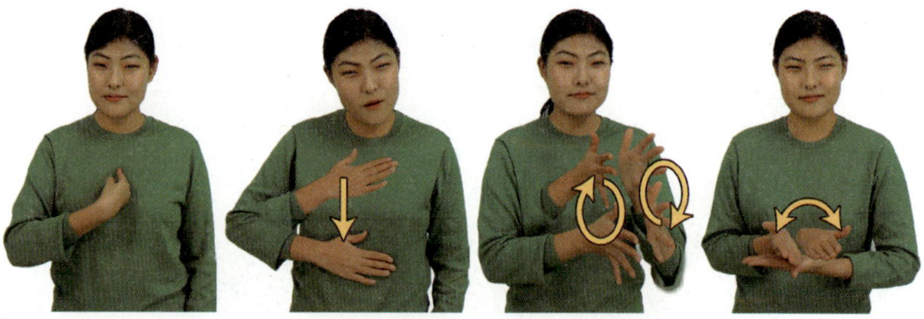

저는 수어통역사가 될거예요.

I will be a sign language interpreter.

成为手语翻译员。

TIP+

[수어] [통역] [사람] 수어를 표현하면 수어통역사라고 하고 자신의 직업을 소개할때는 [사람]을 제외하고 [수어] [통역]이라고 해요.

Quiz 연습문제

1. 제 딸이 수어통역사예요.
2. 지금 수어통역사를 만났어요.

학습목표

"상사 덕분에 모든 일이 해결되었어요."라고 표현하고 싶을 때 [상사] 수어를 배우고 표현할 수 있습니다.

Step 1

핵심어휘

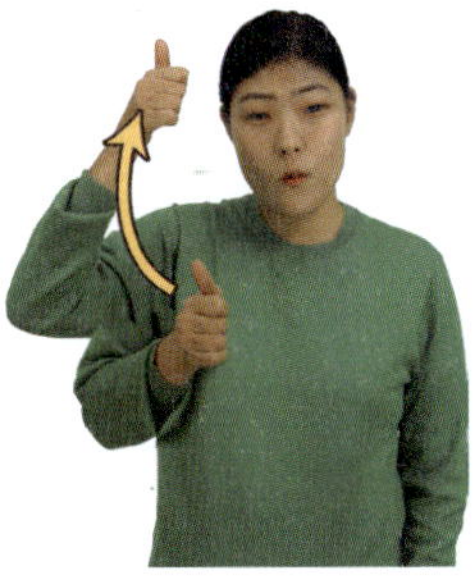

🇰🇷	**상사**
🇬🇧	**boss**
🇨🇳	**上司**

Step 2

응용문장 표현

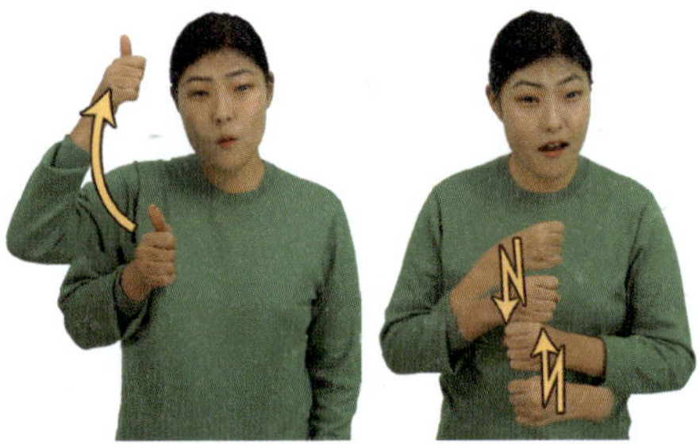

제 상사가 일하고 있어요.
My boss is working.
上司在工作。

TIP+

[상사]는 엄지손가락을 위로 올려요.

Quiz 연습문제

1. 회사에 가서 상사와 일했어요.
2. 지난주에 상사와 같이 밥먹었어요.

학습목표

"의사선생님과 약속이 있다." 문장 중에 [의사] 수어를 어떻게 표현하는지 함께 배워봅시다.

Step 1

핵심어휘

🇰🇷	**의사**
🇬🇧	**doctor**
🇨🇳	**医生**

Step 2

응용문장 표현

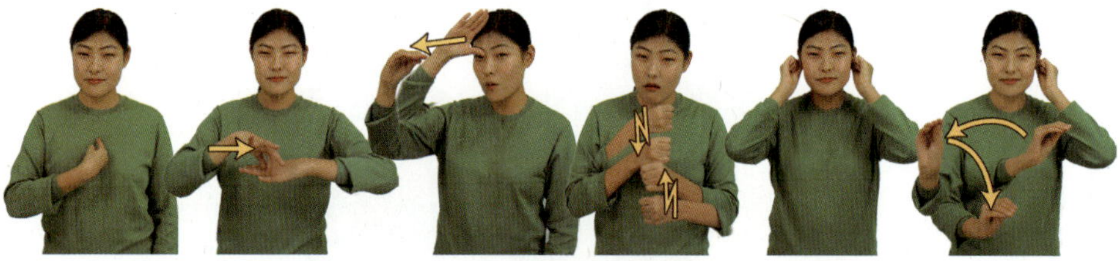

제 남편은 의사예요.

My husband is a doctor.

我丈夫是医生。

TIP+

[의사]는 청진기를 댄 것처럼 표현해요.

Quiz 연습문제

1. 내일 의사를 만날거예요.
2. 제 아들이 의사로 일하고 있어요.

Day 8

학습목표

농인 중에 연기자도 있는데 표정을 살릴 수 있는 장점을 살릴 수 있기 때문이죠.
[연기자] 수어는 어떻게 표현하는지 배울 수 있습니다.

Step

핵심어휘

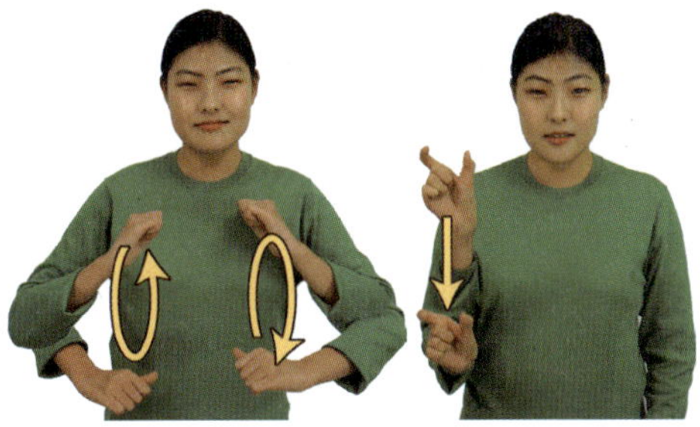

🇰🇷	**연극가, 연기자, 배우**
🇬🇧	**performer**
🇨🇳	**话剧家 / 演员**

Step

응용문장 표현

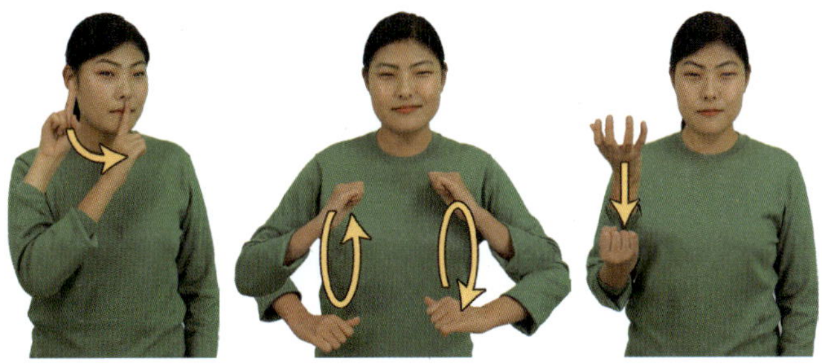

농인 배우도 있어요.

There are Deaf performers as well.

有聋人戏剧家。

TIP+

[배우]는 양손 엄지손가락으로 가슴 위를 톡톡치며 표현해요.

Quiz 연습문제

1. 농인 연기자가 연기를 참 잘해요.
2. TV에 연기자가 수어를 하고 있어요.

Day 9

학습목표

“저는 작가가 되는 것이 꿈이에요.”라고 표현할 때 [작가] 수어를 어떻게 표현하는지 알아봅시다.

Step

핵심어휘

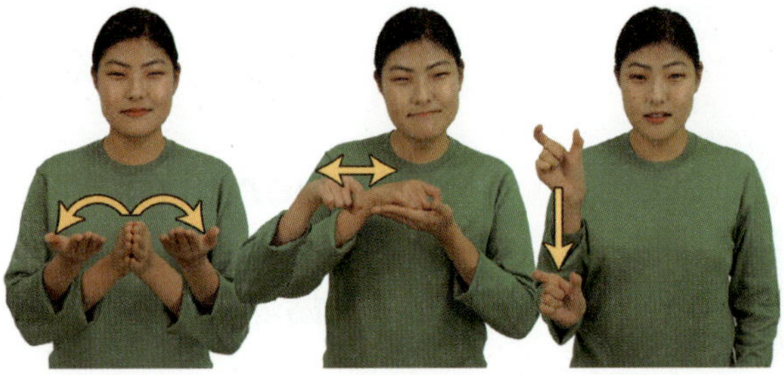

🇰🇷	**작가**
🇬🇧	**writer**
🇨🇳	**作家**

Step

응용문장 표현

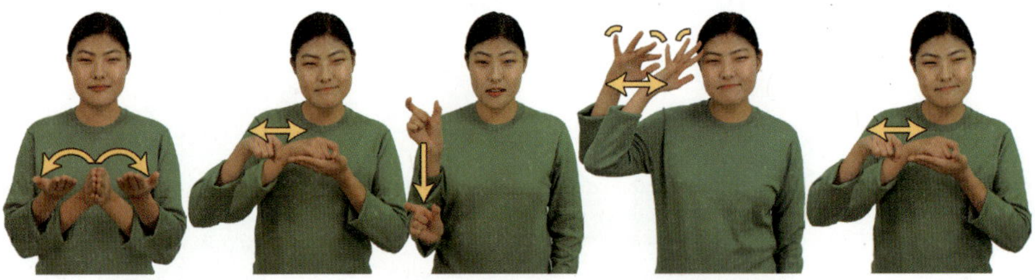

작가가 상상하며 메모를 쓰고 있어요.
The writer is writing a memo.
作家正在写笔记。

TIP +

작가는 [쓰다] [사람] 수어를 표현하고
자신의 직업을 소개할 때는 [책] [쓰다] 수어를 표현해요.

Quiz 연습문제

1. 작가가 되었다니 대단해요.
2. 한국에는 농인 작가가 많이 없어요.

Day 10

학습목표

미국이나 유럽은 농인에 대한 인식이 열려있어 농인 변호사도 있어요. 이번에는 [변호사] 수어를 어떻게 하는지 배울 수 있습니다.

Step

핵심어휘

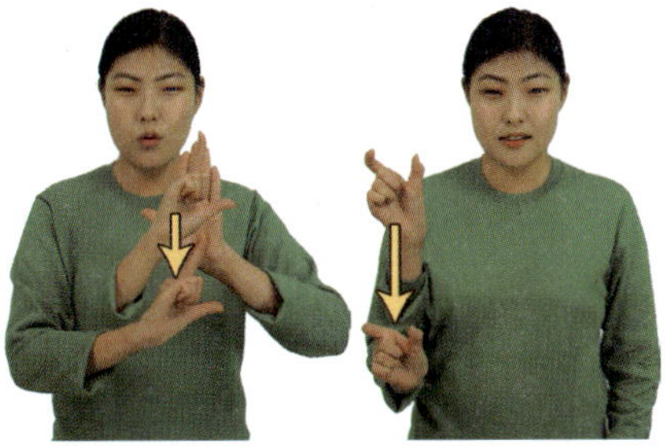

🇰🇷	**변호사**
🇬🇧	**lawyer**
🇨🇳	**律师**

Step

응용문장 표현

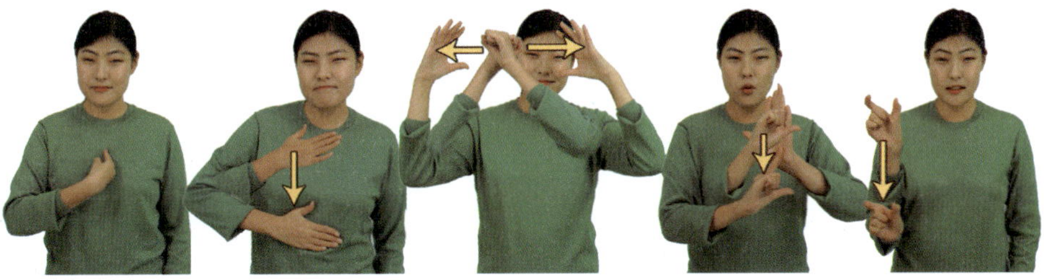

저의 꿈은 변호사예요.
My dream is to be a lawyer.
我的梦想是当一名律师。

TIP+

변호사는 [법] [사람]이라고 표현해요.

Quiz 연습문제

1. 변호사는 늘 바빠요.
2. 제 남편이 변호사예요.

학습목표

군인이 되려면 고된 훈련을 거쳐야 해요. [군인]을 어떻게 표현할 수 있는지 배워봅시다.

Step

핵심어휘

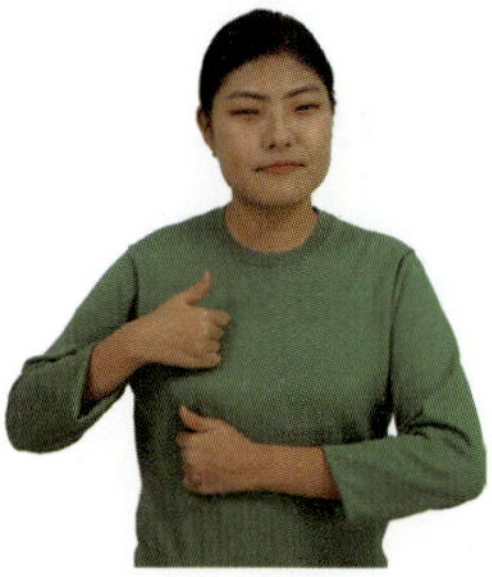

🇰🇷	**군인**
🇬🇧	**soldier**
🇨🇳	**军人**

Step

응용문장 표현

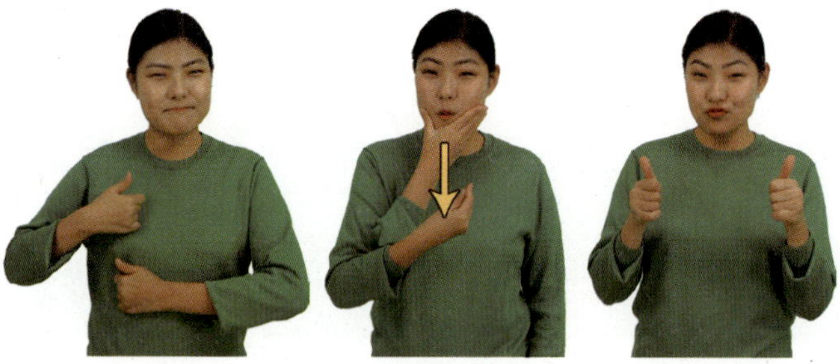

군인은 멋져요.
The soldier is cool.
军人很帅。

TIP+

군인은 총을 드는 모습을 떠올려보세요.

Quiz 연습문제

1. 제 아들이 군대갔어요.
2. 저는 군인을 존경해요.

학습목표

공공 질서를 유지하려면 경찰의 존재가 필요하겠죠? [경찰] 수어를 배워봅시다.

Step 1 핵심어휘

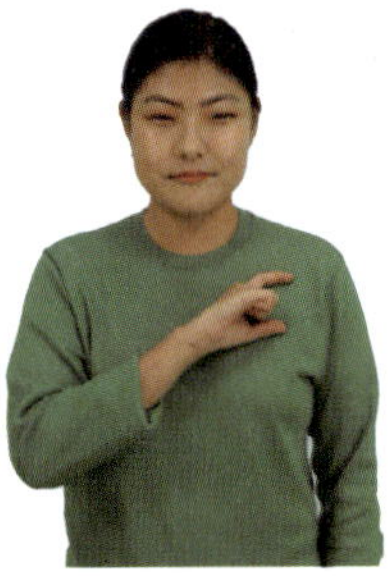

경찰

police

警察

Step 2 응용문장 표현

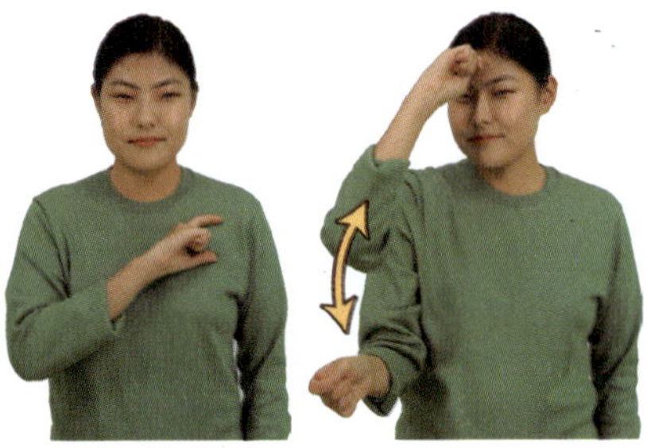

저는 경찰을 존경해요.
I respect the police.
我尊敬警察。

TIP+

[경찰] 수어는 이마 옆에 [B] 자형으로 비스듬히 대서 표현해요.

Quiz 연습문제

1. 경찰 일은 힘들어요.
2. 경찰이 와서 다행이에요.

Day 13

학습목표

판사하면 판사봉이 생각나죠. [판사]를 어떻게 표현하는지 배울 수 있습니다.

Step

핵심어휘

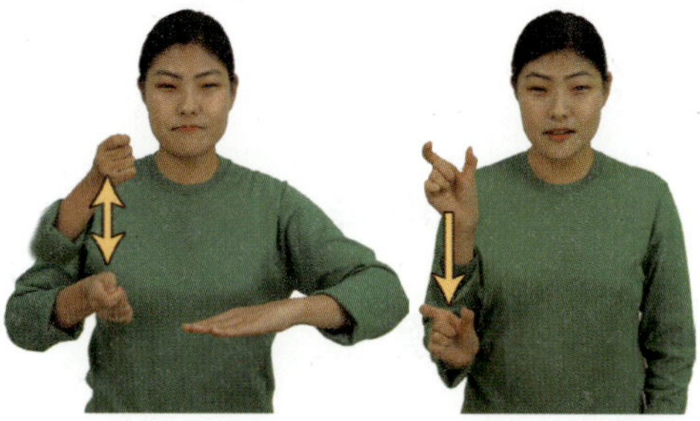

판사

judge

法官

Step

응용문장 표현

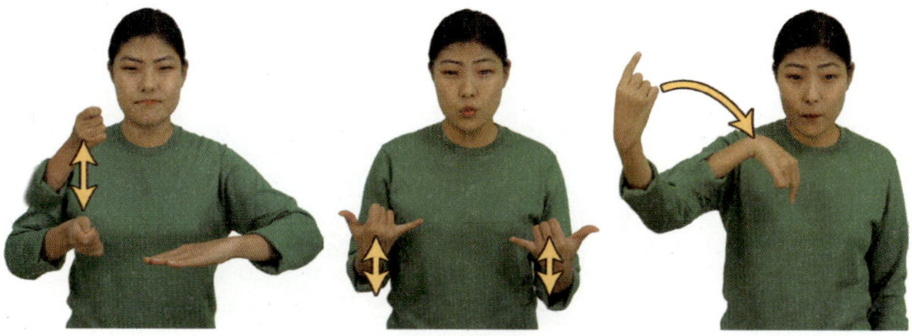

지금 판사가 왔어요.
The judge is here.
现在法官来了。

TIP+

법원에서 판사봉을 내리치는 모습처럼 표현해요.

Quiz 연습문제

1. 저는 판사가 되고 싶어요.
2. 판사는 쉬운 일이 아니예요.

학습목표

회장님은 중요한 직책이죠. [회장]을 어떻게 표현하는지 배울 수 있습니다.

Step 1

핵심어휘

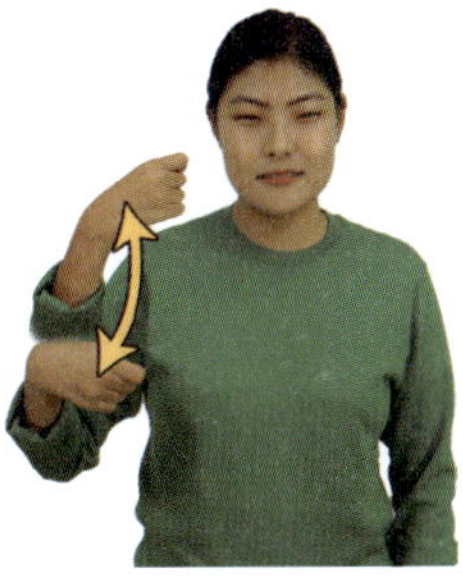

🇰🇷	**회장**
🇬🇧	**president / chairman**
🇨🇳	**会长**

Step 2

응용문장 표현

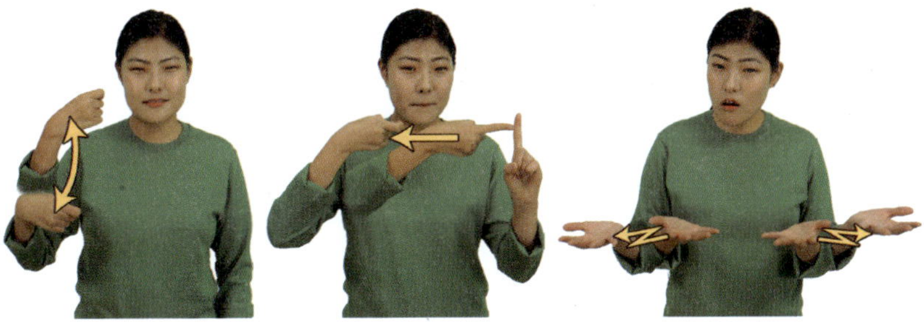

회장님은 어디서 오셨나요?

Where is the presiendt from?

TIP+

[회장]은 부채를 흔드는 모습처럼 표현해요.

Quiz 연습문제

1. 누가 회장이 됐나요?
2. 회장이 커피를 마시며 쉬고 있어요.

Day 15

학습목표

회장님 다음 직위인 [부회장] 수어를 알아봅시다.

Step

핵심어휘

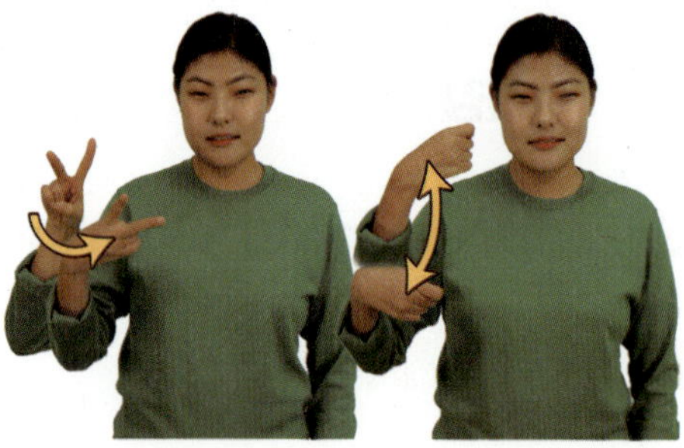

부회장

vice president / chairman

副会长

Step

응용문장 표현

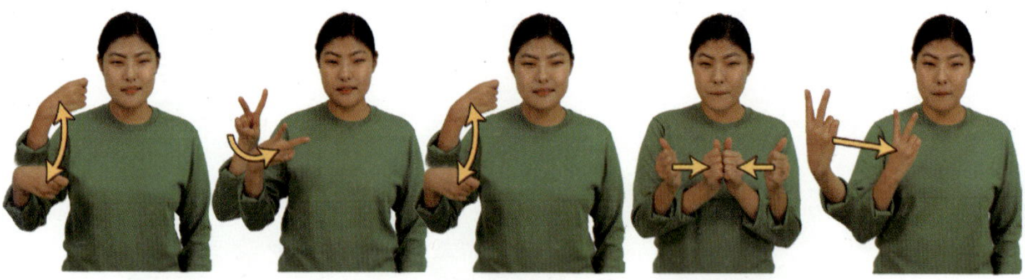

회장님과 부회장님이 함께 왔어요.
The presidnet and the vice prsident came together.
会长和副会长一起来了。

TIP+

Vice 는 [V]자형을 표현한 다음 [회장] 이라고 표현해요.

Quiz 연습문제

1. 부회장이 메모하고 있어요.
2. 작년에 부회장과 함께 일했어요.

Day 16

학습목표

단체의 중요한 일을 맡는 사람인 [임원], [이사]를 어떻게 표현하는지 함께 알아봅시다.

Step 1 핵심어휘

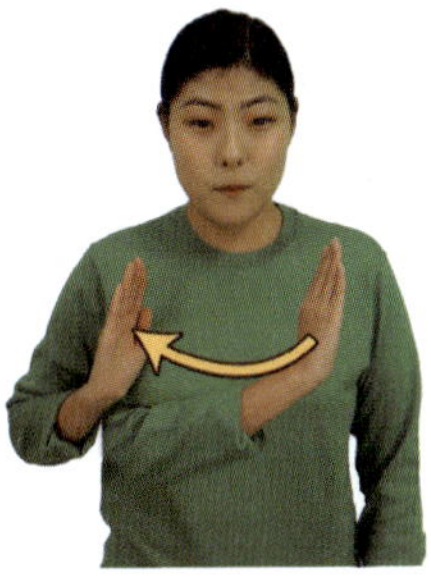

이사, 임원

executive / board member

董事 / 高级职员

Step 2 응용문장 표현

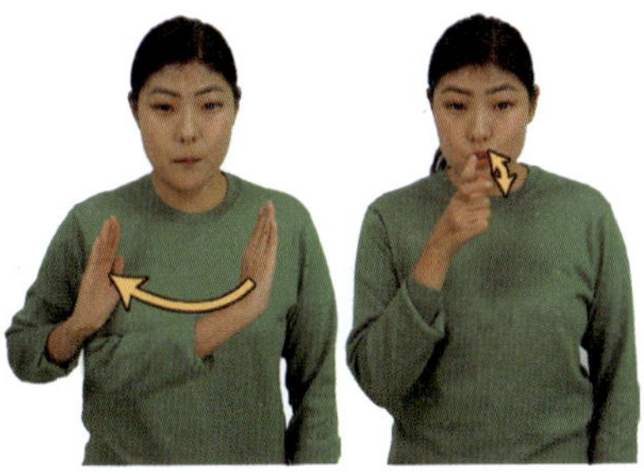

이사님은 누구예요?

Who is the board member?

董事是谁？

TIP+

이사, 임원은 영어로 'Board'라고 하는데 앞에 있는 [B]자형을 왼쪽에서 오른쪽으로 옮기는 모습으로 표현해요.

Quiz 연습문제

1. 이사는 6명이에요.
2. 이사가 누구인지 알고 있나요?

학습목표

회장 대신 업무나 스케줄을 대신 관리해주는 [비서]를 수어로 어떻게 표현하는지 배울 수 있습니다.

Step

핵심어휘

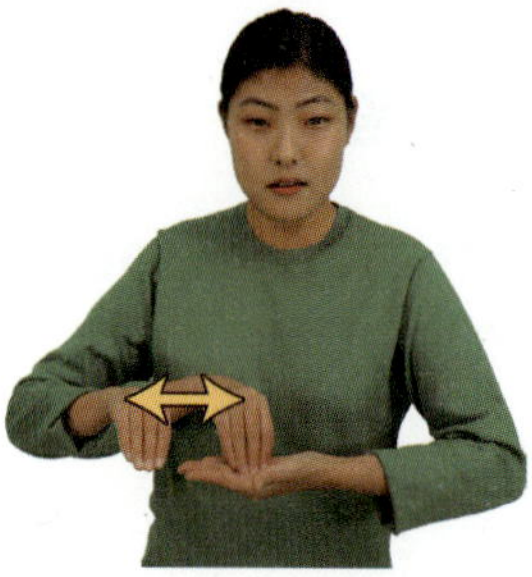

🇰🇷	**비서 / 서기**
🇬🇧	**secretury**
🇨🇳	**秘书**

Step

응용문장 표현

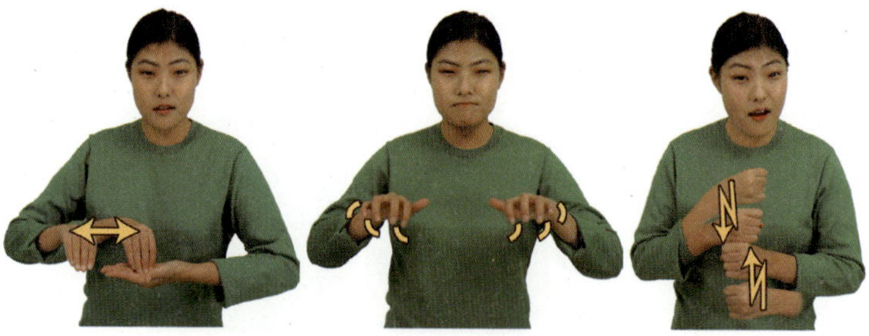

비서가 컴퓨터로 일하고 있어요.

The secretury is working on the computer.

秘书在电脑有工作。

TIP+

[비서]는 [V]자형을으로 표현해요.

Quiz 연습문제

1. 비서는 화장실에 갔어요.
2. 회장 옆에 비서가 일하고 있어요.

Day 18

학습목표

여러 사무일을 책임지고 총괄하는 [사무국장] 수어를 표현하고 대화할 수 있어요.

Step

핵심어휘

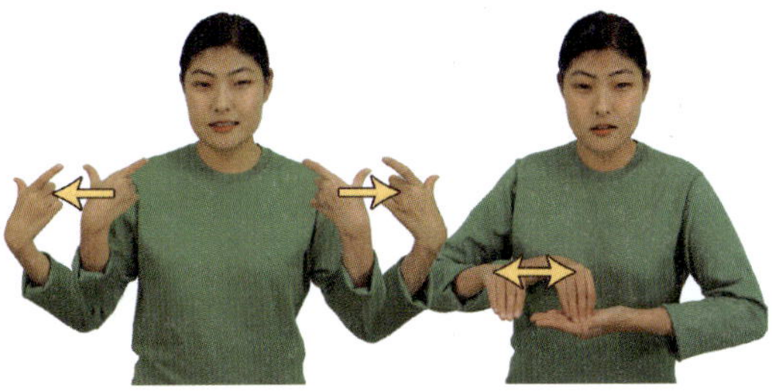

- 사무국장
- secretary general
- 事务局长

Step

응용문장 표현

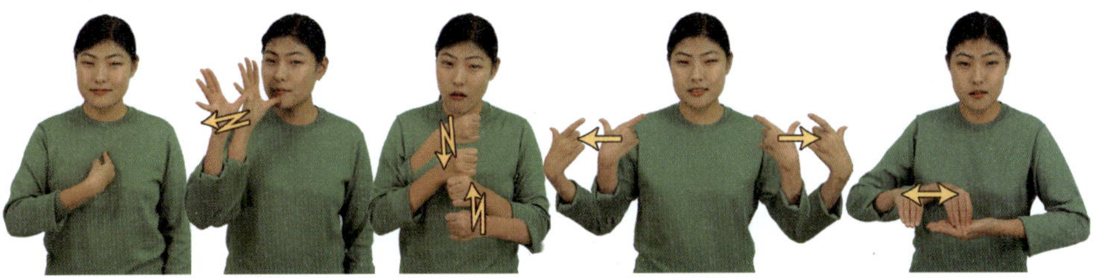

저의 누나는 사무국장이에요.
My sister is the secretary general.
我的姐姐在事务所局长。

TIP+

[같다] [시간]으로 표현하면 '그러면서'와 '동시에'라는 뜻이에요.

Quiz 연습문제

1. 사무국장은 많은 일로 너무 바빠요.
2. 제 동생은 사무국장이 되는 것이 꿈이에요.

Day 19

학습목표

1만원권 지폐 속 세종대왕을 그린 사람이 농인 화가 운보 김기창이었어요. [화가] 수어를 함께 배워봅시다.

Step

핵심어휘

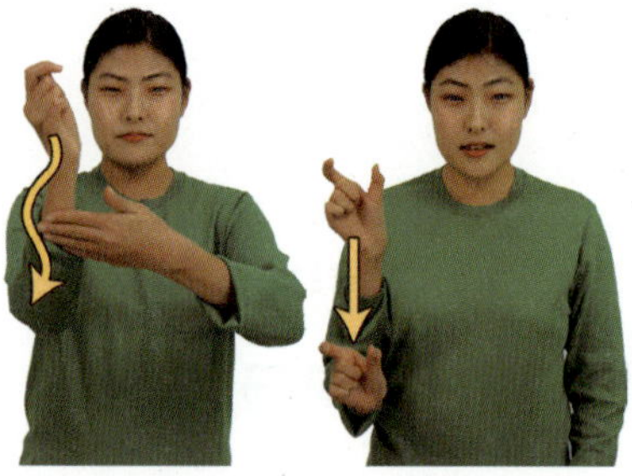

🇰🇷	**화가**
🇬🇧	**artist / painter**
🇨🇳	**画家**

Step

응용문장 표현

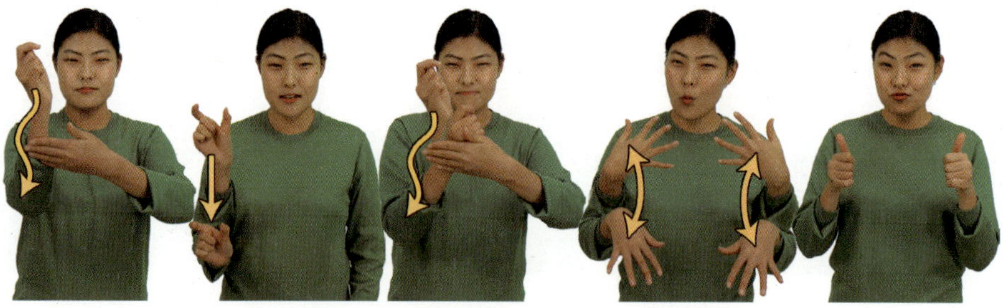

화가가 그림을 잘 그리네요.

The painter is good at painting.

画家画得好。

TIP+

예술가는 [예술] [사람]으로 표현해요.

Quiz 연습문제

1. 제 어머니는 화가예요.
2. 저 그림을 그린 화가가 누구예요?

학습목표

전 세계에 농인 모델이 활발하게 활동하고 있어요. [모델] 수어를 어떻게 표현하는지 배워봅시다.

Step

핵심어휘

모델

model

模特儿

Step

응용문장 표현

모델이 아름다워요.
The model is beautiful.
模特很漂亮。

TIP+

모델이 위킹 하는 모습을 떠올려보세요.

Quiz 연습문제

1. 제 친구는 모델로 활동하고 있어요
2. 농인 모델이 있다는 것을 알고 있나요?

농인도 군인이 될 수 있다 !

Deaf people can become soldiers!

ⓒ TED Keith Nolan

키이스 놀런(Keith Nolan)은 미국에서 태어난 농인이며 어린 시절에 군인이 되고 싶다는 꿈을 가졌다. 메릴랜드 농학교 시절, 군과 해군 역사에 빠져 기념비와 전쟁터를 방문하고 군대와 관련한 책을 폭넓게 읽을 정도였다. 학교를 졸업하자마자 군인이 되고자 입대하려 했지만 농인이라는 이유로 거절당했다. 그래서 군인이 되는 것을 포기하고 대학에 입학해 정치학 학사 학위를 취득하고 2010년에는 농교육 석사 학위를 취득해 농학교 교사로 재직했다.

그해 봄, 그가 학교에서 멕시코와 미국 전쟁에 대해 가르치고 있었을 때 한 농학생이 군인이 되어 입대하고 싶다고 말했다. 그러자, 놀런은 "아니, 넌 못 들으니 군인이 될 수 없어."라고 말했다. 하지만, 그는 이 말을 곧 후회하게 되었고 다시 꿈을 이루고자 마음을 먹었다.

마침 친구를 통해 이스라엘 국방군이 농인을 받아들인다는 것을 알게 되어 교사를 그만두고 이스라엘에 직접 가서 그들을 인터뷰하고 기록했다. 이때 〈Deaf in the Military〉라는 논문을 썼으며 제 2차 세계대전 포함 미국 역사상 농인들이 어떻게 군 복무를 해왔는지에 대해 연구했다. 그는 이 자료를 토대로 군대 규정을 바꾸기 위해 끊임없이 노력했다. 또 이를 증명하고자, 어떠한 특별대우도 없이 동료들과 동등한 훈련을 받았고 이 과정에 임무에 여러번 성공하기도 했다.

현재 그는 ROTC 생도로서 군 복무의 임무를 맡고 있으며 대중의 인식을 높이기 위해 TED 등 강연에 나가 군인이 된 과정을 연설하는 활동을 하고 있다.

지식 플러스 +

**Q. 와! 키이스 놀런의 멋진 이야기 잘 들었습니다.
그렇다면 농인이 군 복무에 참여한 다른 사례가 있을까요?**

멕시코주였던 텍사스가 독립하기 위해 전쟁을 벌였을 때 농인이었던 군인이 전쟁에 참여해서 중요한 역할을 했어요. 그리고 2차 세계대전에도 참가했던 기록도 있어요. 현재 이스라엘 국방군도 농인을 대상으로 훈련하고 있는데 예상 외로 뛰어난 실력을 발휘하고 있죠. 미국 농 군인인 키이스 놀런의 노력으로 미국 캘리포니아 공군 시범 프로그램을 만들어 농인도 군복무에 참여할 수 있는 기회를 얻을 수 있었어요. 이 프로그램은 농인에게 군부대 안의 가장 잘 맞는 직업을 배치받을 수 있도록 도움이 되고있어요.

10 내일 수어통역 예약이 확정되었어요.
The reservation for the sign language interpretation has been confirmed tomorrow.
明天确定预约手语翻译了

Day 1. 오랜만이에요. / Long time no see. / 好久不见了。

Day 2. 시간이 빠르네요. / Time flies by fast. / 时间过得真快。

Day 3. 오늘 계획이 있나요? / Do you have any plans for today? / 今天有计划吗？

Day 4. 네 회의가 있어요. / Yes, I have your meeting. / 是的，有会议。

Day 5. 회의시간이 몇시예요? / What time is the meeting? / 会议时间是几点？

Day 6. 이메일 확인해볼게요. / I'll check my email. / 确认一下电子邮件。

Day 7. 스케줄에 3시라고 나와있어요. / It says 3:00 on the schedule. / 日程表上显示为3点。

Day 8. 2시 30분으로 앞당겨주세요. / Please go ahead to 2:30. / 2点30分 请提前到

Day 9. 수어통역사와 연락이 되었어요. / I got in touch with the sign language interpreter. / 提前跟手语翻译员联系。

Day 10. 잠시만 기다려주세요. / Please wait a moment. / 请稍等

Day 11. 회의실에서 모여요. / Let's gather in the conference room. / 在会议室集合。

Day 12. 참석한 사람이 누구예요? / Who was in attendance? / 参加的人是谁？

Day 13. 부장님이 기다리고 계세요. / The boss is waiting. / 等上司。

Day 14. 늦어서 죄송해요. / Sorry for being late. / 不好意思迟到了。

Day 15. 시간이 많이 걸려서 죄송합니다. / I am sorry time took so long. / 可能需要一些时间。

Day 16. 회의 시간을 미루었어요. / The meeting time has been postponed. / 开会时间推迟。

Day 17. 회의가 취소되었어요. / The meeting was canceled. / 会议被取消了。

Day 18. 다음 시간으로 변경할게요. / I'll change it to the next time. / 时间变更为。

Day 19. 회의가 끝났어요. / The meeting is over. / 会议结束了。

Day 20. 이제 한가해요. / I'm free now. / 现在有空了。

Talking with Deaf teacher

궁금한 것이 있어요!

"내일 수어통역 예약이 확정되었어요"

수호: 선생님~ 농인 친구가 갑자기 저한테 통역을 부탁했는데, 영 자신이 없어요. 어떡하죠?

Teacher: 전국 지역별로 수어통역센터가 있으니 예약해보는게 어때?

수호: 우와! 그런 방법이 있군요! 꿀팁 감사해요.

Teacher: 농인이 직접 예약할 때는, 문자나 영통으로 가능해.

수호: 그럼, 친구에게 전달할게요.

Teacher: 그래 너도 수어 열심히 배워서 직접 통역을 할 수 있는 날이 오길 바라.

Day 1

학습목표

"오랜만이에요!"라고 안부를 전할 때 어떻게 표현하는지 함께 알아봅시다.

Step 1

핵심어휘

오래, 길다

long

好久

Step 2

응용문장 표현

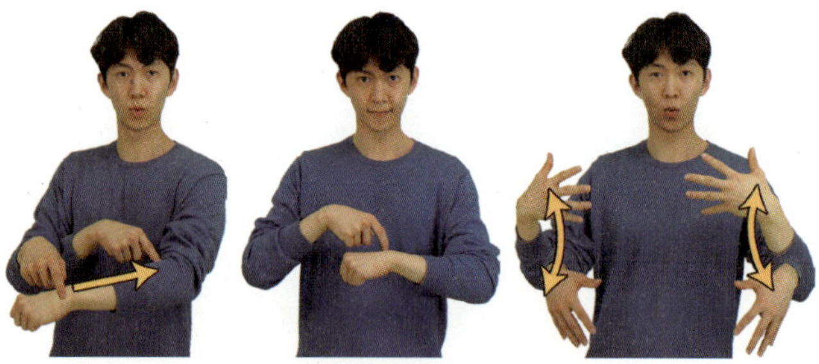

오랜만이에요.
Long time no see.
好久不见了。

TIP+

'시간이 길다' 문장 중에 [길다] 수어는 [오래] 수어와 같아요.

Quiz 연습문제

1. 저는 서울에 산지 오래됐어요.
2. 저는 아버지를 오랫동안 보지 못했어요.

Day 2

학습목표

"시간이 쏜살같이 빠르네요?"라고 표현할 때 [빠르다] 수어를 어떻게 표현하는지 배울 수 있습니다.

Step

핵심어휘

🇰🇷	**빠르다**
🇬🇧	**fast**
🇨🇳	**快**

Step

응용문장 표현

시간이 빠르네요.
Time goes so fast.
时间过得真快。

TIP+

[빨리]와 [급하다] 수어는 한번 움직이고, [빠르다] 수어는 반복해요.

Quiz 연습문제

1. 달리기가 정말 빠르네요!
2. 어머니께서 요리를 정말 빠르게 잘해요.

Day 3

학습목표

"혹시 내일 약속이 있어요?"라고 물어볼 때 [약속], [계획]을 배우면 자연스럽게 표현할 수 있습니다.

Step

핵심어휘

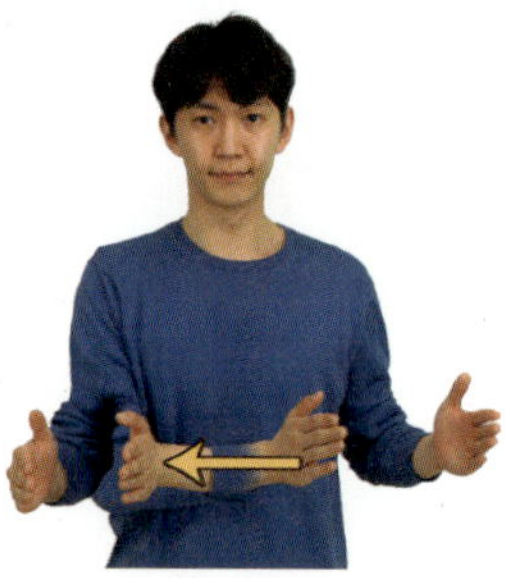

🇰🇷	**약속, 계획**
🇬🇧	**plan**
🇨🇳	**约定 / 计划**

Step

응용문장 표현

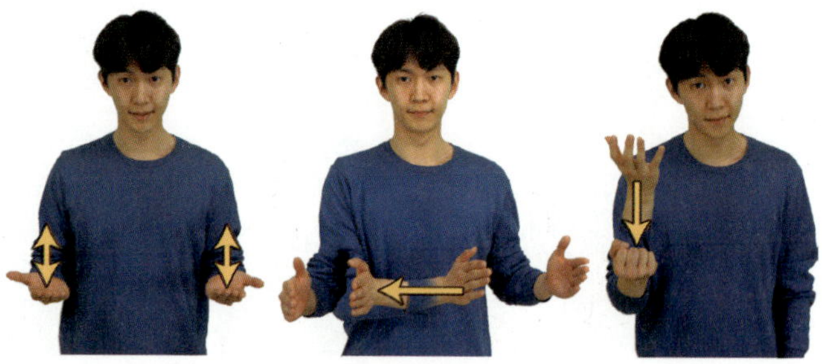

오늘 계획이 있나요?
Do you have any plans for today?
今天有计划吗？

TIP+

[약속]과 [계획] 수어는 같으나 문장에 따라 달라요. 참고로 반복적으로 표현하면 준비라는 의미예요.

Quiz 연습문제

1. 오늘 친구와 약속이 있어요.
2. 내일 저녁에 가족과 식사 약속이 있어요.

학습목표

"오늘 회의가 있어요."라고 표현하고 싶을 때 [회의]를 어떻게 표현하는지 배울 수 있습니다.

Step 핵심어휘

회의

meeting

会议

Step 응용문장 표현

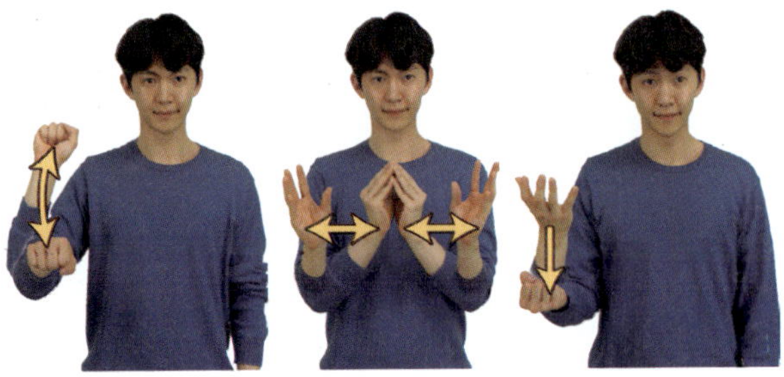

네, 회의가 있어요.
Yes, I have the meeting.
是的，有会议。

TIP+

[회의]는 사람이 모여서 의논하는 모습처럼 표현해요.

Quiz 연습문제

1. 몇시에 회의가 있나요?
2. 내일 회의 계획이 있어요.

학습목표

지금 몇시인지 물어보고 싶을 때 이번에 [시간]을 배우면 유용합니다.

Step

핵심어휘

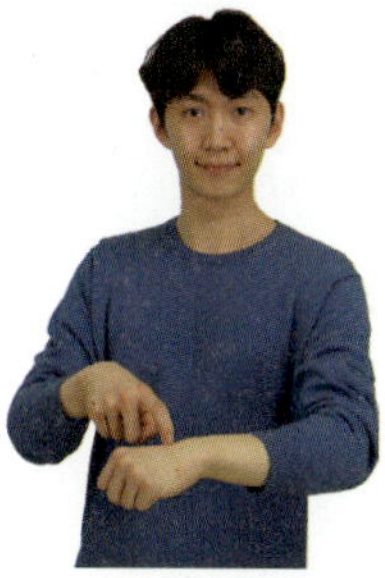

시간

time

时间

Step

응용문장 표현

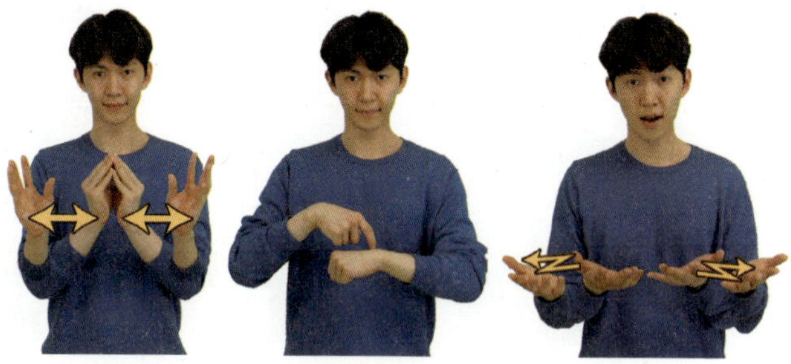

회의시간이 몇시예요?

What time is the meeting?

会议时间是几点？

TIP+

시간이 있다고 할 경우엔 [시간] [있다] 라고 표현하고, 몇 시인지 물어볼 때는 [시간] [무엇]라고 표현해요.

Quiz 연습문제

1. 지금 시간이 있나요?
2. 어머니는 몇시에 오시나요?

학습목표

"문서를 확인하겠다."고 할 때 손바닥에 'V' 방향의 체크로 하니, [확인하다]는 배우기 쉬우니 한번 배워봅시다.

Step 1

핵심어휘

🇰🇷	**확인하다**
🇬🇧	**check**
🇨🇳	**确认**

Step 2

응용문장 표현

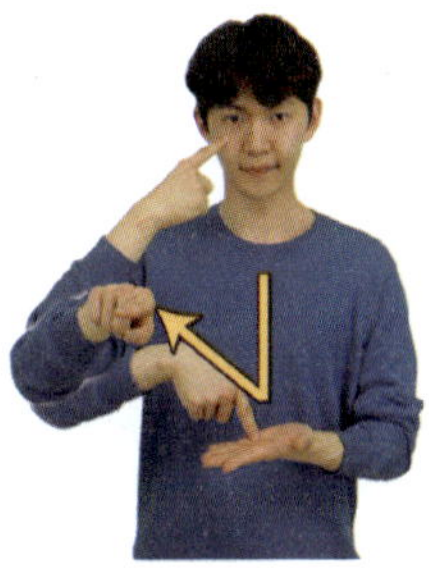

이메일 확인해볼게요.
I'll check my email.
确认一下电子邮件。

TIP+

[확인하다]는 체크 표시처럼 표현해요.

Quiz 연습문제

1. 아직 확인 안했어요.
2. 오늘의 스케줄을 확인했어요.

Day 7

학습목표

"혹시 스케줄이 있나요?"라고 물어볼 때 [스케줄]을 어떻게 표현하는지 배울 수 있습니다.

Step

핵심어휘

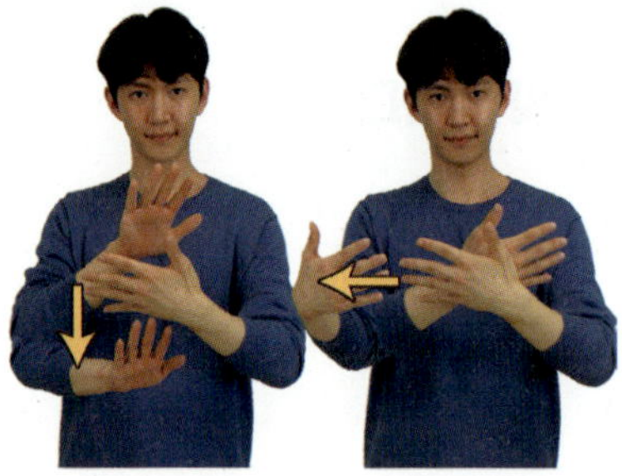

🇰🇷	**스케줄, 일정**
🇬🇧	**schedule**
🇨🇳	**日程表**

Step

응용문장 표현

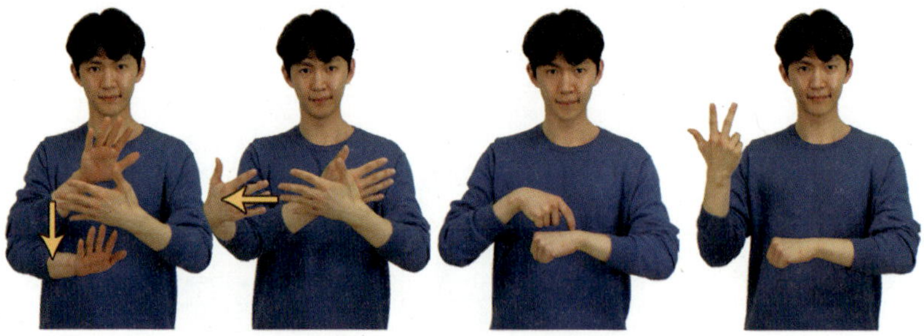

스케줄에 3시라고 나와있어요.

It says 3:00 on the schedule.

日程表上显示为3点。

TIP+

[스케줄]은 일정표 모습처럼 표현해요. [스케줄]은 [언어]라는 뜻과 동작이 같지만, 문맥에 따라 뜻이 달라요.

Quiz 연습문제

1. 스케줄이 꽉 차서 바빠요.
2. 오늘 스케줄 어떻게 되나요?

학습목표

스케줄이 취소되어 시간을 앞당길 수 있다고 표현할 때 수어를 배우고 자연스럽게 표현할 수 있습니다.

Step

핵심어휘

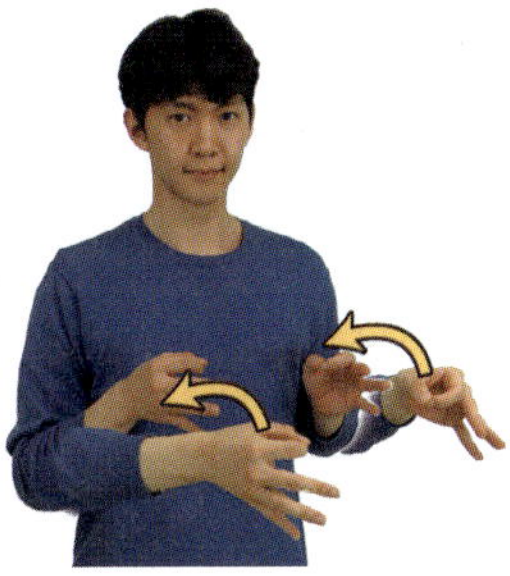

앞당기다

advance / ahead

提前

Step

응용문장 표현

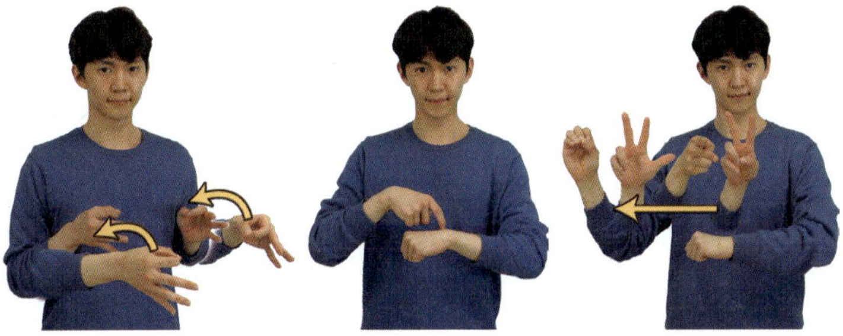

2시 30분으로 앞당겨주세요.
Please move to 2:30pm.
2点30分 请提前到

TIP+

뒤로 향하게 [앞당기다] 수어를 표현해요.
반대방향으로는 앞으로 향하게 표현하는데 [미루다]라는 뜻이에요.

Quiz 연습문제

1. 죄송한데, 미팅 시간을 앞당겼어요.
2. 내일 비오니 시간을 앞당겨서 오늘 만나요.

학습목표

"문자나 영상통화로 농인에게 연락할 수 있어요."라고 표현할 때, [연락하다] 수어를 어떻게 배우는지 알아봅시다.

Step

핵심어휘

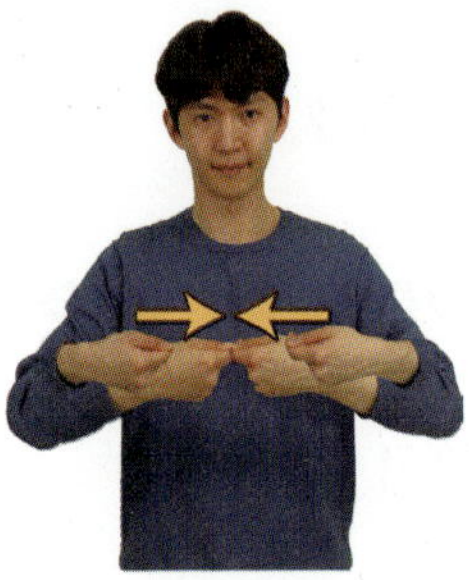

🇰🇷	**연락하다**
🇬🇧	**contact**
🇨🇳	**联系**

Step

응용문장 표현

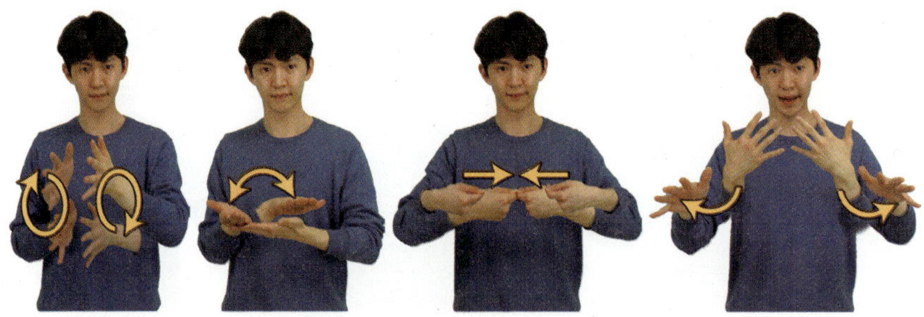

수어통역사와 연락이 되었어요.
I got in touch with the sign language interpreter.
提前跟手语翻译员联系。

TIP+

[연락] 수어는 이메일, 문자, 영상통화로 수어를 쓸 수 있어요.

Quiz 연습문제

1. 앞으로 연락 자주해요.
2. 연락이 안 되는데 무슨 일 있어요?

Day 10

학습목표

"잠시만 기다려주세요."라고 요청할 때 어떻게 표현하는지 배울 수 있습니다.

Step

핵심어휘

잠깐, 잠시

wait a moment

一会儿

Step

응용문장 표현

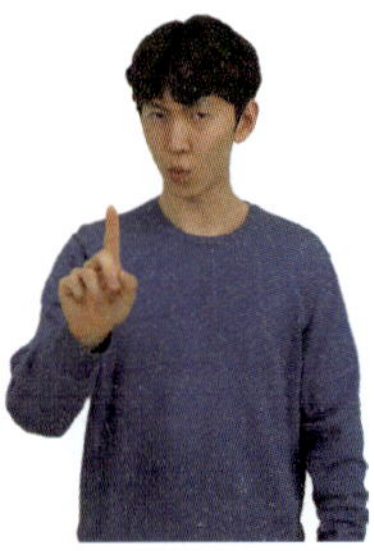

잠시만 기다려주세요.
Please wait a moment.
请稍等。

TIP+

[잠시] 수어를 표현할 때 얼굴 표정과 함께 표현해요. 참고로, [그러나]라는 수어를 쓸 때 표정과 차이가 있어요.

Quiz 연습문제

1. 저 잠깐 화장실 다녀올게요.
2. 지금 바쁘니 잠깐 기다려주세요.

Day 11

학습목표

농인은 한번 모이면 수다가 끊임없죠. [모이다]를 어떻게 표현하는지 배워봅시다.

Step

핵심어휘

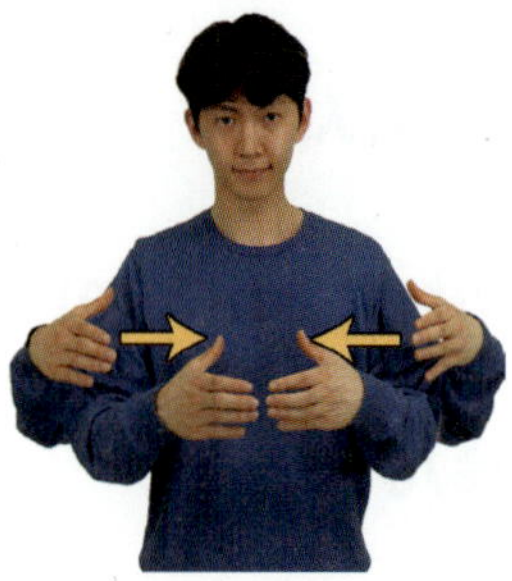

🇰🇷	**모이다**
🇬🇧	**gather**
🇨🇳	**集合**

Step

응용문장 표현

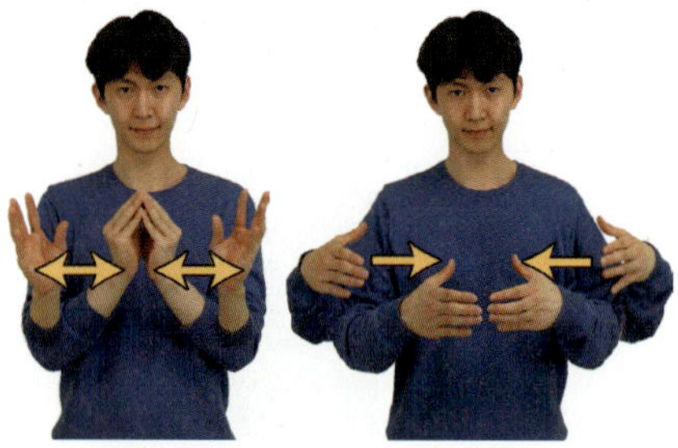

회의실에서 모여요.
Let's gather in the conference room.
在会议室集合。

TIP+

[모이다]는 사람들이 모이는 모습처럼 표현해요.

Quiz 연습문제

1. 오늘 모이는 시간이 몇시예요?
2. 오후 3시에 가족모임이 있어요.

학습목표

"내일 모임에 참석하겠다."고 표현할 때 [참석하다]를 어떻게 표현 하는지 배울 수 있습니다.

Step

핵심어휘

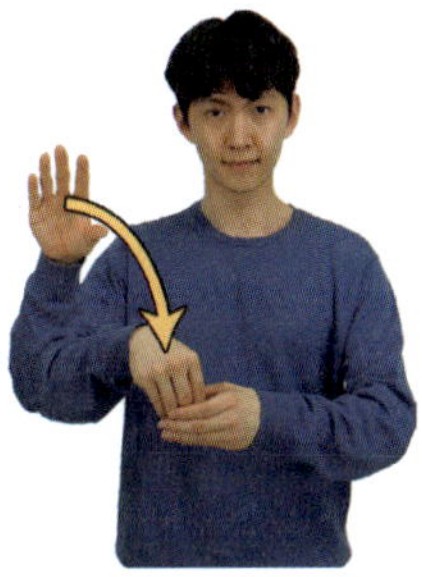

참석하다

attend

出席

Step

응용문장 표현

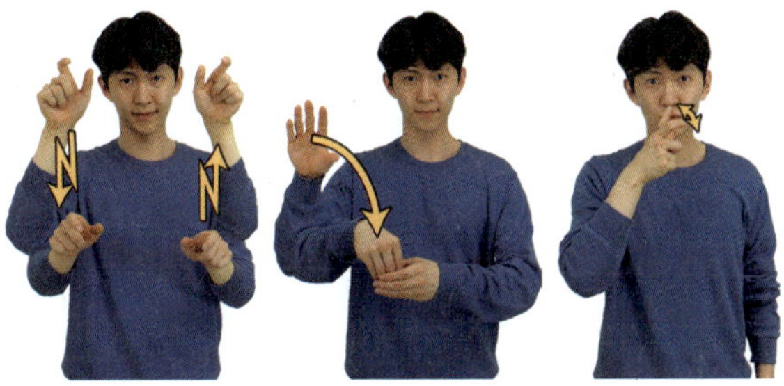

참석한 사람이 누구예요?

Who were the people in attendance?

参加的人是谁？

TIP+

[참석하다]는 한 번 할 때는 한 번 참가하는 것이고 여러 번 참가할 때는 반복해서 표현해요.

Quiz 연습문제

1. 참석해주셔서 감사합니다.
2. 지난 예술 축제에 참석했나요?

학습목표

"지금 친구를 기다리고 있어요"라고 표현할 때 [기다리다]를 어떻게 하는지 배워봅시다.

Step

핵심어휘

기다리다

wait

等

Step

응용문장 표현

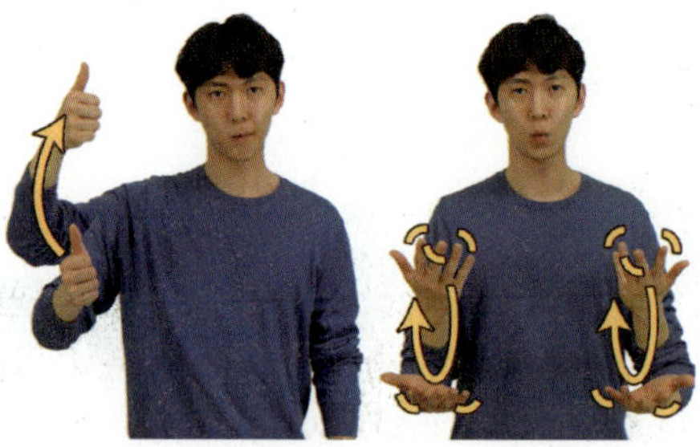

부장님이 기다리고 계세요.

The boss is waiting.

等上司。

TIP+

오래 기다렸을 때는 오래 기다렸다는 표정으로 표현해요.

Quiz 연습문제

1. 많이 기다리게 해서 미안해요.
2. 지금 강사가 오길 기다리고 있어요.

학습목표

"늦어서 죄송합니다."라고 표현하고 싶을 때 [늦다]를 어떻게 하는지 배워볼 수 있습니다.

Step

핵심어휘

늦다

late

晚

Step

응용문장 표현

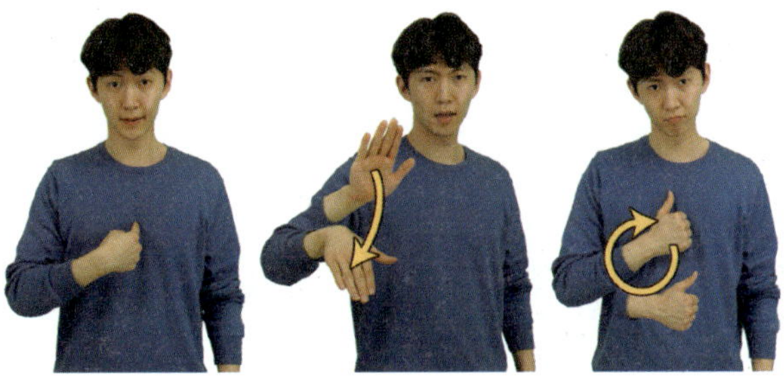

늦어서 죄송해요.
I am sorry for being late.
不好意思迟到了。

TIP+

[늦다] 수어는 한 번 움직이고, [늦다] 수어는 반복한 것은 [아직] 이라는 의미예요.

Quiz 연습문제

1. 늦어서 죄송해요.
2. 회의에 늦게 도착했어요.

Day 15

학습목표

수어를 배우는데 조금 시간이 걸릴 수 있지만 끝까지 배워요. 오늘은 [시간걸리다]를 함께 배워봅시다.

Step 1

핵심어휘

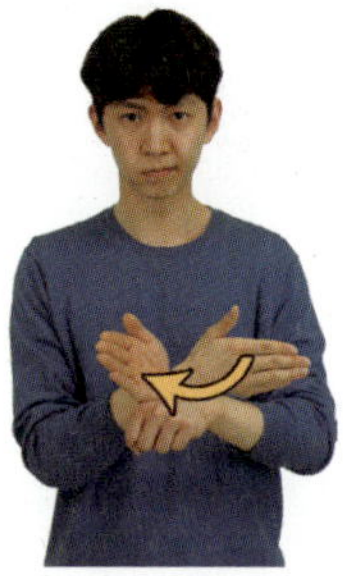

시간이 걸리다

take time

花时间

Step 2

응용문장 표현

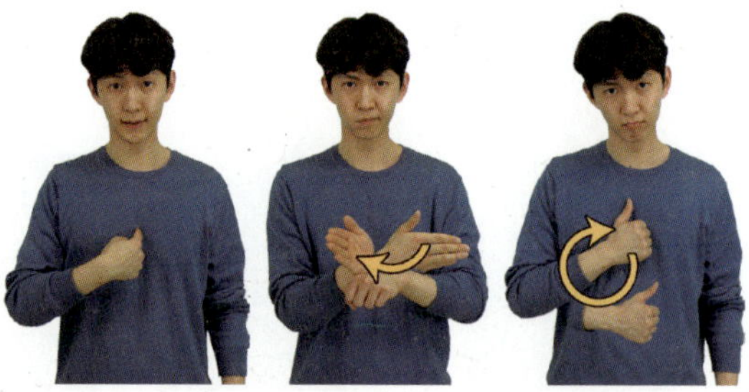

시간이 많이 걸려서 죄송합니다.

I am sorry time took so long.

可能需要一些时间。

TIP+

[시간이 걸리다]는 손목시계가 도는 것처럼 표현해요.

Quiz 연습문제

1. 회의에 사람이 많으면 시간이 걸려요.
2. 수다를 떠느라 시간이 걸려서 늦었어요. 미안해요.

Day 16

학습목표

급한 일이 생겨 시간을 미뤄달라고 요청할 때 [미루다], [연기]를 어떻게 하는지 표현할 수 있습니다.

Step

핵심어휘

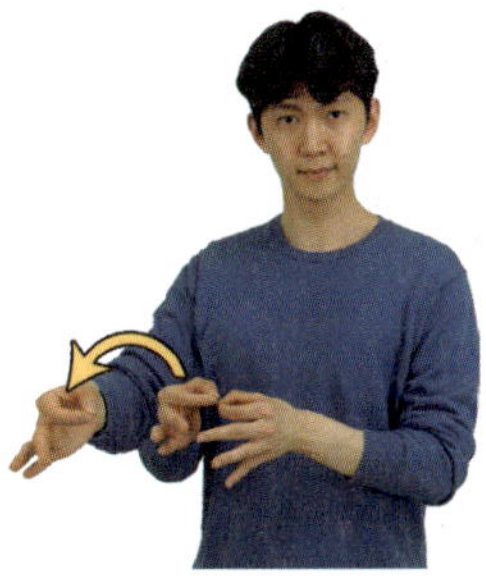

미루다, 연기

postpone

推迟 / 延期

Step

응용문장 표현

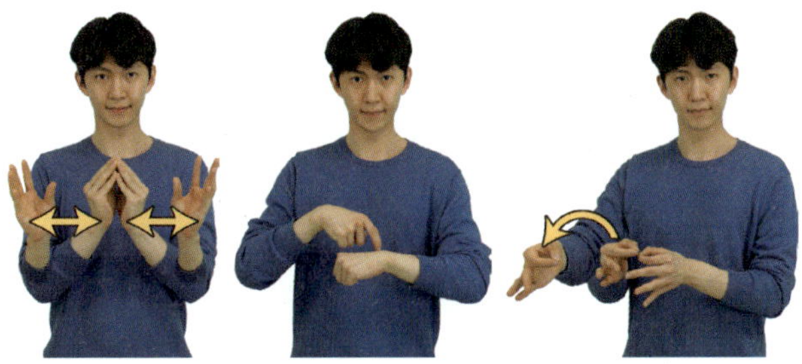

회의 시간을 미루었어요.
The meeting time has been postponed.
开会时间推迟。

TIP+

앞으로 향하게 표현할 경우는 [미루다] 뜻이고 [미루다]를 반복한 경우 자주 미룬다는 의미예요

Quiz 연습문제

1. 스케줄을 미뤘어요.
2. 6시로 미루려고 하는데 괜찮을까요?

Day 17

학습목표

"오늘 우천으로 인해 행사가 취소되었어요."라고 표현할 때 어떻게 표현하는지 배울 수 있습니다.

Step

핵심어휘

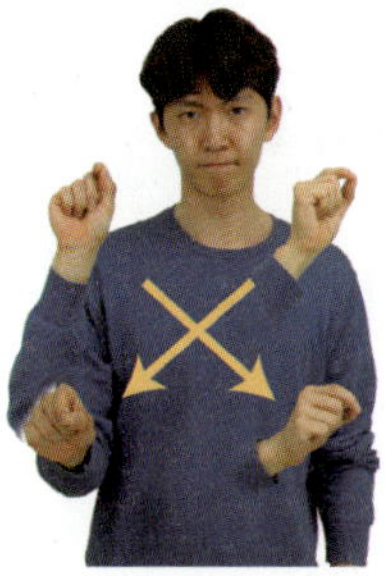

🇰🇷	**취소**
🇬🇧	**cancel**
🇨🇳	**取消**

Step

응용문장 표현

회의가 취소되었어요.
The meeting was canceled.
会议被取消了。

TIP +

X 표시처럼 [취소] 수어로 선을 그어 표현할 수 있어요.

Quiz 연습문제

1. 영화 약속이 취소됐어요.
2. 죄송한데 일정을 취소했어요.

학습목표

스케줄을 변경하고자 요청할 때 [바꾸다] 수어를 배워두면 좋을거예요.

Step 1

핵심어휘

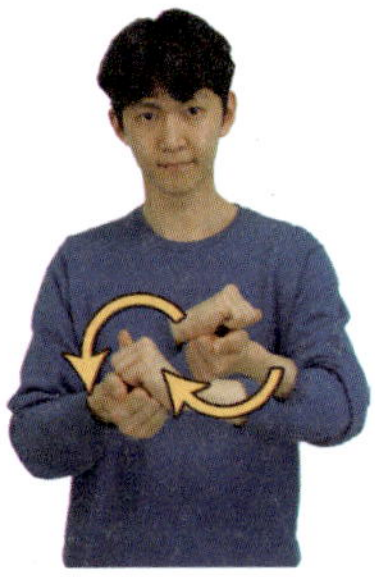

바꾸다, 변경

change

改变

Step 2

응용문장 표현

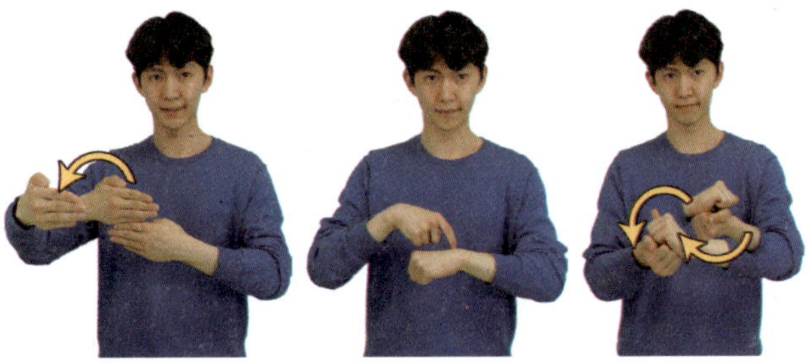

다음 시간으로 변경할게요.
I'll change it to the next time.
时间变更为。

TIP+

좌와 우가 서로 바꾸는 것처럼 수어를 표현해요.

Quiz 연습문제

1. 계획이 변경되었어요.
2. 깔끔한 옷으로 바꿔 입었어요.

Day 19

학습목표

목표를 이루려면 공부를 끝내야해요. 그러면 [끝나다] 수어를 어떻게 하는지 알아봅시다.

Step

핵심어휘

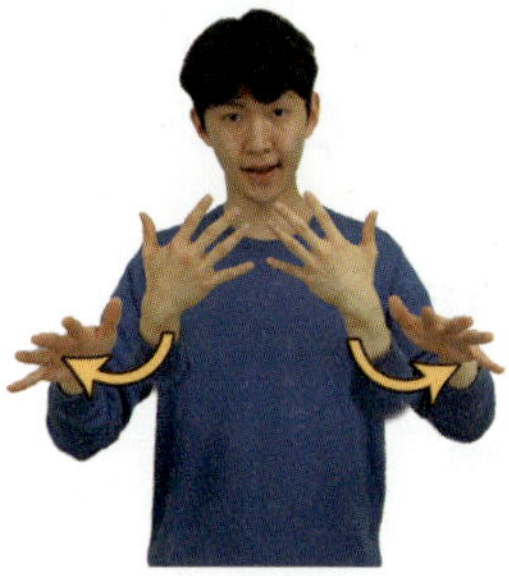

🇰🇷	**끝나다**
🇬🇧	**finish**
🇨🇳	**结束**

Step

응용문장 표현

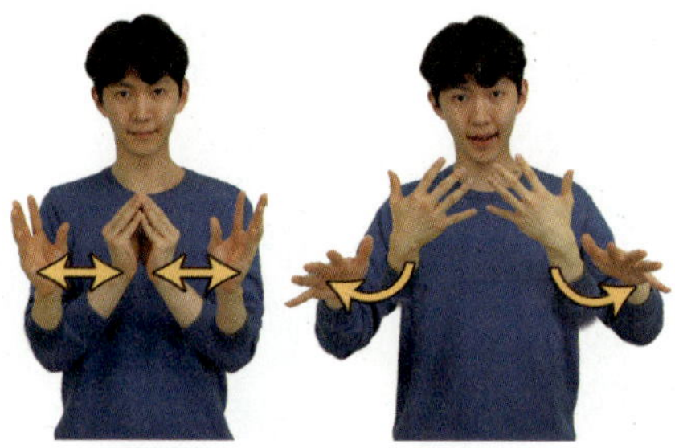

회의가 끝났어요.
The meeting is over.
会议结束了。

TIP +

'피'라는 입술 모양과 함께 [끝나다]라고 표현해요.

Quiz 연습문제

1. 오늘 수업이 끝났어요.
2. 지금 식사를 마쳤어요.

학습목표

평소 한가할 때 뭐하나요? 라고 물어볼때 [한가하다] 수어를 표현할 수 있습니다.

Step

핵심어휘

🇰🇷	**한가하다 / 자유**
🇬🇧	**break time / free**
🇨🇳	**清闲**

Step

응용문장 표현

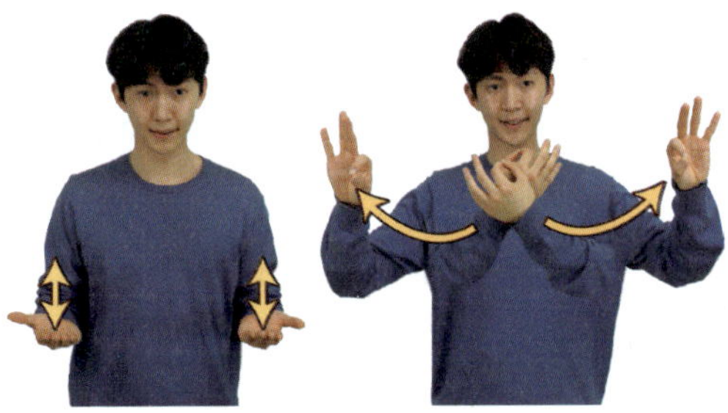

이제 한가해요.
I'm free now.
现在有空了。

TIP+

자유를 영어로 'Free'이니 [F] 자형의 양손으로 표현해요.

Quiz 연습문제

1. 한가한 시간에 주로 뭐해요?
2. 시간이 한가하니 영화 보러 갈래요?

수어통역사가 되고 싶다면 이 글을 주목!

Do you know about WASLI?

수어통역사는 농인과 청인 사이에 메시지를 전달하는 역할을 담당한다. 수어통역사의 역할은 의료, 복지, 법률, 교육,사회, 문화 등의 전반에서 농인의 권리를 행사할 수 있도록 통역하는 것이다. 수어통역사도 공인평가체제를 통해 전문자격인정을 할 수 있도록 인정하는 자격증이 있다. 대표적으로 세계수어통역사협회 국제수어통역사 자격증, 한국농아인협회 공인 국가수어통역사가있다.

1. 세계수어통역사협회(World Association of Sign Language Interpreters)

1975년 미국 워싱턴에서 설립한 협회로 전 세계에 있는 수어통역사를 전문적으로 양성하고자 하는 목적으로 세워졌다. 1987년 세계농아인연맹(WFD) 회의에 처음 등장한 이래, 국제수어통역사의 필요성이 커짐에 따라 이 협회를 설립하게 되었다. 국제수어통역사가 필요한 곳에 파견할 수 있도록 중심지 역할을 하고 있다. 공인 국제수어통역사 자격증 취득과 주기적인 교육을 진행하여 수어통역사의 역량을 키우고 있다. 수준 높은 통역의 질을 높이기 위해 연구를 하며 컨퍼런스와 세미나를 진행하여 교류하고 있다. 수어통역사에 대한 지원이 부족한 국가에는 수어통역지원센터를 설립할 수 있도록 적극적인 지원을 하고 있다. 2021년 현재 수어통역사협회가 있는 나라는 총 65개다.

2. 수화언어와 관련이 있는 국내 자격증

2016년 한국수화언어법이 통과되면서 수어는 대한민국 공용어가 되었다. 이와 관련한 자격증은 한국농아인협회에서 시행하는 수어통역사, 농통역사 등이 있다.

3. 한국농아인협회 국가공인 수어통역사 자격증

1997년에 자격증이 도입되어 민간자격증으로 시행되었으나 2006년부터는 국가공인자격이 되었다. 한국수화언어 통역사 자격증은 총 2가지로 나눠진다. 국가공인 수어통역사, 농통역사(청각장애인통역사) 자격인정시험이다.

국가공인 수어통역사는 음성언어 사용자인 청인 대상으로 하며 1차 필기시험, 2차 실기시험을 본다. 실기시험에는 3가지 유형이 있다. 수어영상을 보고 문장으로 표현하기, 수어영상을 보고 음성으로 통역, 녹음된 음성을 듣고 수어로 표현이 있다. 전 과목 평균 60점 이상이면 통과할 수 있다. 합격 후 보수교육을 이수한 후 정식 수어통역사가 될 수 있다. 시험은 1년에 1회로 진행한다.

4. 한국농아인협회 청각장애인 통역사 자격증

공식명칭으로 '청각장애인 통역사'이지만, 실제 현장에서는 '농통역사'라는 용어를 쓰고 있다. 농식 수어를 쓰는 농인과 청인 수어통역사 사이에서 통역을 해주는 역할을 하고 있다. 농통역사는 전국 수어통역센터에 의무적으로 1명 배치하고 있다.

지식 플러스 +

국제수어통역사를 취득하고 싶다면?

세계수어통역사협회에서 WFD-WASLI 공인 국제수어통역사 자격증을 취득할 수 있다. 자격요건에 맞춰 1년에 1번 신청할 수 있으며 자격증 기간은 5년동안 유효하고 그 후에도 계속 갱신할 수 있다. 농인의 경우 국내수어, 국제수어 총 2개의 언어 청인의 경우는 영어, 국제수어, 국내 수어 3개의 언어를 구사할 수 있어야 한다.

[자격요건]
대학 졸업장 사본, 국내 통역 자격증 및 교육 수료증, 국제수어 통역 교육 행사 참석 증명서 사본, 국제수어 통역을 받은 농인의 추천서, WASLI 또는 WFD 소속 수어통역사의 추천서, 국내 협회 기관 민간기업 추천서, 과제와 국제수어 영상 샘플 등 자세한 것은 아래 QR코드 링크를 통해 볼 수 있다.

11

계획이 꽉 차있어요.
The plan is full.
计划满满的

Day 1. 월요일에 계획이 있어요. / I have plans on Monday. / 星期一有计划。

Day 2. 화요일에 학교에 가요. / I go to school on Tuesday. / 星期二去学校。

Day 3. 수요일에 일하러 가요. / I'm going to work on Wednesday. / 星期三去工作。

Day 4. 목요일에 연극보러 가요. / I'm going to see a play on Thursday. / 星期四去看戏剧。

Day 5. 금요일에 친구 만나요. / I'm going to meet a friend on Friday. / 星期五见朋友。

Day 6. 토요일에 영화를 보러 가요. / I'm going to see a movie on Saturday. / 星期六去看电影。

Day 7. 일요일에 쉬어요. / I am off on Sunday. / 星期日休息。

Day 8. 새벽에 운동하러 가요. / I exercise at dawn. / 凌晨去运动。

Day 9. 아침에 TV를 시청해요. / I watch TV in the morning. / 早上看电视。

Day 10. 점심에 커피를 마셔요. / I have coffee at lunch. / 中午在喝咖啡。

Day 11. 낮에는 일해요. / I work during the day. / 白天工作。

Day 12. 밤에 수어 공부해요. / I study sign language at night. / 晚上学习手语。

Day 13. 하루종일 뭐해요? / What are you doing all day? / 一整天干什么？

Day 14. 1일 전에 변경했어요. / I changed it one day ago. / 1天前变更了。

Day 15. 1주일 전에 취소했어요. / I canceled a week ago. / 一周前取消了

Day 16. 1시간 앞당겨주세요. / Please move it up by 1 hour. / 提前1小时

Day 17. 1년 후에 만나요. / See you in a year. / 一年后再见。

Day 18. 1시에 약속이 있어요. / I have an appointment at 1 o'clock. / 一点有约会。

Day 19. 1분뒤에 오세요. / Come-in in 1 minute. / 一分钟后过来。

Day 20. 1박 2일 미팅이 있어요. / We have a meeting for 2 days and 1 night. / 2天1夜有会议。

Talking with Deaf teacher

궁금한 것이 있어요!

"계획이 꽉 차있어요"

수애: 선생님, 혹시 다음주 계획이 어떻게 되세요?

Teacher: 음… 월요일엔 강의하고
화요일엔 미팅하고…

수애: 우와! 바쁘시군요. 그럼 수요일은요?

Teacher: 수요일날에 수어 연구를 하고
책을 집필 할 계획이야.

수애: 계획이 꽉 찼네요!

Teacher: 하루하루를 계획을 잘 세워
열심히 살고있지요.

Day 1

학습목표

[월요일]은 일주일의 첫번째 날로 [월요일]을 수어로 어떻게 표현하는지 배울 수 있습니다.

Step 핵심어휘

월요일

Monday

星期一

Step 응용문장 표현

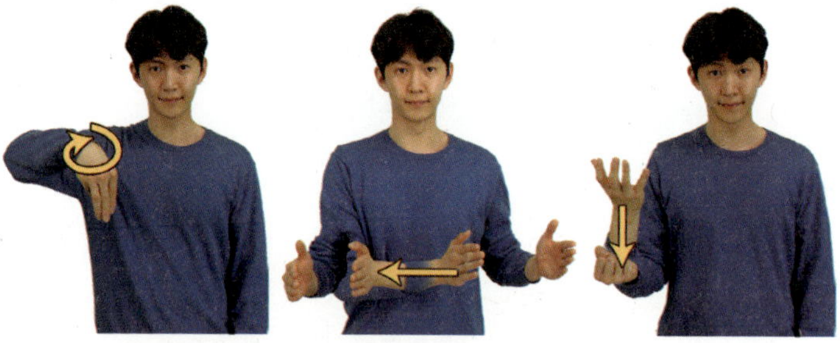

월요일에 계획이 있어요.

I have plans on Monday.

星期一有计划。

TIP+

월요일을 영어로 'Monday'의 앞 [M]를 알파벳지화로 한 바퀴 돌려서 표현해요.

Quiz 연습문제

1. 월요일에 미팅이 있어요.
2. 월요일에 회사가기가 싫어요.

Day 2

학습목표

"저는 화요일에 출장가요."라고 표현하고 싶을 때 [화요일]을 어떻게 표현하는지 배워봅시다.

Step

핵심어휘

화요일

Tuesday

星期二

Step

응용문장 표현

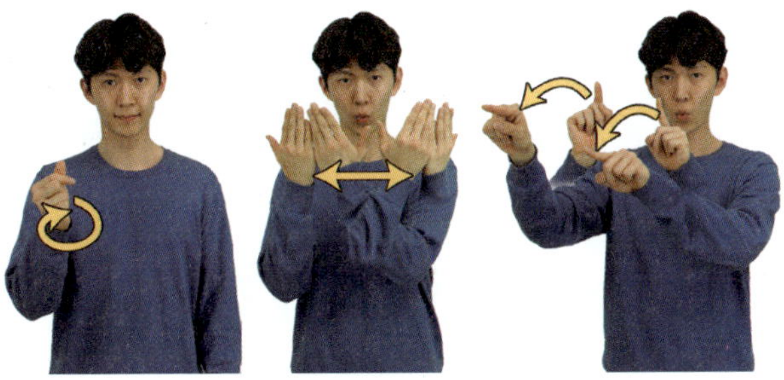

화요일에 학교에 가요.
I go to school on Tuesday.
星期二去学校。

TIP+

화요일을 영어로 'Tuesday'의 앞 [T]를 알파벳지화로 한바퀴 돌려서 표현해요.

Quiz 연습문제

1. 화요일에 뭐해요?
2. 화요일에 약속이 있어요.

Day 3

학습목표

"수요일 저녁에 약속이 있어요."라고 표현하고 싶을 때 [수요일]을 어떻게 표현하는지 배울 수 있습니다.

Step

핵심어휘

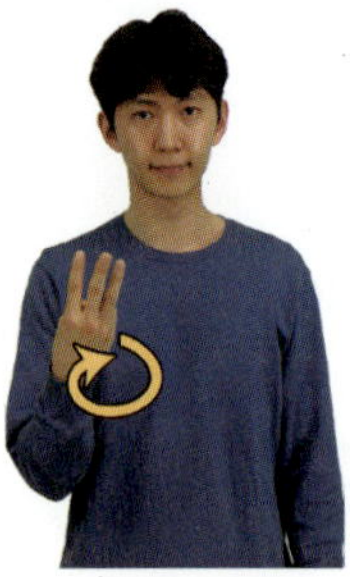

수요일

Wednesday

星期三

Step

응용문장 표현

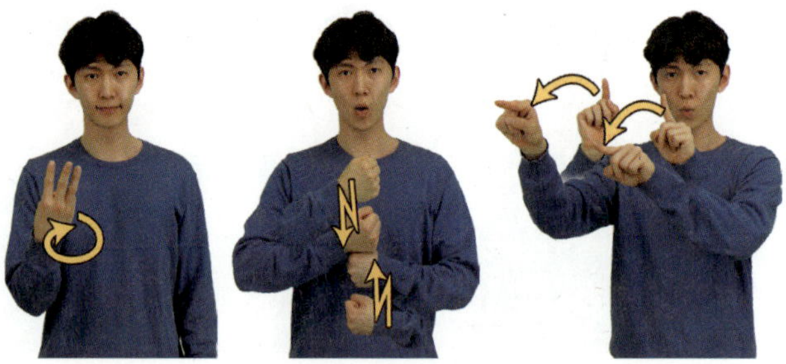

수요일에 일하러 가요.

I'm going to work on Wednesday.

星期三去工作。

TIP+

수요일을 영어로 'Wednesday'의 앞 [W]를 알파벳지화로 돌려서 표현해요.

Quiz 연습문제

1. 수요일에 계획이 있어요.
2. 수요일 밤에 파티가 있어요.

Day 4

학습목표

"목요일에 뭐해요?"라고 물어보고 싶을 때 [목요일]을 국제수어로 어떻게 표현하는지 배울 수 있습니다.

Step 1

핵심어휘

🇰🇷	**목요일**
🇬🇧	**Thursday**
🇨🇳	**星期四**

Step 2

응용문장 표현

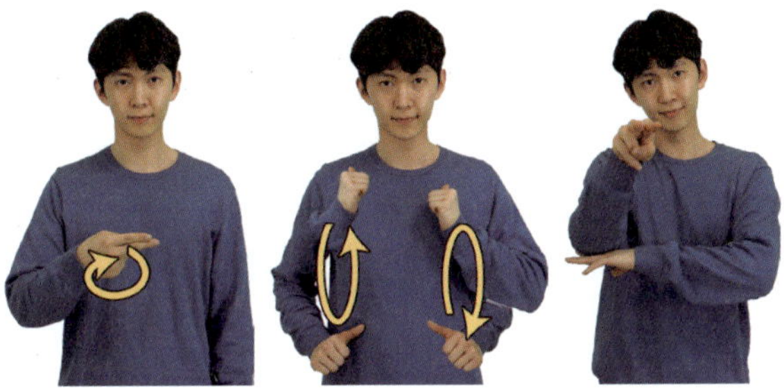

목요일에 연극보러 가요.

I'm going to see a play on Thursday.

星期四去看戏剧。

TIP+

목요일을 영어로 'Thursday'의 앞 [H]를 알파벳지화로 돌려서 표현해요.

Quiz 연습문제

1. 목요일에 어떤 계획이 있나요?
2. 목요일에 국제수어를 배우러가요.

학습목표

"저는 금요일 밤에 모임이 있어요."라고 표현하고 싶을 때 [금요일]을 어떻게 표현하는지 배워봅시다.

Step 1

핵심어휘

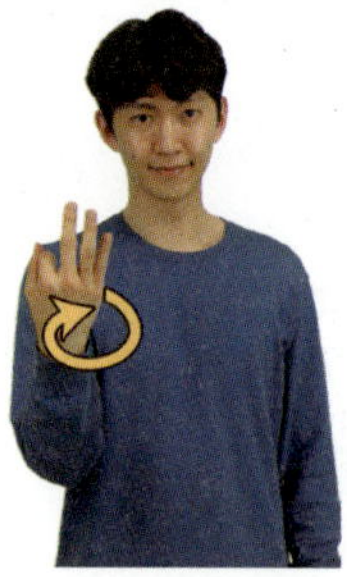

🇰🇷	**금요일**
🇬🇧	**Friday**
🇨🇳	**星期五**

Step 2

응용문장 표현

금요일에 친구 만나요.
I'm going to meet a friend on Friday.
星期五见朋友。

TIP+

금요일을 영어로 'Friday'의 앞, [F]를 알파벳지화로 돌려서 표현해요.

Quiz 연습문제

1. 즐거운 금요일이 되시길 바라요.
2. 금요일 밤에 가족과 식사약속이 있어요.

Day 6

학습목표

"저는 토요일에 휴식이 필요해요."라고 표현하고 싶을 때 [토요일]을 어떻게 표현하는지 배워봅시다.

Step 1

핵심어휘

🇰🇷	**토요일**
🇬🇧	**Saturday**
🇨🇳	**星期六**

Step 2

응용문장 표현

토요일에 영화를 보러 가요.
I'm going to see a movie on Saturday.
星期六去看电影。

TIP+

토요일을 영어로 'Saturday'의 앞 [S]를 알파벳지화로 돌려서 표현해요.

Quiz 연습문제

1. 토요일에 가족과 함께 여행가요.
2. 토요일은 회사를 가지 않고 쉬는 날이에요.

Day 7

학습목표

일요일은 새로운 한 주를 위해 에너지 충전하는 날이죠? [일요일] 수어 배우고 표현할 수 있습니다.

Step

핵심어휘

🇰🇷	**일요일**
🇬🇧	**Sunday**
🇨🇳	**星期天**

Step

응용문장 표현

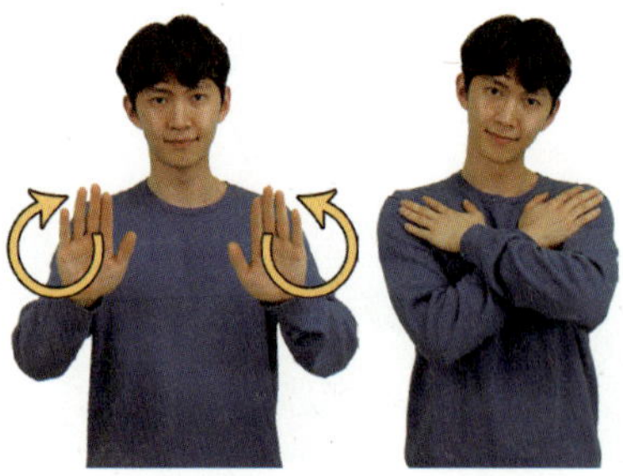

일요일에 쉬어요.
I am off on Sunday.
星期日休息。

TIP+

월요일부터 토요일까지는 지화에 따라 표현하지만, 그 외 일요일은 양손으로 표현해요.

Quiz 연습문제

1. 일요일에도 회사를 가요.
2. 일요일에 주로 무엇을 하나요?

Day 8

학습목표

새벽운동을 하는 분은 정말 부지런해요. [새벽]이라는 수어를 어떻게 표현할 수 있습니다.

Step

핵심어휘

🇰🇷	**새벽**
🇬🇧	**dawn**
🇨🇳	**凌晨**

Step

응용문장 표현

새벽에 운동하러 가요.
I exercise at dawn.
凌晨去运动。

TIP+

[새벽]은 [빠르다] [아침]으로 표현해요.

Quiz 연습문제

1. 저는 새벽에 빨리 일어나요.
2. 새벽에 일어나서 일하러 가요.

Day 9

학습목표

"저는 평소 아침에 뉴스를 보면서 식사하는 편이에요."라고 할때 [아침] 수어를 배우고 표현할 수 있습니다.

Step

핵심어휘

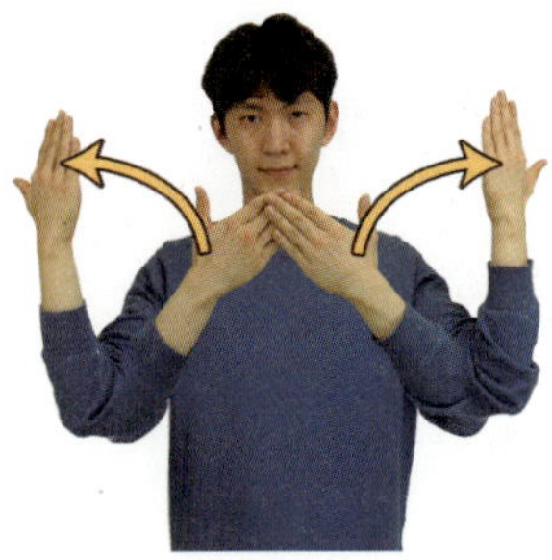

🇰🇷	**아침, 밝다**
🇬🇧	**morning**
🇨🇳	**早晨**

Step

응용문장 표현

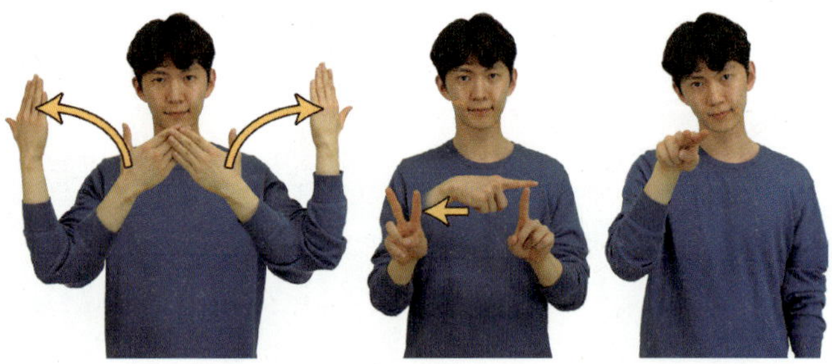

아침에 TV를 시청해요.
I watch TV in the morning.
早上看电视。

TIP+

[낮] 수어와 같지만, 문장에 따라 달라진다는 것을 참고해주세요.

Quiz 연습문제

1. 아침에 일어나 커피를 마셔요.
2. 저는 아침에 잘 일어나지 못해요.

Day 10

학습목표

"저는 평소에 점심을 먹고 커피를 마셔요."라고 할 때 어떻게 표현하는지 배울 수 있습니다.

Step

핵심어휘

점심

lunch

中午

Step

응용문장 표현

점심에 커피를 마셔요.
I have coffee at lunch.
中午在喝咖啡。

TIP+

[점심]은 정오이니까 팔을 가운데로 세워 표현해요.

Quiz 연습문제

1. 오늘 점심 메뉴가 뭐예요?
2. 이따 점심식사 같이 할래요?

학습목표

"보통 많은 사람들이 낮에 일을 하죠."라고 할 때 [낮]은 어떻게 표현하는지 배울 수 있습니다.

Step

핵심어휘

낮, 하루, 날

day

晚上

Step

응용문장 표현

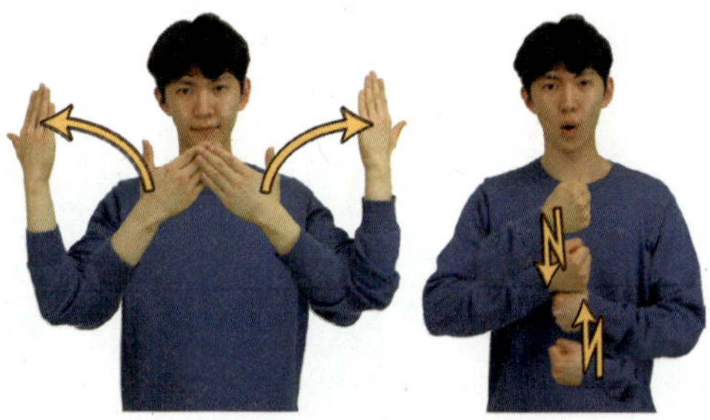

낮에는 일해요.
I work during the day.
白天工作。

TIP+

[낮] [하루] [날] 수어는 문장에 따라 뜻을 알아볼 수 있어요.

Quiz 연습문제

1. 오늘 낮은 더웠어요.
2. 오늘 하루종일 무엇을 하셨나요?

학습목표

힘들 때, 밤하늘을 바라보세요. 평온함과 힐링이 될 거예요. 이번에는 [밤] 수어를 어떻게 표현하는지 배울 수 있습니다.

Step

핵심어휘

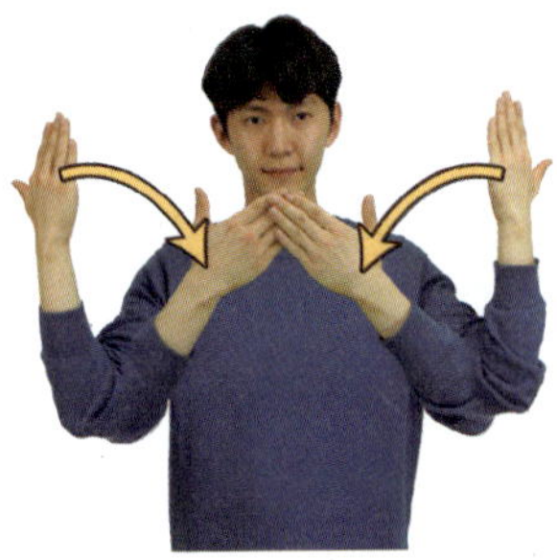

밤, 어둡다

night

白天 / 一天

Step

응용문장 표현

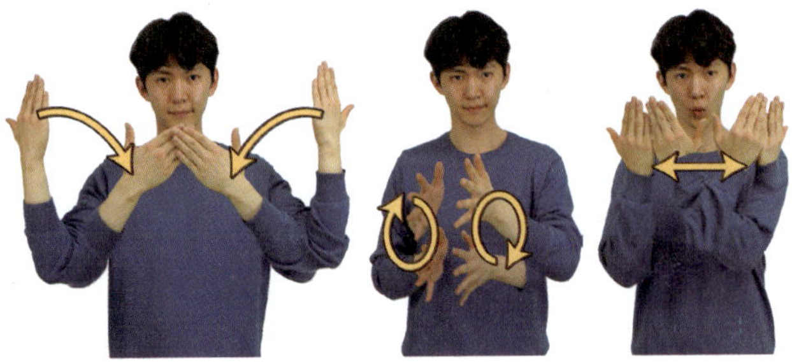

밤에 수어 공부해요.

I study sign language at night.

晚上学习手语。

TIP+

반대로 [낮]은 [밤]의 반대모양이에요.

Quiz 연습문제

1. 저는 어둠을 무서워해요.
2. 어두우니 빨리 집으로 가세요.

Day 13

학습목표

"저 학생은 하루종일 도서관에서 책을 읽고 있어요."라고 표현할 때, 이번에 [하루종일]을 배우면 유용합니다.

Step

핵심어휘

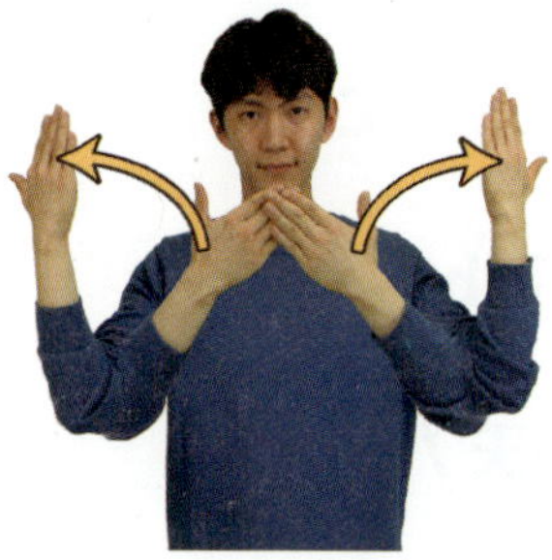

🇰🇷	**하루종일**
🇬🇧	**all day**
🇨🇳	**整天**

Step

응용문장 표현

하루종일 뭐해요?
What are you doing all day?
一整天干什么？

TIP+

[하루종일]은 [낮] 수어와 같아요.

Quiz 연습문제

1. 하루종일 공부만 했어요.
2. 오늘 하루종일 집에 있었어요.

Day 14

학습목표

[1일]은 어떻게 표현할까요? [1] 숫자와 [일]을 함께 쓰는 방법을 배울 수 있습니다.

Step

핵심어휘

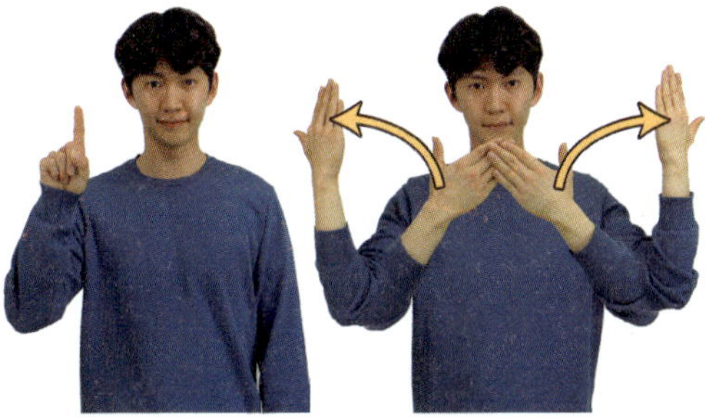

🇰🇷	**1일**
🇬🇧	**a day**
🇨🇳	**一日**

Step

응용문장 표현

1일 전에 변경했어요.

I changed it one day ago.

1天前变更了。

TIP+

2일은 [2] [낮]으로 표현해요.

Quiz 연습문제

1. 저는 하루에 식사를 세끼 해요.
2. 저는 1일날 공부하고 그 다음날 2일에는 쉬어요.

학습목표

[1주]는 숫자를 배우고 [주]와 함께 표현하고 대화할 수 있습니다.

Step

핵심어휘

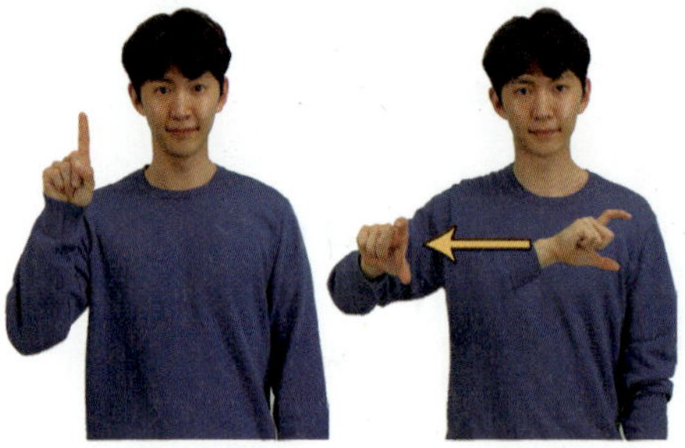

🇰🇷	1주
🇬🇧	a week
🇨🇳	一周

Step

응용문장 표현

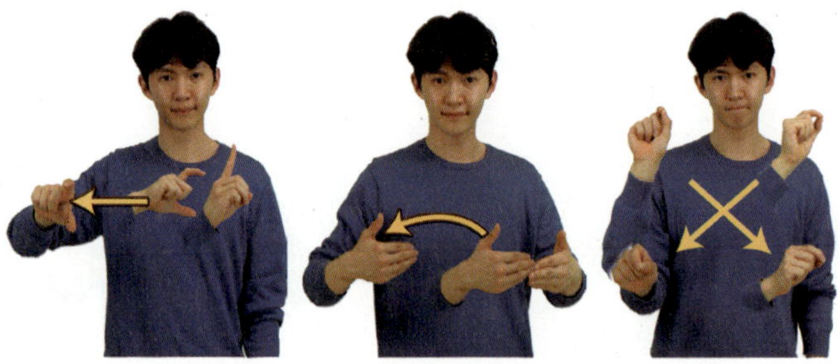

1주일 전에 취소했어요.
I canceled a week ago.
一周前取消了。

TIP+

[주]는 [평일]과 수어 모양이 같아요 2주는 [2] [주]로 표현해요.

Quiz 연습문제

1. 1주일 뒤에 여행갈거예요.
2. 지난 1주일 동안 정말 바빴어요!

Day 16

학습목표

1시간 연기해달라고 요청할 때 [1시간] 숫자를 확실히 표현할 수 있습니다.

Step

핵심어휘

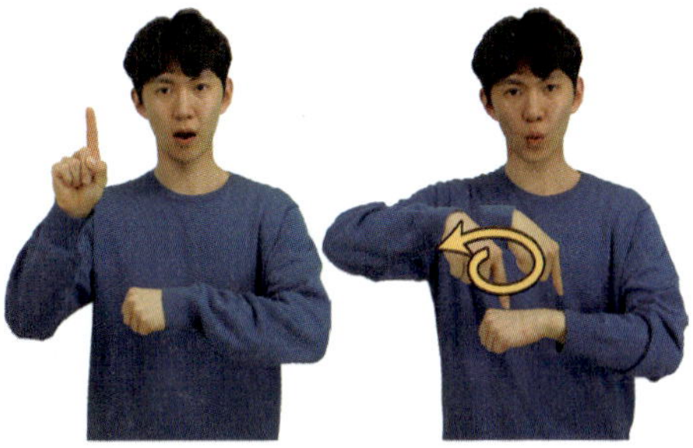

1시간

an hour

一小时

Step

응용문장 표현

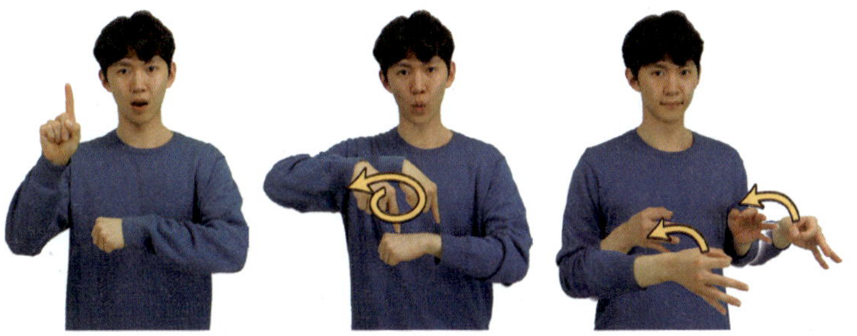

1시간 앞당겨주세요.

Please move it up by 1 hour.

提前1小时。

TIP+

2시간은 [2] 숫자 다음 손목 위에 돌려서 표현해요. [시간]은 손목시계처럼 떠올려보세요!

Quiz 연습문제

1. 1시간 동안 기다렸어요.
2. 오늘 8시간동안 일했어요.

학습목표

"1년동안 수어공부 했어요."라고 표현할 때 [1년] 수어 표현할 수 있습니다.

Step

핵심어휘

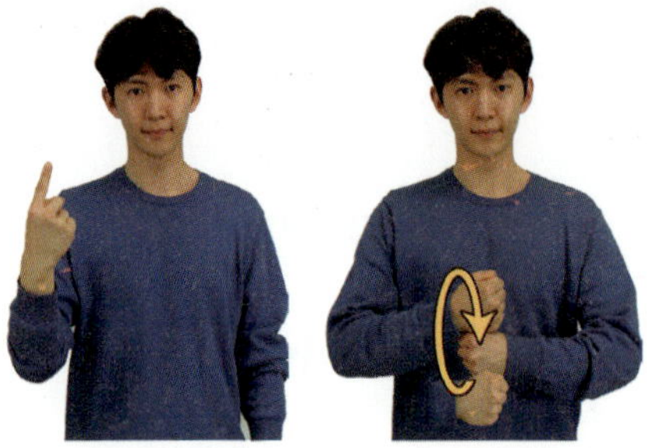

1년

a year

一年

Step

응용문장 표현

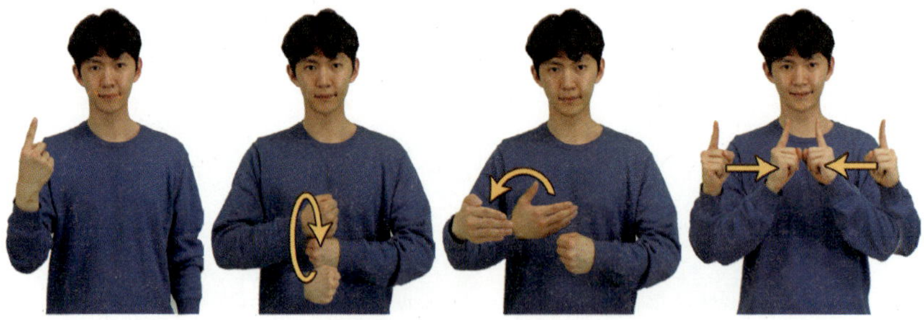

1년 후에 만나요.
See you in a year.
一年后再见。

TIP+

2년은 [년] 다음 [2]를 주먹을 기준으로 한 바퀴 돌려서 표현해요.

Quiz 연습문제

1. 1년 전에 결혼했어요.
2. 오늘 즐거웠고, 4년 뒤에 또 만나요.

Day 18

학습목표

이번에 배우면 [1시] 수어를 표현하고, [2시]도 수어를 표현할 수 있습니다.

Step 1

핵심어휘

1시

1 o'clock

一点

Step 2

응용문장 표현

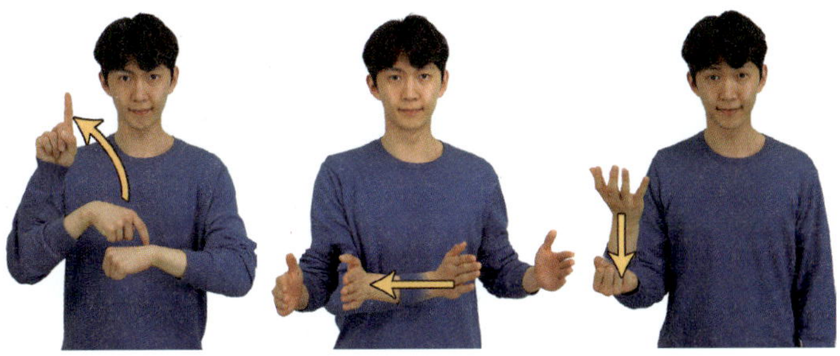

1시에 약속이 있어요.
I have an appointment at 1 o'clock.
一点有约会。

TIP+

손목을 가리키고 [1]로 표현해요.

Quiz 연습문제

1. 미팅 시간은 2시예요.
2. 아침 9시에 이곳에 모여주세요.

Day 19

학습목표

5분만 기다려달라고 할 때 숫자를 배우고 [분]도 함께 표현할 수 있습니다.

Step

핵심어휘

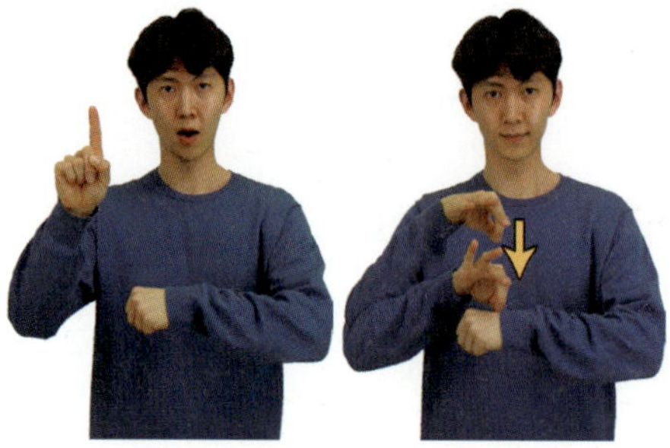

🇰🇷	**1분**
🇬🇧	**a minute**
🇨🇳	**一分钟**

Step

응용문장 표현

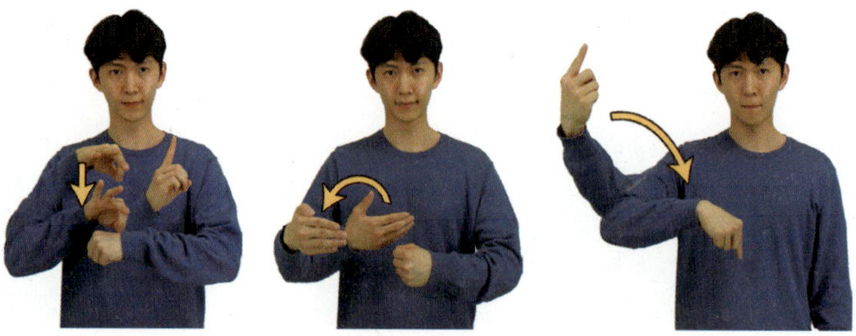

1분 뒤에 오세요.

Come-in in 1 minute.

一分钟后过来。

TIP+

[1] 숫자를 표현하고 손목을 가리켜요.

Quiz 연습문제

1. 휴식시간은 10분입니다.
2. 집에서 회사까지 차로 30분이 걸려요.

Day 20

학습목표

1박 2일 여행 간다고 표현할 때 어떻게 하는지 배울 수 있습니다.

Step

핵심어휘

1박 2일

2 days and 1 night

两天一夜

Step

응용문장 표현

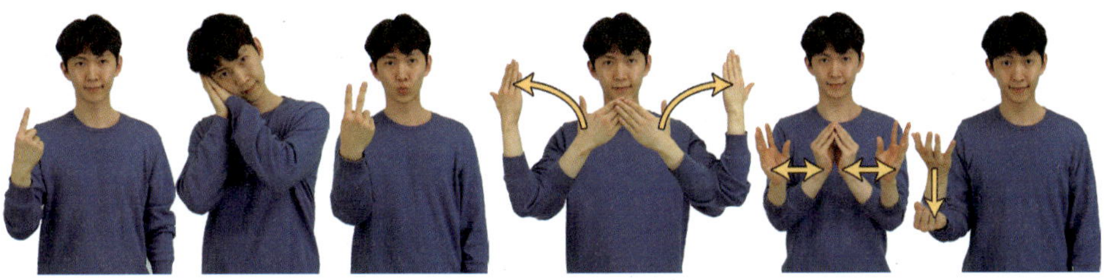

1박 2일 미팅이 있어요.
We have a meeting for 2 days and 1 night.
2天1夜有会议。

TIP+

[1] 숫자를 표현하고 [자다], [2], [낮]으로 표현해요.

Quiz 연습문제

1. 3박 4일 동안 여행을 다녀왔어요.
2. 부모님 집에 2박 3일 동안 있었어요.

농 세계 엿보기

미국수어가 나오는 드라마가 어떻게 히트쳤을까?

How did ASL makes a hit in the drama program?

ⓒ IMDb Switched at Birth

ABC사가 제작한 〈스위치드 앳 버스(Switched at Birth)〉 시리즈는 두 아이가 실수로 바뀌어 다른 가족의 품으로 가면서 일어나는 이야기다. 이 드라마는 미국 내에서 선풍적인 인기를 얻어 2011년에 첫 시즌을 시작한 후로 2017년에 이르기까지 10부작으로 제작할 정도였다. 이 드라마가 연속 시즌으로 제작할 정도로 미국 전역에서 히트를 친 이유는 농 배우를 주인공으로 출연시키기 때문이다.

특히, 농 배우인 숀 버디 (Sean Berdy)는 자신의 역을 완벽하게 소화해내 실제로도 드라마 분량에도 높은 비중을 차지한다. 다프네 역을 연기한 케이티 르클레르(Katie Leclerc)는 청인이지만 몇 개월 간 수어를 배워 열연을 펼치기도 했다. 이 외에도 몇 명의 농 배우들이 출연해 드라마의 완성도를 높이기도 했다고 한다.

청인 대역이 아닌 농인이 실제 배우로서 수어로 연기하니 그들의 감정과 언어가 자연스러운 모습이 나타나는 것이다. 농인'이라는 정체성을 가지고 있는 그대로 풍부한 표정과 눈빛을 드러내고 또 다른 매력적인 케릭터가 탄생할 수 있었다.

이 드라마를 시청한 시청자들은 수어가 나올 때마다 귀와 함께 눈으로 따라갔지만 결국 마음으로 이해하게 되고 소중한 메시지를 느낄 수 있었다. 이후 〈스위치드 앳 버스(Switched at Birth)〉는 헐리우드의 흐름과 판도를 바꾸는데 영향을 주게 되었으며, 다양성을 이해하고 포용하게 되는 계기가 되었다.

지식 플러스 +

〈스위치드 앳 버스(Switched at Birth)〉의 시나리오 작가 리지 와이스(Lizzy Weiss)는 이 드라마를 어떻게 만들었나요?

리지 와이스(Lizzy Weiss)는 드라마작가를 꿈꾸며 훌륭한 이야기 소재를 끊임없이 찾는 평범한 학생이었습니다. 그러던 어느 날, 대학시절에 우연히 '농 연극(Deaf theatre)'이라는 수업을 듣게 되었어요. 처음에는 학점을 채우기 위한 마음으로 시작했는데 미국수어와 농문화에 빠져들게 되었죠. 그래서 미국수어로 연극을 하고 음악, 시 낭송 활동을 하게 되면서 많은 영감을 얻고 시나리오를 쓰게 되었습니다. 시나리오의 완성도를 위해 다큐멘터리를 시청하고 회고록을 읽고 직접 농학교에 가서 인터뷰할 정도였죠. 이러한 활동들이 훗날 〈스위치드 앳 버스(Switched at Birth)〉의 시나리오를 작성하는데 도움이 되었습니다. 이 드라마는 리지 와이스의 커리어에 정점을 찍을 정도로 많은 인기를 끌었으며 작품성도 인정을 받게 되었습니다. 단지 학점을 위해 우연히 들은 이 과목이 리지의 인생을 바뀐 셈이죠.

12 요리를 좋아하나요?
Do you like cooking?
喜欢料理吗？

Day 1. 오늘 아침식사했어요? / Did you eat breakfast today? / 今天吃早餐了吗？

Day 2. 1시에 점심식사했어요. / I had lunch at 1 o'clock. / 一点吃午饭了

Day 3. 내일 가족과 저녁식사하기로 했어요. / I have plans to eat dinner with my family tomorrow. / 我决定明天和家人一起吃晚饭。

Day 4. 한국인은 주로 쌀을 먹어요. / Koreans primarily eat rice. / 韩国人主食是吃大米。

Day 5. 아침에 빵을 먹어요. / I eat bread in the morning. / 早上吃面包。

Day 6. 저는 면 요리를 좋아해요. / I like cooking noodles. / 我喜欢吃面食。

Day 7. 고기를 완전히 익혀서 주세요. / Well done, please. / 请把肉煮熟。

Day 8. 어제 소고기 스테이크를 먹었어요. / I ate beef steak yesterday. / 昨天吃了牛排。

Day 9. 저는 돼지고기를 좋아하지 않아요. / I don't like pork. / 我不喜欢猪肉。

Day 10. 치킨하고 소고기 중에 어느 것을 드실건가요? / Would you like meat or fish to eat? / 你想吃哪个肉和鱼？

Day 11. 삶은 달걀을 먹어요. / I eat hard boiled eggs. / 吃煮鸡蛋

Day 12. 저는 생선을 싫어해요. / I hate fish. / 我不喜欢鱼

Day 13. 만약 일본에 가면 초밥을 먹으러 가요. / If I go to Japan, I'll go eat sushi. / 如果去日本的话，就去吃寿司。

Day 14. 샐러드 먹고 운동해요. / I eat salad and exercise. / 吃沙拉后运动

Day 15. 피자를 먹으니 행복해요. / I am happy to eat pizza. / 吃披萨很幸福

Day 16. 파스타를 좋아하나요? / Do you like pasta? / 喜欢意大利面？

Day 17. 햄버거 안에 소고기가 있어요. / There is beef in the hamburger. / 汉堡包里有牛肉。

Day 18. 아침에 샌드위치와 커피를 먹어요. / I have a sandwich and coffee in the morning. / 早上吃三明治和咖啡。

Day 19. 저는 채식주의자예요. / I am a vegetarian. / 我是素食主义者。

Day 20. 유럽인들은 주로 감자를 먹어요. / Europeans primarily eat potatoes. / 欧洲人主食是吃土豆。

Talking with Deaf teacher

궁금한 것이 있어요!

"요리를 좋아하나요?"

수호: 선생님, 내일 일본에 가게 되었는데
문득 궁금한게 생겼어요.

Teacher: 궁금한게 무엇이니?

수호: 혹시 일본에도 농인이 직접 요리하고
운영하는 식당이 있나요?

Teacher: 그럼 당연하지! 놀랍게도 일본에
농인이 운영하는 곳이 정말 많아

수호: 와! 그럼 다른나라도 마찬가지인가요?

Teacher: 정말 많지. 수호도 국제수어를 배워서 식당
종업원과 직접 대화해보는게 어때?

학습목표

"평소에 아침식사를 드세요?"라고 물어볼 때 [아침식사]를 배우고 표현할 수 있습니다.

Step

핵심어휘

🇰🇷	아침식사
🇬🇧	breakfast
🇨🇳	早餐

Step

응용문장 표현

오늘 아침식사했어요?
Did you have breakfast today?
今天吃早餐了吗？

TIP+

[아침식사]는 [아침] [먹다]라고 표현해요.

Quiz 연습문제

1. 가족끼리 아침식사를 했어요.
2. 저는 아침식사 때 꼭 커피를 마셔요.

Day 2

학습목표

"같이 점심 먹을래요?"라고 제안할 때 [점심식사]를 배우고 표현할 수 있습니다.

Step

핵심어휘

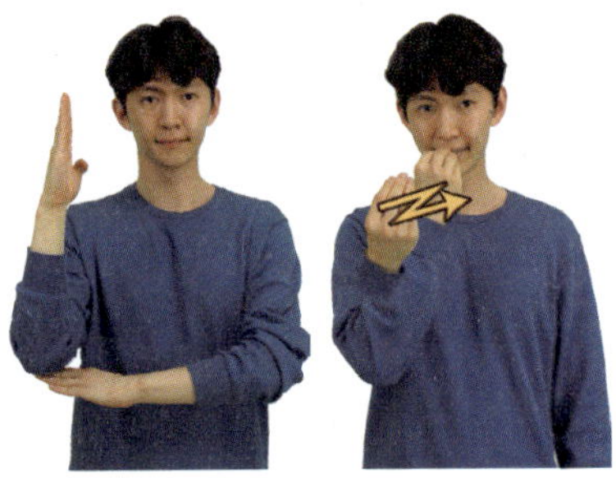

🇰🇷	**점심식사**
🇬🇧	**lunch**
🇨🇳	**午餐**

Step

응용문장 표현

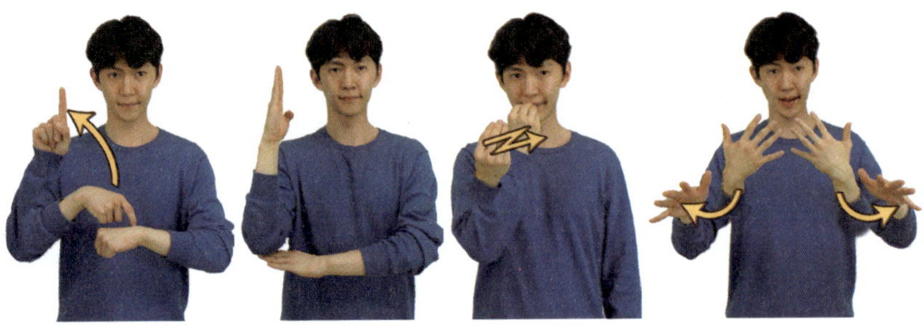

1시에 점심식사했어요.
I had lunch at 1 o'clock.
一点吃午饭了。

TIP+

[점심식사]는 [점심] [먹다]라고 표현해요.

Quiz 연습문제

1. 바빠서 점심식사를 못했어요.
2. 점심식사 시간에 커피를 마셨어요.

Day 3

학습목표

"오늘 저녁에 가족과 저녁식사가 있어요."라고 말 할 때, [저녁식사]는 어떻게 배우는지 표현할 수 있습니다.

Step

핵심어휘

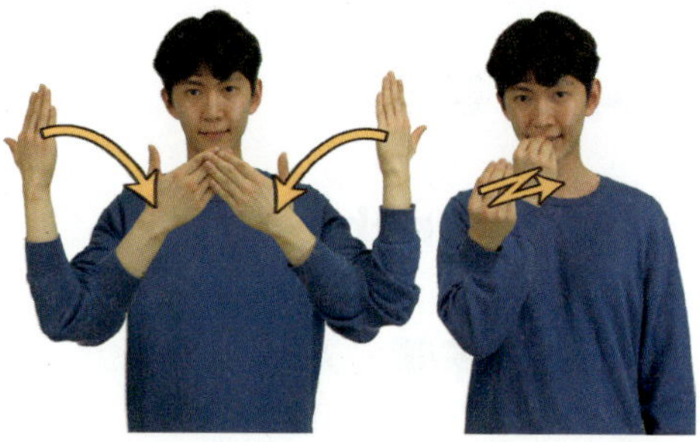

🇰🇷	**저녁식사**
🇬🇧	**dinner**
🇨🇳	**晚饭**

Step

응용문장 표현

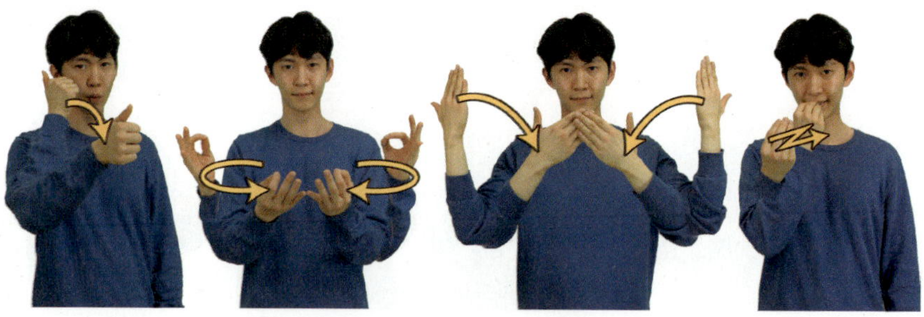

내일 가족과 저녁식사하기로 했어요.

I have plans to eat dinner with my family tomorrow.

我决定明天和家人一起吃晚饭。

TIP+

[저녁식사]는 [저녁] [먹다]라고 표현해요.

Quiz 연습문제

1. 오늘 저녁식사 메뉴는 뭐예요?
2. 남편이 맛있는 저녁 요리를 만들어줬어요.

Day 4

학습목표

쌀은 아시아에서 주식이 되는 곡물 중 하나로 문화적 중요성을 가져요. [쌀] 수어를 배워봅시다. [밥] 수어를 표현해봅시다.

Step

핵심어휘

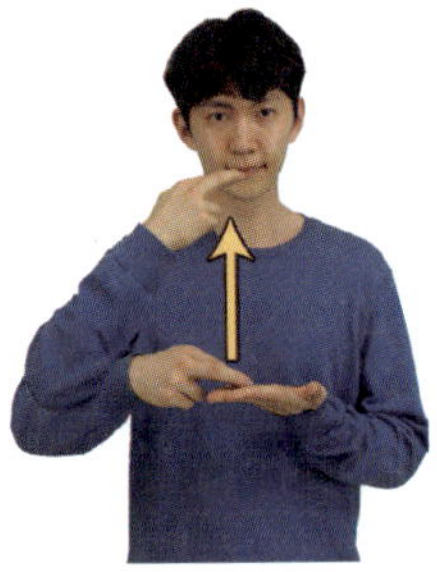

🇰🇷	**밥, 쌀**
🇬🇧	**rice**
🇨🇳	**米饭 / 大米**

Step

응용문장 표현

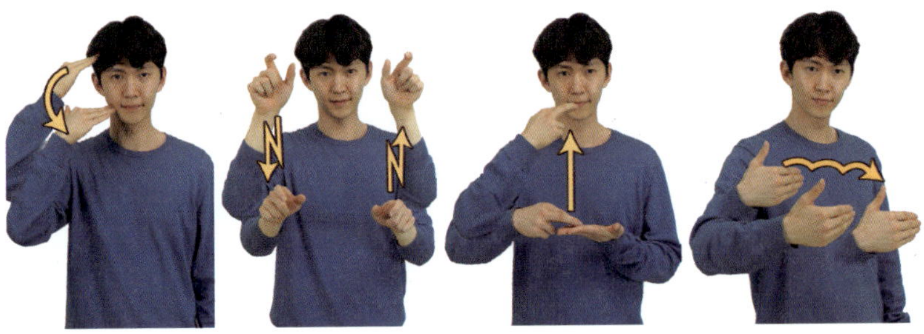

한국인은 주로 쌀을 먹어요.
Koreans mostly eat rice.
韩国人主食是吃大米。

TIP+

[쌀]의 영어 'Rice' 중 [R] 알파벳 지화 수어로 음식을 먹는 동작과 함께 표현해요.

Quiz 연습문제

1. 저는 쌀밥을 좋아해요.
2. 저는 가끔 쌀밥을 먹어요.

학습목표

세계의 빵 종류는 다양해 셀 수 없죠? 이번에 [빵] 수어를 배우고 표현해봅시다.

Step

핵심어휘

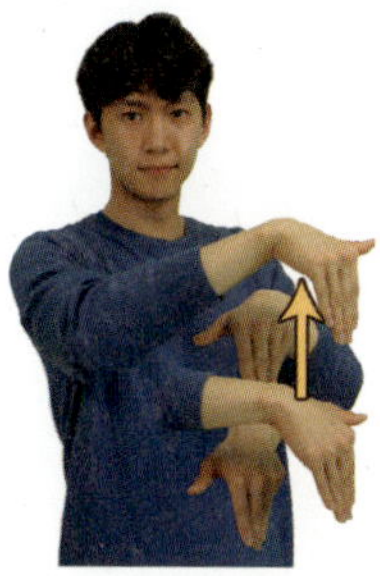

🇰🇷	빵
🇬🇧	bread
🇨🇳	面包

Step

응용문장 표현

아침에 빵을 먹어요.

I eat bread in the morning.

早上吃面包。

TIP+

[빵] 수어는 구울 때 오븐이나 토스트기를 쓰는 모습처럼 표현할 수 있어요.

Quiz 연습문제

1. 저는 아침식사에 빵과 커피를 먹어요.
2. 빵과 쌀밥 중에 어느 것을 좋아하시나요?

학습목표

라면, 스파게티, 짜장면, 빵 등 세계에 면 종류가 많죠? [면] 수어를 배우고 표현할 수 있습니다.

Step

핵심어휘

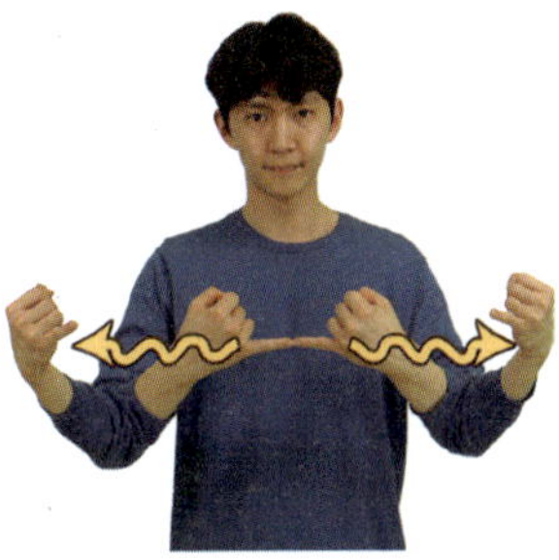

🇰🇷	면
🇬🇧	noodles
🇨🇳	面条

Step

응용문장 표현

저는 면 요리를 좋아해요.
I like cooking noodles.
我喜欢吃面食。

TIP+

다섯 손가락 중 새끼손가락이 면처럼 얇기 때문에 면으로 표현해요.

Quiz 연습문제

1. 면 요리 중에 어느 것을 좋아해요?
2. 저는 면으로 된 요리를 좋아하지 않아요.

학습목표

"고기 아니면 채식 어느것을 원하시나요?"라고 물어볼 때 [고기] 수어를 배우고 표현할 수 있습니다.

Step 1

핵심어휘

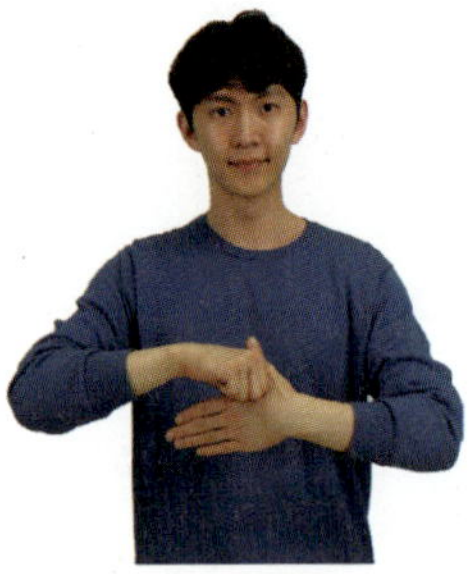

고기

meat

肉

Step 2

응용문장 표현

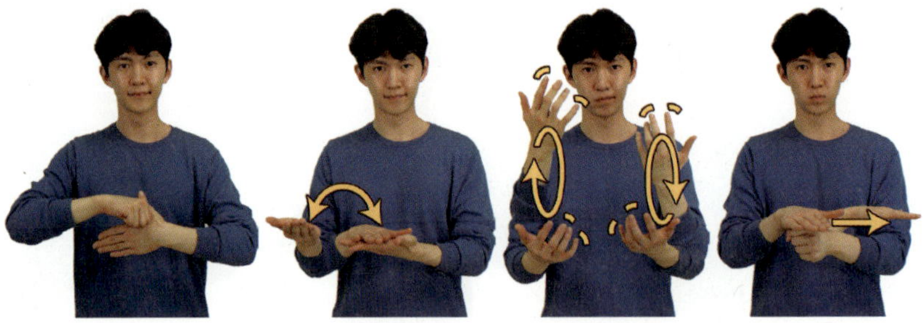

고기를 완전히 익혀서 주세요.
Well done, please.
请把肉煮熟。

TIP +

국제수어 [고기]는 한국수어와 비슷하지만 손의 위치가 조금 달라요.

Quiz 연습문제

1. 저는 고기를 싫어해요.
2. 오늘 저녁식사는 고기예요.

학습목표

[소] 수어를 배우면 스테이크를 어떻게 표현하는지 배울 수 있습니다.

Step

핵심어휘

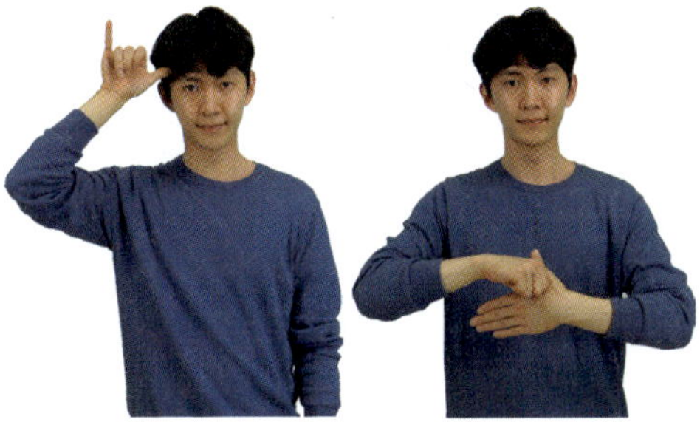

- 소
- beef / cow
- 牛肉 / 牛

Step

응용문장 표현

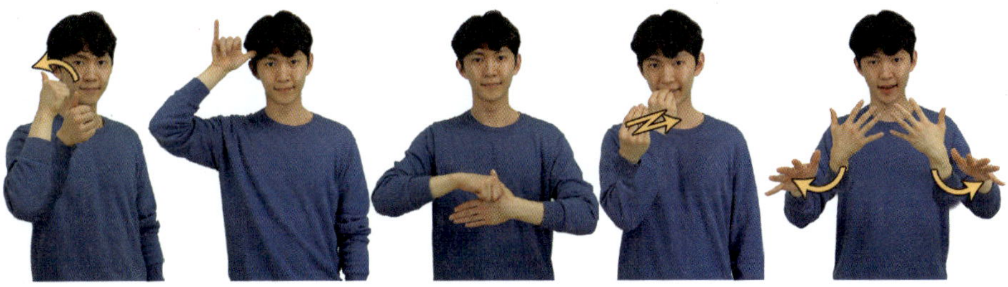

어제 소고기 스테이크를 먹었어요.
I ate beef steak yesterday.
昨天吃了牛排。

TIP+

[소]는 소뿔의 이미지처럼 표현해요.

Quiz 연습문제

1. 저는 한우를 정말 좋아해요!
2. 무슨 소고기를 좋아하시나요?

Day 9

학습목표

"저는 고기 알러지가 있어서 돼지고기를 못먹어요."라고 표현하고 싶을 때, 여기서 [돼지]를 어떻게 표현하는지 배워봅시다.

Step

핵심어휘

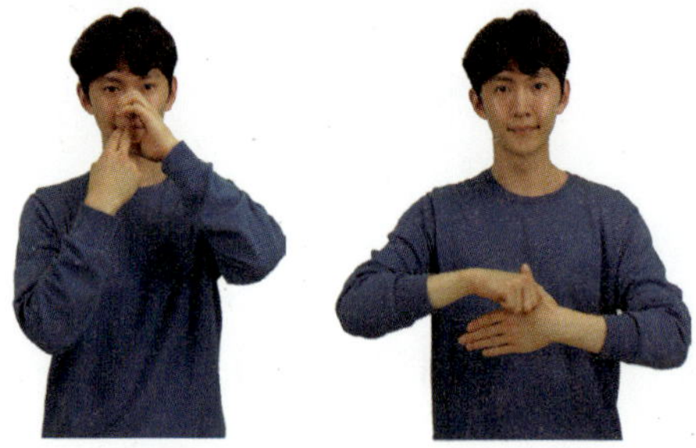

돼지

pork

猪肉 / 猪

Step

응용문장 표현

저는 돼지고기를 좋아하지 않아요.

I don't like pork.

我不喜欢猪肉。

TIP+

[돼지]는 돼지의 코처럼 표현해요.

Quiz 연습문제

1. 돼지고기를 구워먹으니 정말 맛있네요!
2. 소고기와 돼지고기 중 어느 것을 선호하시나요?

학습목표

"한국에는 치맥문화가 있는데 정말 맛있어요."라고 소개하고 싶을 때 이번에 [치킨]을 배워 표현해 봅시다.

Step

핵심어휘

🇰🇷	**치킨, 닭**
🇬🇧	**chicken**
🇨🇳	**鸡肉 / 鸡**

Step

응용문장 표현

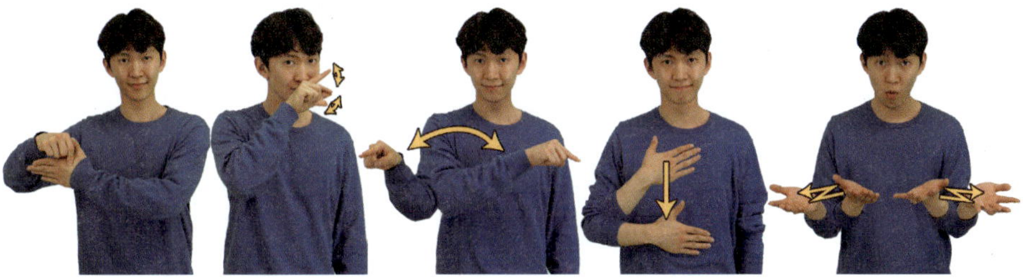

치킨하고 소고기 중에 어느 것을 드실건가요?
Would you like meat or fish to eat?
你想吃哪个肉和鱼？

TIP+

[닭]은 부리와 날개 중심으로 표현해요.

Quiz 연습문제

1. 치킨을 좋아하시나요?
2. 금요일 밤에 치킨 먹을래요?

Day 11

학습목표

사람마다 달걀을 깨는 방법도 다양하죠? 이번에는 달걀을 깨는 모습으로 [달걀] 수어를 배워 표현할 수 있습니다.

Step

핵심어휘

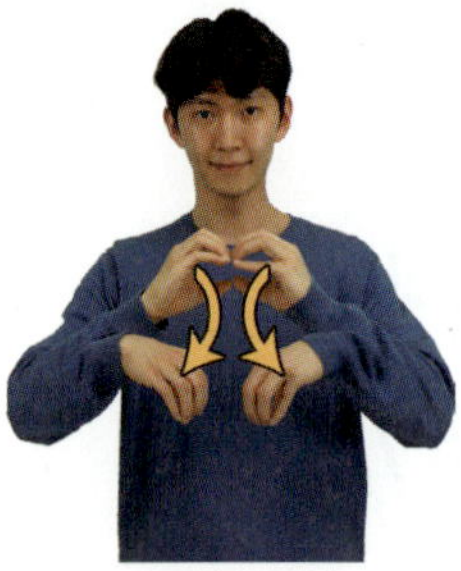

🇰🇷	**달걀**
🇬🇧	**egg**
🇨🇳	**鸡蛋**

Step

응용문장 표현

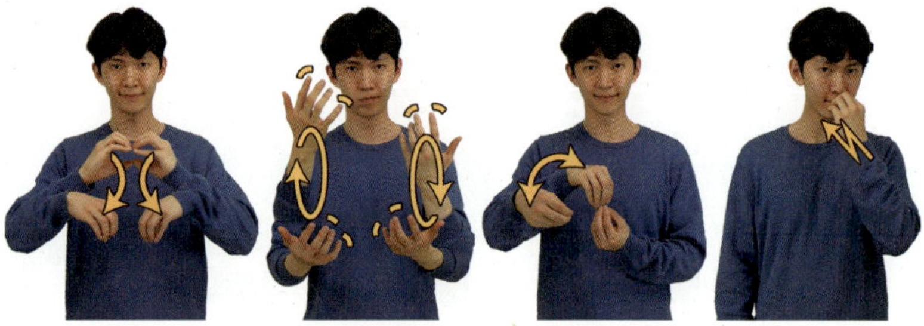

삶은 달걀을 먹어요.
I eat hard-boiled eggs.
吃煮鸡蛋

TIP+

[달걀]은 달걀을 깨는 모습처럼 표현해요.

Quiz 연습문제

1. 아침에 달걀후라이를 먹었어요.
2. 삶은 달걀 아니면 후라이로 드릴까요?

Day 12

학습목표

생선 수어를 표현할 때 손의 움직임을 유심히 봐주세요. 그럼 [생선]을 배워봅시다.

Step 1

핵심어휘

🇰🇷	**생선**
🇬🇧	**fish**
🇨🇳	**鱼**

Step 2

응용문장 표현

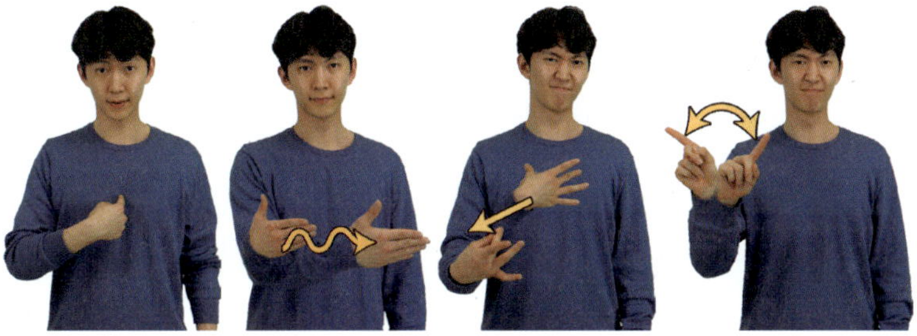

저는 생선을 싫어해요.
I hate fish.
我不喜欢鱼

TIP+

[생선]은 물고기가 움직이는 모습을 떠올려보세요.

Quiz 연습문제

1. 저는 자주 생선을 먹어요
2. 저는 고기보다 생선을 좋아해요.

학습목표

전 세계적으로 사랑받고 있는 [초밥] 수어는 배우기 쉬우니 한번 배워봅시다.

Step

핵심어휘

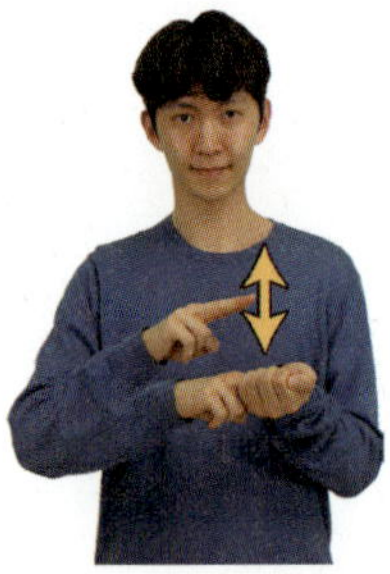

초밥

sushi

寿司

Step

응용문장 표현

만약 일본에 가면 초밥을 먹으러 가요.

If I go to Japan, I'll go eat sushi.

如果去日本的话，就去吃寿司。

TIP+

[초밥]을 만드는 모습처럼 표현하며, 일본 수어와 같아요.

Quiz 연습문제

1. 초밥을 좋아하시나요?
2. 오늘 점심에 초밥을 먹었어요.

Day 14

학습목표

샐러드는 나라마다 고유하고 다양한 레시피가 있어요. 이번에 [샐러드] 수어를 함께 배우고 표현할 수 있습니다.

Step

핵심어휘

한국	샐러드
영국	salad
중국	沙拉

Step

응용문장 표현

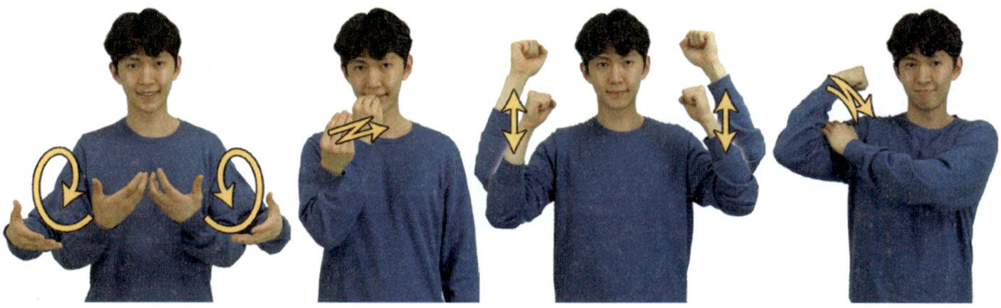

샐러드 먹고 운동해요.
I eat salad and exercise.
吃沙拉后运动。

TIP+

볼에 샐러드의 재료를 넣어서 섞는 것처럼 표현해요.

Quiz 연습문제

1. 아침에 샐러드를 먹었어요.
2. 저는 샐러드보다 고기를 좋아해요.

Day 15

학습목표

이탈리안 피자, 뉴욕 피자, 시카고 피자 등 어떤 피자 종류를 좋아하는지 표현 할 때 [피자] 수어로 표현할 수 있습니다.

Step

핵심어휘

🇰🇷	**피자**
🇬🇧	**pizza**
🇨🇳	**比萨**

Step

응용문장 표현

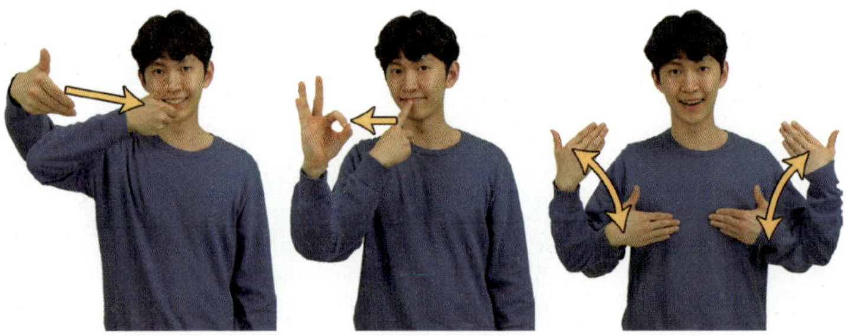

피자를 먹으니 행복해요.
I am happy to eat pizza.
吃披萨很幸福。

TIP+

[피자]는 피자 한 조각을 먹다 치즈가 늘어나는 모습처럼 표현해요.

Quiz 연습문제

1. 혼자 피자 1판을 다먹었어요!
2. 금요일 저녁에 피자를 먹으러 가요.

Day 16

학습목표

"크림, 로제, 토마토파스타소스 종류 중 어느 것을 좋아하나요?" 질문할 때, [파스타] 수어를 표현할 수 있습니다.

Step

핵심어휘

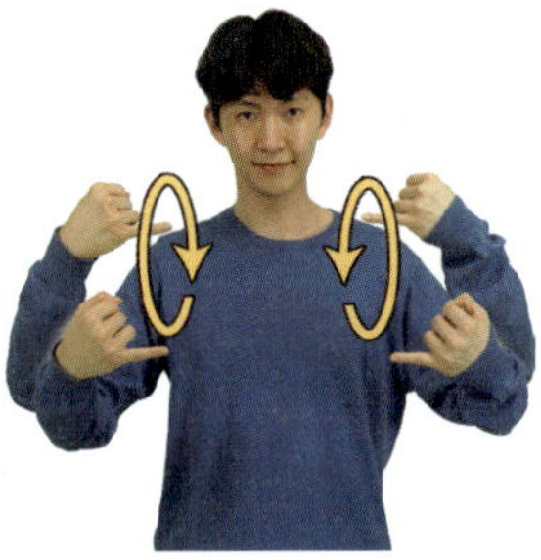

스파게티, 파스타

spaghetti / pasta

意大利面

Step

응용문장 표현

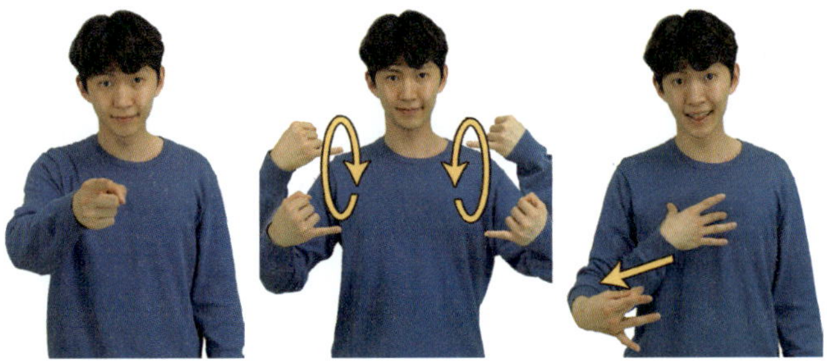

파스타를 좋아하나요?
Do you like pasta?
喜欢意大利面？

TIP+

[파스타]는 면을 돌리는 동작으로 표현해요.

Quiz 연습문제

1. 무슨 파스타를 좋아하시나요?
2. 화요일 저녁에 파스타를 먹었어요.

학습목표

국제수어로 맥도날드를 표현할 수 있어요. 햄버거를 주문할 때 [햄버거] 수어를 어떻게 표현하는지 알아봅시다.

Step

핵심어휘

햄버거

hamburger

汉堡包

Step

응용문장 표현

햄버거 안에 소고기가 있어요.
There is beef in the hamburger.
汉堡包里有牛肉。

TIP+

[햄버거]는 햄버거를 양손으로 잡아 한 입에 먹는 모습처럼 표현해요.

Quiz 연습문제

1. 햄버거는 어디서 왔나요?
2. 제 동생이 햄버거를 4개나 먹었어요.

Day 18

학습목표

세계 각지에서 지역 특산물을 활용한 샌드위치가 만들어져 나오고 있죠. 이번에 [샌드위치]를 한번 배워봅시다.

Step

핵심어휘

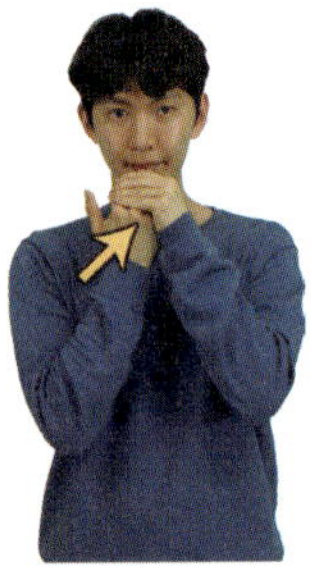

🇰🇷	**샌드위치**
🇬🇧	**sandwich**
🇨🇳	**三明治**

Step

응용문장 표현

아침에 샌드위치와 커피를 먹어요.

I have a sandwich and coffee in the morning.

早上吃三明治和咖啡。

TIP+

[샌드위치]는 겹겹이 쌓은 샌드위치 모양처럼 표현해요.

Quiz 연습문제

1. 샌드위치에 닭고기를 넣는걸 추천해요.
2. 친구와 오전에 운동하고 점심시간에 샌드위치를 먹었어요.

학습목표

"저는 채식주의자예요."라고 표현할 때 [채소]를 수어로 어떻게 표현하는지 함께 배워봅시다.

Step 1 핵심어휘

 채소

 vegetable

 蔬菜

Step 2 응용문장 표현

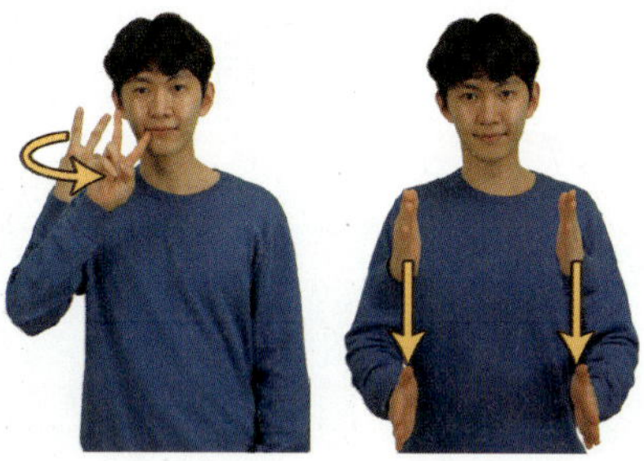

저는 채식주의자예요.
I am a vegetarian.
我是素食主义者。

TIP+

채소를 영어로 'Vegetable'인데 [V] 자형으로 수어를 표현해요.

Quiz 연습문제

1. 저는 채소로만 요리해요.
2. 비건 햄버거는 몸에 좋아요.

Day 20

학습목표

[감자]를 배워두면 햄버거를 주문할 때 감자튀김과 함께 달라고 표현할 수 있습니다.

Step

핵심어휘

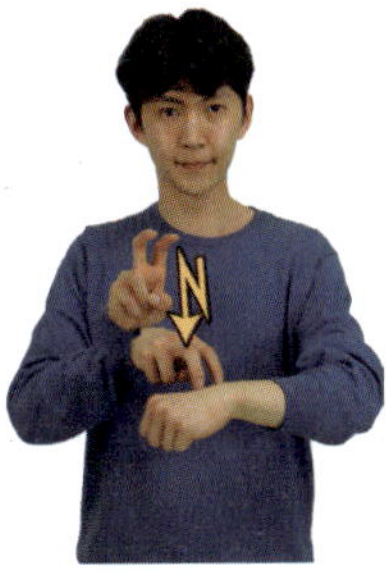

감자

potato

土豆

Step

응용문장 표현

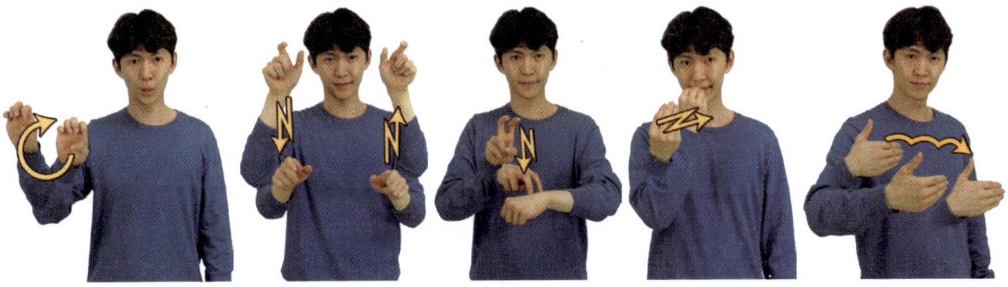

유럽인들은 주로 감자를 먹어요.

Europeans mostly eat potatoes.

欧洲人主食是吃土豆。

TIP+

주먹을 보면 감자 모양과 비슷하죠? 포크로 주먹을 찍어서 표현해요.

Quiz 연습문제

1. 감자를 몇 개 먹으셨나요?
2. 소고기와 감자를 곁들어서 먹었어요.

찾아라! 전 세계의 농인 식당

To explore, Deaf restaurants are in the world!

전 세계 곳곳에는 농인이 일하고 수어로 소통하는 컨셉의 식당이 있다. 청인 고객들은 수어에 익숙하지 않기 때문에 메뉴판이나 벽에 수어 그림을 넣어서 직접 의사소통할 수 있게 한다. 수어를 배우고 주문을 할 수 있는 독특한 경험 뿐만 아니라 친밀함 교감으로 맛있는 식사를 즐길 수 있다. 농인에게도 좋은 점은 수어로 주문할 수 있으며 농인의 일자리를 해결할 수 있다. 레스토랑 뿐만 아니라 빵집, 디저트가게,주점 다양한 메뉴로 운영하고 있다. 전 세계에 있는 농인 식당의 대표적인 곳은 다음과 같다.

호주 Eat Real Cairns

식당 및 카페테리아를 운영하며, 샐러드와 건강한 재료로 구성한 도시락과 음식을 판매한다. 6명의 농인웨이터가 있으며, 호주 수어로 소통한다.

Bush Pilots Ave, Aeroglen QLD 4870, Australia

Dal's Poké

캐나다 Dal's Poke

초밥 쉐프인 캐나다 농인이 설립했으며 생선을 밥위에 얹고 야채와 우마미 소스로 덮은 음식을 판매하고 있다. 생선, 제철 해산물, 야채를 그릇에 담아 제공하고 있다.

5492 Salt Ln, Langley, BC V3A 5C7, Canada

벨기에 Soepbar Sordo

벨기에 농인이 직접 오픈한 수프 전문점이다. 현지인 입맛에 맞춘 수프나 다양한 수프를 판매하고 있다. 식당 벽에는 수어 그림이 전시되어있다.

Lange Steenstraat 2, 9000 Gent, Belgium

브라질 il Sordo Gelato

초밥 쉐프인 캐나다 농인이 설립했으며 생선을 밥위에 얹고 야채와 우마미 소스로 덮은 음식을 판매하고 있다. 생선, 제철 해산물, 야채를 그릇에 담아 제공하고 있다.

R. Cristóvão de Barros, 90 - Treze de Julho, Aracaju - SE, 49020-180, Brazil

스페인 Ziryab Taverna Ziryab Fusion Tapas Bar

바르셀로나의 오래된 중세마을 뒷골목에 있으며 중동 퓨전이 아닌 새로운 개념의 지중해 타파스 요리를 판매하고 있다. 영국 농인이 청인 누나와 함께 레스토랑과 함께 바를 운영하고 있다. 농인들이 국제수어로 소통해서 일한다. 바르셀로나 내 매우 높은 평점인편

Carrer de Grunyi 5 , Barcelona, Spain

중국 Silent Cake

광저우에 오픈한 고요의 케이크가 빵집에 일하는 11명이 모두 농인이다. 메뉴개발과 연구 상품화까지 직접 한다.

R. Cristóvão de Barros, 90 - Treze de Julho, Aracaju - SE, 49020-180, Brazil

일본 도쿄 Kushiage Izakaya Fusao

도쿄 오쿠보에 있는 이자카야다. 20년동안 쿠시아게(고기와 야채를 꽂아 튀긴 일본요리) 일본식 꼬치 튀김이 메인이다. 농 부부와 청인 아들이 운영하고 있으며 수어로 주문을 받을 수 있으며 많은 농인들이 찾고 있다.

1 Chome-24-9 Hyakunincho, Shinjuku City, Tokyo 169-0073 Japan

13 승무원도 수어 할 수 있어요.
The flight attendant can also use sign language.
乘务员也会手语

Day 1. 한우가 정말 맛있어요. / Korean raised beef is really delicious. / 韩牛真的很好吃。

Day 2. 제가 만든 요리는 맛없어요. / The dishes I cooked don't taste good. / 我做的菜不好吃。

Day 3. 햄버거를 먹으니 배불러요. / I feel full after I eat a hamburger. / 吃了汉堡就饱了。

Day 4. 지금 저는 배고파요. / I am hungry right now. / 现在我肚子饿

Day 5. 더워서 목이 말라요. / I am thirsty because it's hot. / 热得口渴

Day 6. 저는 짠맛을 싫어해요. / I don't like salty flavors. / 我不喜欢咸味

Day 7. 김치는 매워요. / The kimchi is spicy. / 辣泡菜

Day 8. 아이스크림이 달아요. / The ice cream is sweet. / 冰淇淋很甜。

Day 9. 어떤 소스를 원하시나요? / Which sauce do you want? / 想要什么调料？

Day 10. 수프가 짜요. / The soup is salty. / 汤咸了。

Day 11. 치즈와 와인은 궁합이 좋아요. / Cheese and wine go well together. / 芝士和红酒很相配。

Day 12. 아이스크림을 좋아해요? / Do you like ice cream? / 喜欢冰淇淋吗？

Day 13. 물 한잔 주세요. / Please give me a glass of water. / 请给我一杯水。

Day 14. 아기가 우유를 마시고 있어요. / The baby is drinking milk. / 孩子在喝牛奶。

Day 15. 커피에 우유를 넣었어요. / I added milk to my coffee. / 我在咖啡里加了牛奶。

Day 16. 휴식시간에 티를 마셔요. / I drink tea during the break. / 休息时喝茶的时间

Day 17. 오렌지 짜내서 주스 만들게요. / I'll squeeze the oranges and make juice. / 榨取橙子做果汁。

Day 18. 피자 하나와 콜라 한잔 주세요. / Please give me a pizza and a glass of cola. / 请给我一个比萨饼和一杯可乐。

Day 19. 맥주 한잔 마시러 갈래요? / Would you like to go out for a beer? / 去喝杯啤酒吗？

Day 20. 와인은 고기와 함께 마시면 좋아요. / Wine is good to drink with meat. / 红酒和肉一起的话很好喝。

Talking with Deaf teacher

궁금한 것이 있어요!

“승무원도 수어 할 수 있어요”

수호: 선생님, 제가 간직해온 꿈이 무엇인지 아세요?

Teacher: 음… 뭘까?

수호: 저의 꿈은 국제수어를 하는 승무원이 되는거예요!

Teacher: 오! 해외 농인을 만나면 국제 수어로 안내가 가능하겠네?

수호: 상상만해도 정말 두근두근거려요.

Teacher: 너의 멋진 꿈을 응원할게!

Day 1

학습목표

"요리가 맛있다."고 표현할 때 기분 좋은 표정과 함께 표현해야 하는 것을 잊지 마세요.

Step

핵심어휘

맛있다

delicious

好吃

Step

응용문장 표현

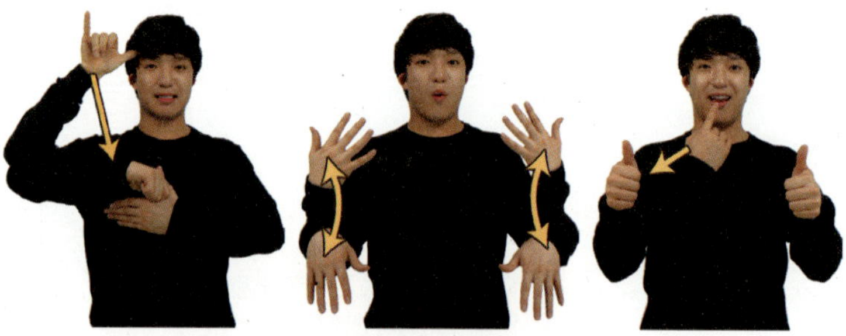

한우가 정말 맛있어요.
The Hanwoo is really delicious.
韩牛真的很好吃。

TIP+

[맛있다]는 [입맛] [좋다]라고 표현하는데 "너무 맛있다" "맛이 환상적이다"라고 할 때는 정말 놀랍게 맛있다는 표정과 함께 표현해요.

Quiz 연습문제

1. 맛있는 피자를 먹으러 가요.
2. 돼지고기를 구워 먹으니 기분이 정말 최고예요!

Day 2

학습목표

음식 맛이 없다고 표현할 때는 맛없다는 표정과 함께 써봅시다.

Step

핵심어휘

🇰🇷	**맛없다**
🇬🇧	**not delicious**
🇨🇳	**不好吃**

Step

응용문장 표현

제가 만든 요리는 맛없어요.

The dishes I cooked don't taste good.

我做的菜不好吃。

TIP+

[맛있다]는 다양한 표정 표현으로 나타낼 수 있어요. 맛 없다는 표정과 함께 표현해요.

Quiz 연습문제

1. 저는 샐러드가 맛없어요.
2. 어제는 맛있었는데 오늘 요리가 맛없네요!

Day 3

학습목표

음식을 더 이상 먹지 못할 때, [배부르다] 수어를 알아보고 표현할 수 있습니다.

Step

핵심어휘

🇰🇷	**배부르다**
🇬🇧	**be full / be stuffed**
🇨🇳	**饱**

Step

응용문장 표현

햄버거를 먹으니 배불러요.
I feel full after I eat a hamburger.
吃了汉堡就饱了。

TIP +

[배부르다]는 배가 불러 배가 불룩한 모습처럼 표현해요.

Quiz 연습문제

1. 피자를 3판 먹으니 배불러요!
2. 배불러서 더 이상 못먹겠어요.

Day 4

학습목표

"배고프니 밥 먹으러 갑시다."라고 표현할 때 [배고프다] 수어를 표현할 수 있습니다.

Step

핵심어휘

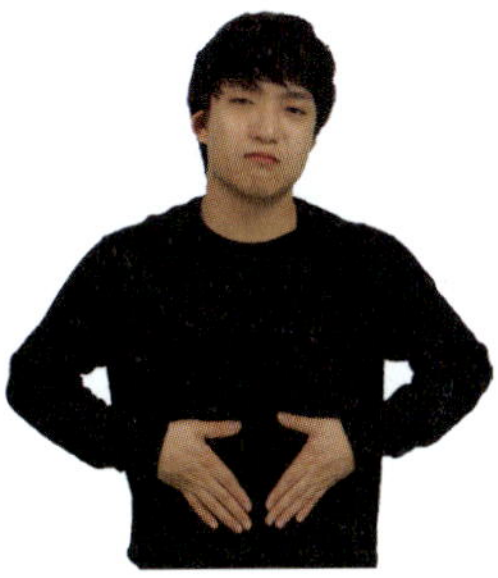

배고프다

hungry

饿

Step

응용문장 표현

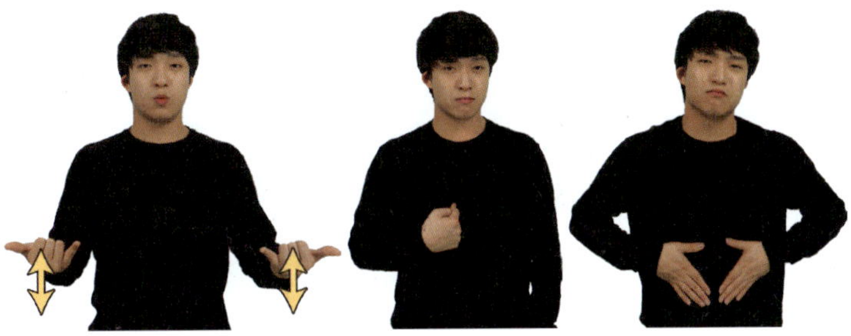

지금 저는 배고파요.
I am hungry right now.
现在我肚子饿。

TIP+

[배고프다]는 손을 배 위에 놓고 배고프다는 표정과 함께 표현해요.

Quiz 연습문제

1. 지금은 배고프지 않아요.
2. 점심시간 전엔 늘 배고파요.

Day 5

학습목표

"지금 목말라서 물 한 컵 줄 수 있나요?"라고 요청하고자 할때, [목마르다] 수어를 표정과 함께 표현할 수 있어요.

Step

핵심어휘

🇰🇷	**목마르다**
🇬🇧	**thirsty**
🇨🇳	**口渴**

Step

응용문장 표현

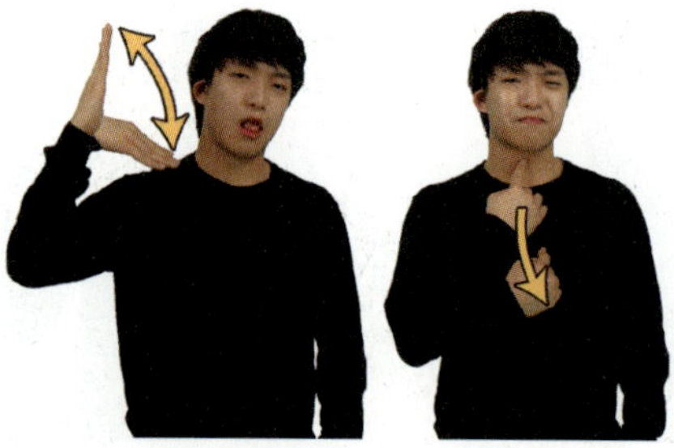

더워서 목이 말라요.
I am thirsty because it's hot.
热得口渴。

TIP+

[목마르다]는 목이 마르다는 표정을 잊지마세요.

Quiz 연습문제

1. 더우니 목이 마르네요.
2. 목마르니 물 한잔 줄 수 있나요?

Day 6

학습목표

[짜다] 수어를 표현할 때 음식이 짜다는 표정과 함께 표현할 수 있습니다.

Step

핵심어휘

(Korean flag)	**짜다**
(UK flag)	**salty**
(Chinese flag)	**咸**

Step

응용문장 표현

저는 짠맛을 싫어해요.
I don't like salty flavors.
我不喜欢咸味。

TIP+

[짜다]는 소금이 너무 짜다는 표정과 함께 표현해요.

Quiz 연습문제

1. 감자는 짜지 않아요.
2. 피자와 햄버거가 정말 짜네요!

Day 7

학습목표

매운 음식을 좋아하는 사람들이 있죠? [맵다] 수어를 배우고 표현할 수 있습니다.

Step 핵심어휘

🇰🇷	맵다
🇬🇧	spicy
🇨🇳	辣

Step 응용문장 표현

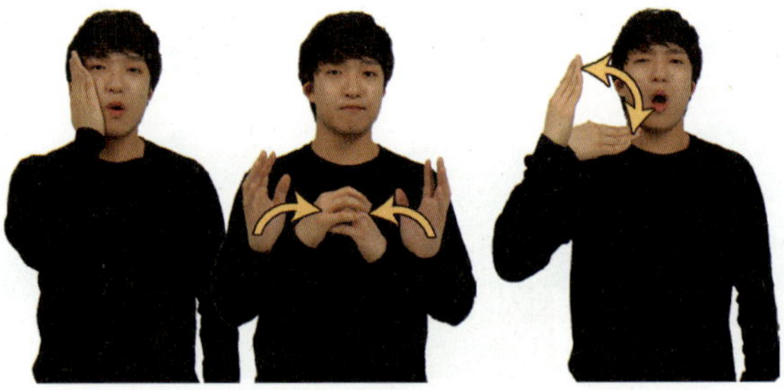

김치는 매워요.
The kimchi is spicy.
辣泡菜。

TIP+

[매워요]는 고추가 맵다는 표정과 함께 [맵다]라고 표현해요.

Quiz 연습문제

1. 저는 매운 것을 좋아해요.
2. 매우면 쌀밥하고 같이 드세요.

Day 8

학습목표

밸기에는 초콜릿이 유명해요. 초코렛을 먹을 때 [달다] 수어를 배우고, 문장 표현할 수 있습니다.

Step

핵심어휘

🇰🇷	달다
🇬🇧	sweet
🇨🇳	甜

Step

응용문장 표현

아이스크림이 달아요.

The ice cream is sweet.

冰淇淋很甜。

TIP+

[달다]는 설탕이 달다는 표정과 함께 표현해요.

Quiz 연습문제

1. 커피에 설탕을 넣어 주실래요?
2. 설탕이 든 음식은 몸에 좋지 않아요.

Day 9

학습목표

음식이 싱거울 경우에 소스를 달라고 할 때, [소스] 수어를 배우고 표현할 수 있습니다.

Step 1

핵심어휘

🇰🇷	**소스, 양념**
🇬🇧	**sauce / spice**
🇨🇳	**调料**

Step 2

응용문장 표현

어떤 소스를 원하시나요?
Which sauce do you want?
想要什么调料？

TIP+

[소스]는 소스를 흔들며 넣는 모습처럼 표현해요.

Quiz 연습문제

1. 고기 위에 소스를 바르면 더 맛있어요.
2. 저는 양념 된 요리를 좋아하지 않아요.

Day 10

학습목표

식전에 식욕을 돋우는 에피타이져 메뉴로는 수프가 많죠? [수프] 수어를 표현할 수 있습니다.

Step

핵심어휘

수프

soup

汤

Step

응용문장 표현

수프가 짜요.
The soup is salty.
汤咸了。

TIP+

[수프]는 수저로 수프를 먹는 것처럼 수어를 표현해요.

Quiz 연습문제

1. 닭고기 수프를 주세요.
2. 오후에 따뜻한 수프를 먹었어요.

Day 11

학습목표

치즈의 역사는 오래되었는데 대표적으로 프랑스산과 네덜란드산 등이 유명해요. [치즈] 수어를 재미있게 함께 배워봅시다.

Step

핵심어휘

🇰🇷	**치즈**
🇬🇧	**cheese**
🇨🇳	**奶酪**

Step

응용문장 표현

치즈와 와인은 궁합이 좋아요.
The cheese and the wine go well together.
芝士和红酒很相配。

TIP+

[치즈]는 양손의 손바닥을 맞대서 치즈 슬라이서로 잘라내는 모습처럼 표현해요.

Quiz 연습문제

1. 무슨 치즈를 원하시나요?
2. 저는 피자에 치즈를 뿌려먹는 것을 좋아해요.

학습목표

아이스크림의 종류가 다양한데, 이탈리아 젤라또를 추천해요. [아이스크림] 수어는 배우기 쉬우니 한번 배워봅시다.

Step

핵심어휘

아이스크림

Ice cream

冰淇淋

Step

응용문장 표현

아이스크림을 좋아해요?

Do you like the ice cream?

喜欢冰淇淋吗？

TIP+

[아이스크림]은 아이스크림을 먹는 모습처럼 표현해요.

Quiz 연습문제

1. 제 동생은 아이스크림을 자주 먹어요.
2. 저는 아이스크림이 달아서 좋아하지 않아요.

학습목표

"물 한 컵 주세요."라고 요청할 때 [물] 수어를 배우고 표현할 수 있습니다.

Step 1 핵심어휘

🇰🇷	물
🇬🇧	water
🇨🇳	水

Step 2 응용문장 표현

물 한 잔 주세요.
Please give me a glass of water.
请给我一杯水。

TIP+

[물]은 영어로 'Water'인데 [W] 자형으로 수어를 표현해요. 또한, 수돗물을 컵에 넣고 마시는 동작으로도 표현할 수 있어요.

Quiz 연습문제

1. 더우면 물 한잔해요.
2. 매일 2리터씩 물을 마시는 것이 좋아요.

Day 14

학습목표

우유를 가장 많이 마시는 나라는 북유럽이나 네덜란드죠. 젖소로 부터 나오는 [우유]에 대해 수어를 배우고 표현해봅시다.

Step 1

핵심어휘

🇰🇷	**우유**
🇬🇧	**milk**
🇨🇳	**牛奶**

Step 2

응용문장 표현

아기가 우유를 마시고 있어요.
The baby is drinking milk.
孩子在喝牛奶。

TIP+

[우유]는 젖소의 젖을 짜서 우유를 만드는 것처럼 표현해요.

Quiz 연습문제

1. 우유를 많이 먹으면 키가 커져요.
2. 오늘 점심시간에 샌드위치와 우유를 먹었어요.

학습목표

세계에서 가장 큰 커피 생산지로 유명한 나라는 브라질이죠! 어떤 커피를 마시고 싶은지 물어보고자 할 때 [커피] 수어를 배우고 표현해봅시다.

Step

핵심어휘

🇰🇷	**커피**
🇬🇧	**coffee**
🇨🇳	**咖啡**

Step

응용문장 표현

커피에 우유를 넣었어요.
I added milk to my coffee.
我在咖啡里加了牛奶。

TIP+

[커피]는 원두 그라인더로 분쇄하는 모습처럼 표현해요.

Quiz 연습문제

1. 커피 2잔을 주세요.
2. 아침에 일어나서 커피를 마셔요.

Day 16

학습목표

"자기 전에 라벤다 티를 마시면서 긴장을 완화하시는게 좋겠어요."라고 조언할 때 [티] 수어도 표현할 수 있습니다.

Step 1 핵심어휘

🇰🇷	티
🇬🇧	tea
🇨🇳	茶

Step 2 응용문장 표현

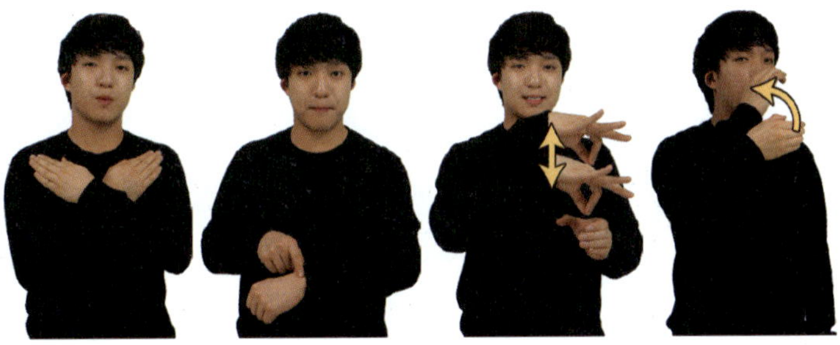

휴식시간에 티를 마셔요.
I drink tea during the break.
休息时喝茶的时间

TIP+

[티]는 차를 우려낼 때 티백을 넣은 모습처럼 표현해요.

Quiz 연습문제

1. 커피 아니면 티 어느 것을 마실래요?
2. 이 커피는 제것이고 이 티는 당신 것이에요.

학습목표

주스 종류는 오렌지, 토마토, 당근, 포도 등이 있죠. 이번에는 [주스]를 배우고 표현해봅시다.

Step

핵심어휘

🇰🇷	**주스**
🇬🇧	**juice**
🇨🇳	**果汁**

Step

응용문장 표현

오렌지 짜내서 주스 만들게요.

I'll squeeze the oranges and make juice.

榨取橙子做果汁。

TIP+

[주스]는 오렌지나 과일을 짜서 즙을 짜는 모습처럼 표현해요.

Quiz 연습문제

1. 저는 우유보다 주스를 좋아해요.
2. 저는 설탕이 없는 무가당 주스를 자주 마셔요.

Day 18

학습목표

햄버거와 함께 콜라를 주문하고 싶을 때 [콜라] 수어를 배우고 표현할 수 있습니다.

Step

핵심어휘

콜라

cola

可乐

Step

응용문장 표현

피자 하나와 콜라 한잔 주세요.

Please give me a pizza and a glass of cola.

请给我一个比萨饼和一杯可乐。

TIP+

콜라를 영어로 'Coca Cola'라고 하는데 [CC] 알파벳지화를 표현할 수 있어요.

Quiz 연습문제

1. 콜라에 설탕이 많아요.
2. 햄버거와 콜라를 같이 마셨어요.

학습목표

"맥주 한잔 마실래요?" 물어볼때 수어문장을 배우고 표현해봅시다.

Step

핵심어휘

🇰🇷	**맥주**
🇬🇧	**beer**
🇨🇳	**啤酒**

Step

응용문장 표현

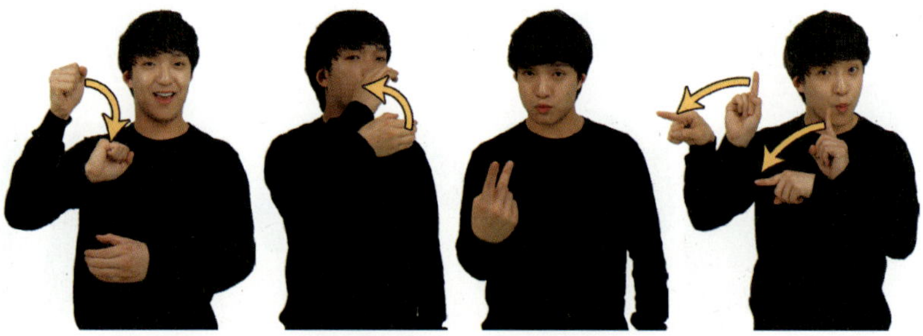

맥주 한잔 마시러 갈래요?

Would you like to go out for a beer?

去喝杯啤酒吗？

TIP+

[맥주]는 생맥주 기계를 작동해 맥주잔에 담는 모습처럼 표현해요.

Quiz 연습문제

1. 맥주를 좋아하시나요?
2. 금요일 밤에 치킨과 맥주를 먹을래요?

Day 20

학습목표

와인을 마실 때 치즈를 곁들면 금상첨화! 이번에는 [와인]을 어떻게 표현하는지 배울 수 있습니다.

Step 1

핵심어휘

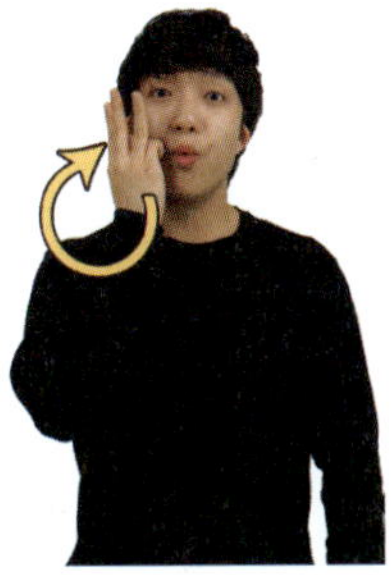

한국어	**와인**
English	**wine**
中文	**葡萄酒**

Step 2

응용문장 표현

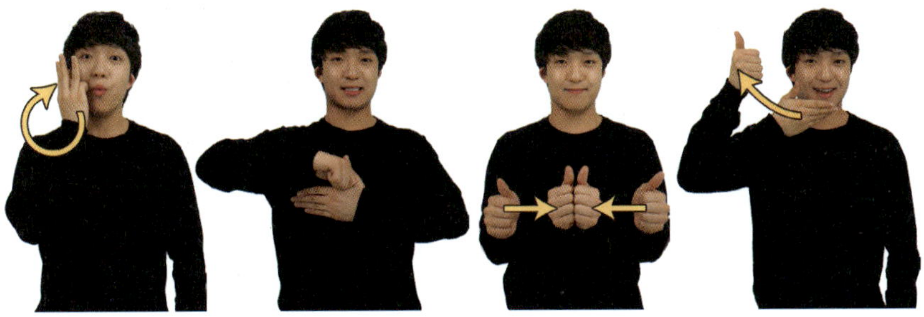

와인은 고기와 함께 마시면 좋아요.
Wine is good to drink with meat.
红酒和肉一起的话很好喝。

TIP+

와인의 'Wine'이라는 영어의 앞 [W] 자형으로 와인잔을 부드럽게 돌려 표현해요.

Quiz 연습문제

1. 어느 와인을 선호하시나요?
2. 남편과 함께 와인을 마시며 수다떨었어요.

야구의 역사를 바꾼 영웅, 농인 선수

William Hoy who is a Deaf person who changed the history of baseball

놀랍게도 초창기의 야구 경기에서 쓰이는 수신호는 한 농인의 아이디어로부터 나왔다. 바로 윌리엄 호이(William Hoy)다.

1862년에 태어나 오하이오 농학교에서 공부했으며 어린 시절부터 야구에 재능이 있었다. 하지만, 당시에 야구 수신호가 도입되기 전이라서 멀리 있는 야구장에 큰 소리로 외쳐서 경기를 진행해야 했다. 그래서 윌리엄 호이는 심판에게 스트라이크나 공을 던졌는지 물어보고 대답을 기다려야 했다. 하지만 야구는 시간이 생명이기 때문에 스윙 준비하기도 전에 스트라이크 아웃이었다. 이러한 상황이었기에 농인에게 야구는 매우 불리한 스포츠였다.

하지만, 그는 좌절하지 않고 다른 방법을 찾기 위해 노력한 끝에 야구 수신호의 아이디어를 떠올렸다. 오른팔은 '스트라이크'를 의미하고, 왼팔은 '공'을 의미하는 수신호를 만들어 심판에게 수신호를 해달라고 부탁했다. 윌리엄 호이의 수신호가 세상에 알려지자, 그의 수신호가 곧 전 세계적으로 인기를 끌었다. 소리를 외치는 대신 쉽게 볼 수 있는 수신호가 매우 유용했던 것이다. 심판들도 수신호 사용에 동참하기 시작했다.

마침내 윌리엄은 야구 수신호로 1800년대 최초의 메이저 리그 야구 선수가 되었고 1901년에는 시카고 화이트 삭스에서 사상 첫 그랜드슬램 홈런에 성공할 수 있었다. 야구 수신호는 오늘 날에도 여전히 사용되고 있으며, 야구 경기에서도 비밀의 신호로도 쓰이고 있다.

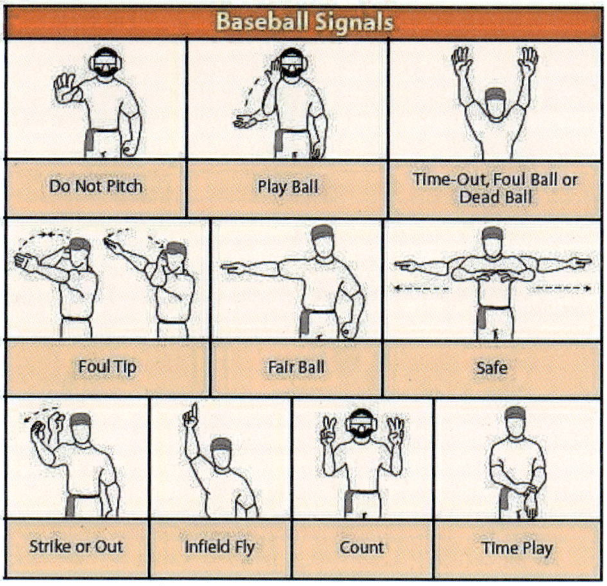

ⓒpinterest

지식 플러스 +

〈The Silent Natural〉

장르 : 스포츠, 가족, 역사, 전기
언어 : 영어
개봉일 : 2019년 6월 2일

ⓒ IMDb

이 영화는 윌리엄 호이 선수에 대한 일대기를 그렸으며 그가 어떻게 최초의 야구 수신호를 어떻게 만들었는지 영화화한 작품이다. 영화 촬영 장소는 캔터키이며 농 배우들이 출연한다. 영화감독 데이비드 리소토(David Risotto)는 15년동안 윌리엄 호이에 대해 시나리오를 썼으며 2008년에 다큐멘터리를 제작했다. 이후 장편 영화 〈The Silent Natural〉를 제작하여 개봉했는데, 다수의 국제 영화상을 수상하는 등 호평을 얻었다.

14 지구의 색깔이 변하고 있어요. The color of the earth is changing 地球的颜色在变

Day 1. 좋아하는 색깔이 무엇이세요? / What color do you like? / 喜欢什么颜色？

Day 2. 사과는 빨간색이에요. / The apple is red. / 苹果是红色。

Day 3. 주황색의 우산을 가지고 있어요. / I brought an orange umbrella. / 我有一把橘黄色的雨伞。

Day 4. 저는 노란색을 좋아해요. / I like the color yellow. / 我喜欢黄色。

Day 5. 초록색의 나무로 가득해요. / The tree is full of green. / 满是绿色的树。

Day 6. 하늘이 파래요. / he sky is blue. / 天空是蓝色。

Day 7. 제 어머니는 보라색을 좋아해요. / My mother likes purple. / 我妈妈喜欢紫色。

Day 8. 수어통역사는 항상 검은 옷을 입어요. / Sign language interpreters always wear black clothes. / 手语翻译员总是穿黑色衣服。

Day 9. 저는 하얀 눈을 좋아해요. / I like white snow. / 我喜欢雪白。

Day 10. 제 고양이는 회색이에요. / My cat is gray. / 我的猫是灰色。

Day 11. 제 눈은 갈색이에요. / My eyes are brown. / 我的眼睛是褐色。

Day 12. 저는 분홍 옷을 입고 있어요. / I am wearing pink clothes. / 我穿着粉色衣服。

Day 13. 요즘 환경이 나빠지고 있어요. / The environment is getting worse these days. / 最近环境越来越差。

Day 14. 재활용은 분리해서 버려주세요. / Please separate and throw away the recycling. / 日常用品分离后扔掉。

Day 15. 플라스틱을 줄여주세요. / Please reduce the amount of plastic. / 请把塑料减少。

Day 16. 종이를 모아주세요. / Please collect the paper. / 请把纸收集起来。

Day 17. 환경오염이 점점 늘어나고 있어요. / Environmental pollution is gradually increasing. / 环境污染正在逐渐增加。

Day 18. 온도가 점점 높아지고 있어요. / The temperature is gradually increasing. / 温度越来越高了。

Day 19. 쓰레기를 버리지 마세요. / Please do not throw away the trash. / 请不要扔垃圾。

Day 20. 지구온난화로 펭귄이 죽었어요. / Global climate change has killed the penguines. / 因为地球变暖，企鹅会死。

Talking with Deaf teacher

궁금한 것이 있어요!

“지구의 색깔이 변하고 있어요”

요즘 환경이 점점 나빠지고 있어요.

수호

맞아. 선생님도 텀블러를
쓰려고 노력하지

Teacher

환경운동가 중에 농인도 있나요?

수호

그럼, 해외에서도 활발히 활동하는
농인 몇 명이 있단다.

Teacher

우와! 저도 실천해야겠어요.

수호

국제수어를 배워서 함께
동참하는게 어때?

Teacher

Day 1

학습목표

색은 문화에 따라 여러 상징과 의미를 가져요 "어떤 색깔을 좋아하시나요?" 질문하고자 할때 [색깔] 수어를 함께 배워봅시다.

Step 1

핵심어휘

🇰🇷	**색깔**
🇬🇧	**color**
🇨🇳	**颜色**

Step 2

응용문장 표현

좋아하는 색깔이 무엇이세요?
What color do you like?
喜欢什么颜色？

TIP+

[색깔]은 손을 펼쳐서 [5]자형으로 얼굴 아래에 대고 표현해요.

Quiz 연습문제

1. 집 색깔이 다채로워 아름답네요.
2. 옷을 구입할 때 무슨 색깔을 선호하시나요?

Day 2

학습목표

빨간색이면 열정과 에너지를 상징하는 대표적인 색이죠. 이번에 [빨간색] 수어를 확실히 표현할 수 있습니다.

Step

핵심어휘

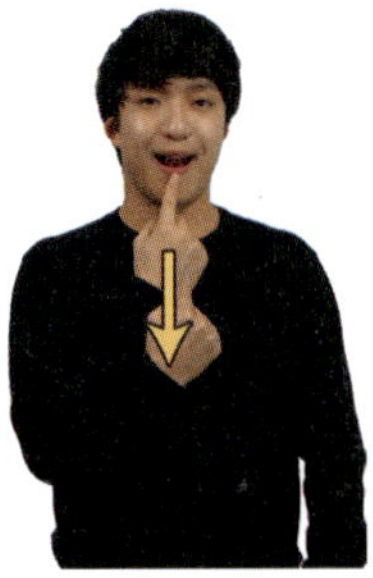

빨간색

red

红色

Step

응용문장 표현

사과는 빨간색이에요.

The apple is red.

苹果是红色。

TIP +

[빨간색]은 [입맛] [나쁘다]와 맛없다는 표정으로 표현해요. 입술의 색상이 붉으니 [빨간색]이라고 표현해요.

Quiz 연습문제

1. 빨간색 연필로 체크해요.
2. 오늘 빨간색 립스틱을 칠하고 왔어요.

Day 3

학습목표

"주황색의 지붕이 당신의 집인가요?"라고 질문하고 할 때 [주황색] 수어로 물어볼 수 있어습니다.

Step

핵심어휘

🇰🇷	**주황색**
🇬🇧	**orange**
🇨🇳	**橘色**

Step

응용문장 표현

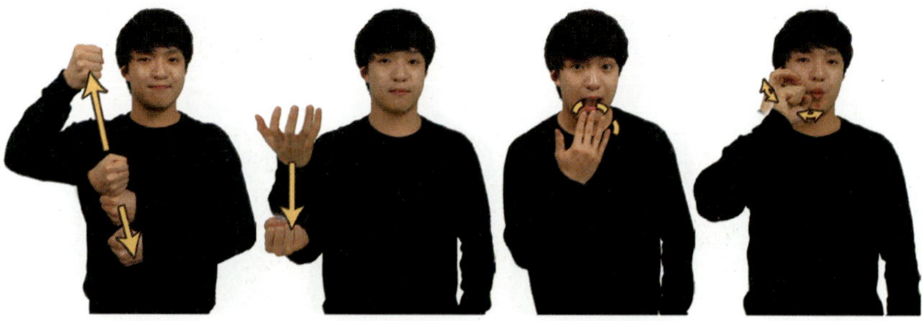

주황색의 우산을 가지고 있어요.

I have an orange umbrella.

我有一把橘黄色的雨伞。

TIP+

오렌지 과일의 색상처럼 [주황색]이라고 표현해요.

Quiz 연습문제

1. 오렌지 칼라는 주황색이에요.
2. 저희 집에 주황색 물건이 많아요.

Day 4

학습목표

노란색하면 황금과 태양이 떠오르지요. 이번에 [노란색] 수어를 배우고 표현할 수 있어요.

Step

핵심어휘

🇰🇷	**노란색**
🇬🇧	**yellow**
🇨🇳	**黄色**

Step

응용문장 표현

저는 노란색을 좋아해요.
I like yellow.
我喜欢黄色。

TIP+

노란색을 영어로 'Yellow'라고 하는데 앞 문자의 [Y]형을 흔들어 표현해요.

Quiz 연습문제

1. 옐로우 카드를 꺼냈어요.
2. 제 아이가 노란색을 좋아해요.

Day 5

학습목표

녹색은 자연을 떠오르게 하고 눈이 편하죠. [녹색] 수어를 어떻게 표현하는지 함께 알아 봅시다.

Step

핵심어휘

한국	초록색
영국	green
중국	绿色

Step

응용문장 표현

초록색의 나무로 가득해요.
The tree is full of green.
满是绿色的树。

TIP+

초록색을 영어로 'Green'라고 하는데, 영어의 앞 [G] 자형으로 표현해요.

Quiz 연습문제

1. 초록색으로 벽을 칠했어요.
2. 초록색 불을 보면 길을 건너요.

Day 6

학습목표

파란색은 활력을 불어넣어주며 가을 하늘과 같이 밝고 선명하죠. [파란색] 수어를 배우고 표현할 수 있습니다.

Step

핵심어휘

파란색

blue

蓝色

Step

응용문장 표현

하늘이 파래요.
The sky is blue.
天空是蓝色。

TIP+

파란색을 영어로 'Blue'라고 하는데 영어의 앞 [B]자형으로 표현해요.

Quiz 연습문제

1. 파란 옷을 입은 사람을 보셨어요?
2. 저는 파란색을 좋아하고 동생은 초록색을 좋아해요.

Day 7

학습목표

보라색은 파랑과 빨간색의 중간 색으로 우아함을 나타내는 색이죠. [보라색] 수어를 배우고 표현할 수 있습니다.

Step

핵심어휘

- 보라색
- purple
- 紫色

Step

응용문장 표현

제 어머니는 보라색을 좋아해요.
My mother likes purple.
我妈妈喜欢紫色。

TIP+

보라색을 영어로 'Purple'인데 영어의 앞 [P] 자형으로 표현해요.

Quiz 연습문제

1. 당신의 보라색 머리카락이 아름답네요.
2. 저는 보라색을 좋아하지만, 보라색의 옷을 좋아하지 않아요.

학습목표

수어통역사는 수어가 잘 보이기 위해 검은색을 입어야 하죠. [검은색]이라고 표현해보는 방법을 배워봅시다.

Step

핵심어휘

🇰🇷	**검정색**
🇬🇧	**black**
🇨🇳	**黑色**

Step

응용문장 표현

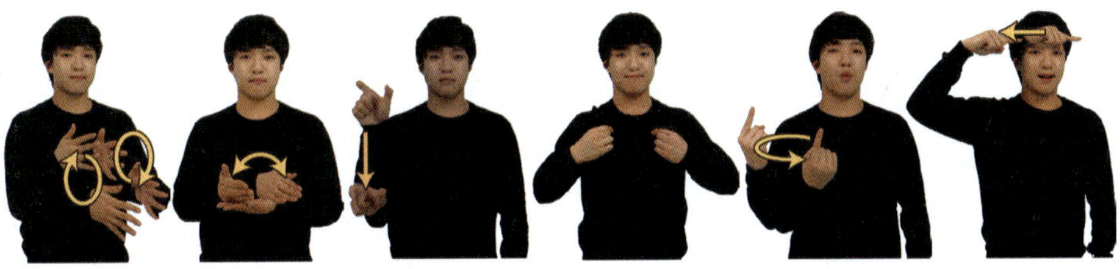

수어통역사는 항상 검은 옷을 입어요.

Sign language interpreters always wear black clothes.

手语翻译员总是穿黑色衣服。

TIP+

[검정색]은 눈썹 위에 세로 방향으로 그어서 표현해요.

Quiz 연습문제

1. 저는 짜장면을 좋아해요.
2. 저는 블랙커피를 좋아해요.

Day 9

학습목표

하얀색은 깨끗함의 이미지가 있죠. [흰색] 수어를 배우고 수어로 표현할 수 있습니다.

Step

핵심어휘

🇰🇷	**흰색**
🇬🇧	**white**
🇨🇳	**白色**

Step

응용문장 표현

저는 하얀 눈을 좋아해요.
I like white snow.
我喜欢雪白。

TIP+

[흰색]은 앞으로 나가는 동작으로 표현해요.

Quiz 연습문제

1. 제 노트북은 하얀색이에요.
2. 제 방이 전부 하얀색이에요.

Day 10

학습목표

회색은 차분함을 연상시키는 색으로 세련된 느낌을 주죠. [회색]을 표현하고자 할 때 수어로 표현할 수 있습니다. [회색]을 어떻게 표현하는지 함께 배워봅시다.

Step

핵심어휘

🇰🇷	**회색**
🇬🇧	**grey**
🇨🇳	**灰色**

Step

응용문장 표현

제 고양이는 회색이에요.
My cat is gray.
我的猫是灰色。

TIP+

흰색과 검은색의 중간색이 [회색]이니 겹치는 동작으로 표현해요.

Quiz 연습문제

1. 혹시 회색 자동차를 보셨나요?
2. 검은색과 흰색을 섞으면 회색이에요.

Day 11

학습목표

[갈색]은 주황색과 검정의 중간색으로 자연과 대지의 이미지를 상상해요. [갈색]라고 표현할 때 어떻게 표현하는지 수어를 표현해봅시다.

Step 1

핵심어휘

🇰🇷	**갈색**
🇬🇧	**brown**
🇨🇳	**棕色**

Step 2

응용문장 표현

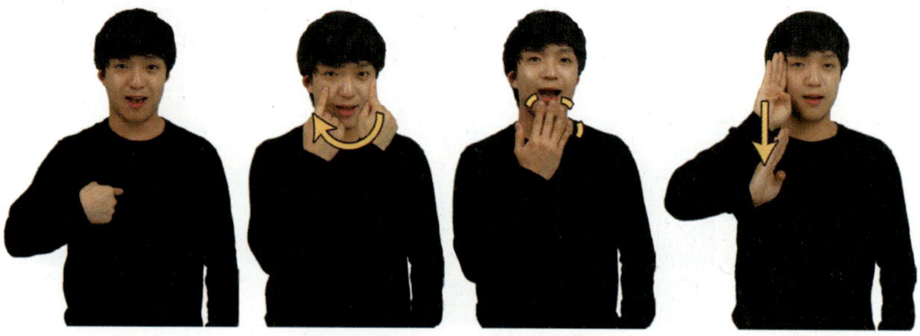

제 눈은 갈색이에요.

My eyes are brown.

我的眼睛是褐色。

TIP+

갈색은 영어로 'Brown'인데, [B]자형으로 중 뺨을 터치해서 표현해요.

Quiz 연습문제

1. 어제 갈색으로 염색했어요.
2. 갈색 빵만 골라서 먹었어요.

학습목표

분홍색은 따뜻하고 섬세한 이미지로 기분을 좋게 하는 [분홍색] 수어로 배우고 표현해봅시다.

Step 1

핵심어휘

🇰🇷	**분홍색**
🇬🇧	**pink**
🇨🇳	**粉红色**

Step 2

응용문장 표현

저는 분홍 옷을 입고 있어요.

I am wearing pink clothes.

我穿着粉色衣服。

TIP+

[빨간색] 수어와 비슷해보이지만 분홍색은 [P] 자형으로 해서 동작이 조금 달라요.

Quiz 연습문제

1. 제 딸은 분홍색을 싫어해요.
2. 분홍 머리띠를 한 사람 손 들어주세요 .

Day 13

학습목표

최근 지구환경이 점점 나빠져 지구촌 사람들 모두가 환경을 보호해야하죠. [환경] 수어를 배우고 수어로 표현할 수 있습니다.

Step

핵심어휘

환경

environment

环境

Step

응용문장 표현

요즘 환경이 나빠지고 있어요.
The environment is getting worse these days.
最近环境越来越差。

TIP+

[E] 자형으로 검지를 중심으로 돌려 표현해요.

Quiz 연습문제

1. 환경보호에 앞장서주세요.
2. 저는 환경이 좋은 곳에 살고 싶어요.

Day 14

학습목표

"재활용 분리수거할 때 올바르게 분리해서 버려주세요."라고 요청하고자 할 때 [재활용] 수어를 함께 배울 수 있습니다.

Step

핵심어휘

🇰🇷	**재활용**
🇬🇧	**recycle**
🇨🇳	**再利用**

Step

응용문장 표현

재활용은 분리해서 버려주세요.
Please separate and throw away the recycling.
日常用品分离后扔掉。

TIP+

[재활용]은 재활용 로고그림처럼 자원을 순환적으로 재활용하는 동작으로 나타내요.

Quiz 연습문제

1. 재활용하는 방법을 알고 있나요?
2. 저 가방은 재활용해서 만들었어요.

Day 15

학습목표

우리 모두 플라스틱 쓰지 않기 캠페인에 참여해요! [플라스틱] 수어를 어떻게 표현하는지 배워봅시다.

Step

핵심어휘

플라스틱

plastic

塑料

Step

응용문장 표현

플라스틱을 줄여주세요.

Please reduce the amount of plastic.

请把塑料减少。

TIP+

유연한 플라스틱 느낌처럼 표현해요.

Quiz 연습문제

1. 플라스틱을 버리지 마세요.
2. 플라스틱을 사용하지 말아주세요.

Day 16

학습목표

종이는 우리 생활에 꼭 필요한 지원이죠. [종이]를 수어로 어떻게 표현하는지 배워봅시다.

Step 1

핵심어휘

🇰🇷	**종이**
🇬🇧	**paper**
🇨🇳	**纸**

Step 2

응용문장 표현

종이를 모아주세요.
Please collect the paper.
请把纸收集起来。

TIP +

[종이]는 [치즈]와 [종이]의 수어모양이 달라요.

Quiz 연습문제

1. 종이는 앞과 뒤를 다 써주세요.
2. 종이는 나무로부터 만들어졌어요.

Day 17

학습목표

[오염] 수어를 배우면 환경오염을 어떻게 하면 해결할 수 있는지 대화를 나눌 수 있어요.
[오염] 수어를 함께 표현해봅시다.

Step

핵심어휘

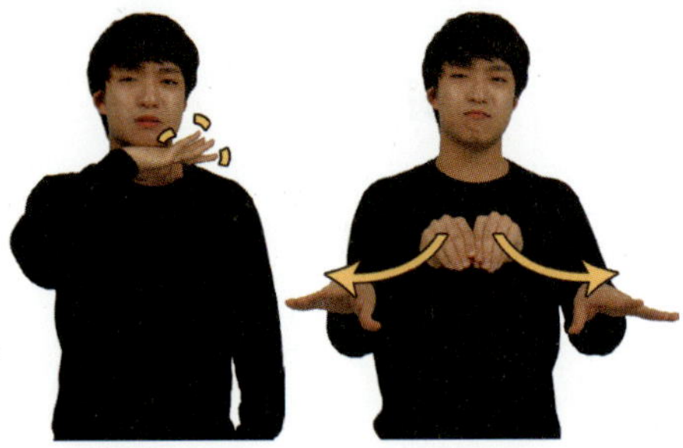

- 오염
- pollution
- 污染

Step

응용문장 표현

환경오염이 점점 늘어나고 있어요.
Environmental pollution is gradually increasing.
环境污染正在逐渐增加。

TIP +

[종이]는 [오염]은 [더럽다] 수어와 같아요.

Quiz 연습문제

1. 물이 오염되어 물고기가 죽었어요.
2. 우리의 목표는 오염 없는 환경을 만드는 것이에요.

Day 18

학습목표

[온도]라는 수어를 배우면 온도가 올라가거나 내려간 모습으로 표현할 수 있습니다.

Step 1

핵심어휘

🇰🇷	**온도**
🇬🇧	**temperature**
🇨🇳	**温度**

Step 2

응용문장 표현

온도가 점점 높아지고 있어요.
The temperature is gradually increasing.
温度越来越高了。

TIP+

'온도를 내리다' 수어는 [온도내리다]로 표현할 수 있어요.

Quiz 연습문제

1. 온도가 올라가니 더워요.
2. 겨울에는 온도가 낮아요.

학습목표

"쓰레기는 반드시 쓰레기통에 넣어주세요."라고 요청할때 수어문장을 표현하면서 배울 수 있습니다.

Step

핵심어휘

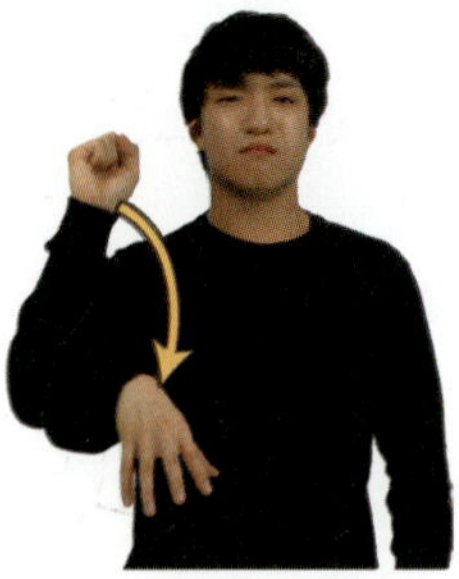

쓰레기 / 버리다

trash / take out the trash

垃圾 / 扔

Step

응용문장 표현

쓰레기를 버리지 마세요.

Please do not throw away the trash.

请不要扔垃圾。

TIP+

[쓰레기]는 쓰레기통에 버리는 동작처럼 표현해요.

Quiz 연습문제

1. 쓰레기를 버리는 곳이 어디예요?
2. 재활용쓰레기를 봉투에 넣어주세요.

학습목표

"지구온난화로 환경이 변하고 있어요."라고 표현하고 싶을 때 [지구온난화] 수어를 배우고 표현할 수 있습니다.

Step

핵심어휘

🇰🇷	**지구온난화**
🇬🇧	**global warming**
🇨🇳	**全球变暖**

Step

응용문장 표현

지구온난화로 펭귄이 죽었어요.

Global warming has killed the penguines.

因为地球变暖，企鹅会死。

TIP+

지구온난화는 [지구] [뜨겁다]로 표현해요.

Quiz 연습문제

1. 지구온난화로 환경이 변했어요.
2. 지구온난화를 줄이는 것이 목표예요.

UN에서 국제수어로 연설한 농여성

Liisa Kauppinen who is a Deaf person who spoke in international sign language at the UN.

ⓒ Like LiisaKauppinen

리사 카우피넨은 1939년 5월 12일 핀란드 서부 누르모에서 태어났으며 5살 때 청력을 잃어 핀란드 오울루에 있는 농학교(Oulu School of Deaf)를 다녔다. 핀란드어, 스웨덴어, 영어, 미국수어, 국제수어를 구사한다.

30년 동안 전 세계 농인의 인권 증진에 기여하였고 특히 성평등과 농 여성을 옹호하기 위해 활동했다. 1998년 미국 갈로뎃 대학, 2004년 핀란드 유바스큘라 대학, 2013년 아일랜드 트리니티 대학 등 세 차례에 걸쳐 명예박사학위를 받았다.

1976년 핀란드 농인협회 전무이사로 임명되어 1991년부터 2006년까지 재임하였고 1983년부터 세계농아인연합(World Federation of the World Boards) 임원을 거쳐 1995년 세계농아인총연맹(WFD)의 첫 여성 회장이 되었다. 아프리카, 중앙아시아, 동남아시아, 라틴아메리카, 발칸 반도 등 국제 개발 협력 프로젝트를 이끌었으며 유엔(UN)을 비롯해 세계보건기구(WHO)와 유네스코(UNESCO)에서 근무했다. 2001년 아일랜드 더블린에 있는

트리니티 대학(Trinity College Dublin)에 농학과(Deaf Studies) 및 센터 설립에 기여하였다.

2013년에 장애인권리협약 내에서 수어와 농인의 정체성을 확보할 수 있게 노력한 공로로 유엔 UN 인권상을 수상했다. 이어 UN에서 국제 수어로 연설했는데 국제수어통역사가 리사 박사의 국제수어를 영어로 통역해 진행하여, 많은 사람들에게 큰 박수를 얻었다.

현재, 세계농아인연맹(WFD) 명예회장이며 농 여성의 권리와 교육권을 위해 활동하고 있다. WFD(세계농아인연맹)은 리사 박사의 공을 기념하기 위해 리사 카우피넨 펀드(Dr Liisa Kauppinen Fund)를 설립하여 지원하고 있다.

지식 플러스 +

리사 박사가 유엔(UN) 연설에서 강조한 '국제장애인권리협약(CRPD)[1)]이 무엇인가요?

2006년 유엔(UN)에서 장애인의 존엄성과 권리를 보장하기 위해 채택한 협약입니다. 이 협약은 누구나 모든 인권과 기본적인 자유를 완전히 향유할 수 있도록 하며 물리적, 사회적, 경제적, 문화적 환경 및 보건과 교육, 그리고 정보와 의사소통에 대한 접근성의 중요성을 인정하고 있다.

CONVENTION ON THE RIGHTS OF PERSONS WITH DISABILITIES

리사 박사는 UN 연설에서 "이 협약은 농인의 권리에도 중요한 역할을 할 것"이라고 강조했습니다. 이어 "교육을 잘 받으면 좋은 일자리를 얻을 수 있다. 중요한 것은 청인과 공정한 기회를 얻을 수 있도록 지원하면 긍정적인 변화를 만들 수 있다."라며 연설을 마무리 했다.

1) CRPD : Convention on the Rights of Persons with Disabilities

찾아보기

ㅈ

ㅊ

조희경 (Hee kyung Cho)

- Gallaudet University 어학연수
- 나사렛대 국제수어통역학 석사학위
- 나사렛대 일반대학원 박사과정 수료
- 세계농아인연맹(WFD) 청년회 이사
- 국제수어통역사
- 수어번역 및 수어감수
- 국립서울농학교 수어강사
- 나사렛대학원 수어교원학 외래교수
- 한국수어학회 부회장 및 수어평가위원회

노선영 (Sun-Young Roh)

- 서울대학교 사범대학 교육학 석사과정
- 아일랜드 UNESCO Irish writers Centre 수료
- Michigan University 어학연수 수료
- 노선영교육문화연구소 소장
- 저서 〈보이는소리 들리는마음(2024)〉,
  〈고요속의 대화(2018)〉

국제수어를 배우고 세계로 go

초판 발행 2024년 8월 20일

지은이 조희경 · 노선영
펴낸이 오판근
펴낸곳 (주) 교우
주　소 서울시 동대문구 약령시로 8 교우빌딩 2층 (주)교우
전　화 02-925-2861 / **팩　스** 070-7966-8610, **편집부** 02-925-2825
홈페이지&북스토어 www.kyowoo.co.kr / **이메일** kyowoo@kyowoo.co.kr

등　록 1994년 3월 24일 제1994-000013호
ISBN 979-11-251-0396-7 (03370)

Published by Kyowoo Co., Ltd. Printed in Korea

(주) 교우는 보다 혁신적이고 참신한 도서를 다양하게 기획하고 있습니다.
책으로 펴내고자 하는 아이디어나 원고는 메일로 보내주세요.
(주) 교우는 전과정을 책임지고 최선을 다하겠습니다.

값 38,000원

교우미디어는 (주) 교우의 Imprint 사입니다.
수학정원·과학정원은 (주) 교우의 새로운 브랜드명입니다.

잘못된 책은 구입하신 서점에서 교환해 드립니다.